Neue
Kleine Bibliothek 185

W0066011

Victor Grossman

Rebel Girls

34 amerikanische Frauen im Porträt

PapyRossa Verlag

*Die Veröffentlichung dieser Publikation erfolgte
mit Unterstützung der Rosa-Luxemburg-Stiftung.*

*Meinem Sohn, Thomas Grossman, danke ich
für seine Hilfe bei der Manuskripterstellung.*

© 2013 by PapyRossa Verlags GmbH & Co. KG, Köln
Luxemburger Str. 202, 50937 Köln
Tel.:   +49 (0) 221 – 44 85 45
Fax: +49 (0) 221 – 44 43 05
E-Mail: mail@papyrossa.de
Internet: www.papyrossa.de

Umschlag: Willi Hölzel, Lux siebenzwoplus
Druck: Interpress

Die Deutsche Bibliothek verzeichnet diese Publikation in der
Deutschen Nationalbibliografie; detaillierte bibliografische
Daten sind im Internet über http://dnb.ddb.de abrufbar

ISBN 978-3-89438-501-9

Inhalt

Vorwort

Überall in den USA stehen Statuen von Generalen, Admiralen und Politikern, selten aber solche von Frauen. Zwei fallen deshalb besonders auf. Sie stehen in einer der ältesten Städte des Landes, in Boston, in einem schönen Park, dem »Common«, der seinen Namen also einem Dorfanger verdankt. Dessen reicher Besitzer hatte ihn 1634 der Stadt unter der Bedingung geschenkt, dass alle Bürger für immer ihr Vieh dort weiden dürften. Vieh ist heute nicht mehr zu sehen, dafür am oberen Ende das mit vergoldetem Dach imposant wirkende State House, der Regierungssitz von Massachusetts. Und daneben die Statuen der beiden Frauen in ihrer altmodischen Kleidung.

Erst in neuerer Zeit entdeckten Historiker, Politiker und Bildhauer die wichtige Rolle von Frauen, und zwar weniger als Unterstützerinnen von Ehemännern, sondern vielmehr als Menschen, die selbst Geschichte machten. Allmählich erfuhr man von den Leistungen solcher Frauen – und von ihrem oft faszinierenden Leben. Doch außerhalb der USA blieben viele von ihnen fast unbekannt. Schade, dachte ich: Viele waren prächtige Störenfriede, ihrer Zeit weit voraus, die mutig und engagiert kämpften und oft litten, um die Welt ein wenig voranzubringen. Mich beeindruckte ihr bewegtes Leben derart, dass ich beschloss, sie bekannter zu machen. Und wenn meine Empathie auch auf meinen Stil abgefärbt haben sollte – ich bin kein Berufshistoriker –, so mag das kein Zufall sein. Denn mir geht es auch darum, die Biographien der Frauen mit Leben zu füllen und sie für Leserinnen und auch Leser als Inspiration anzubieten.

Für mich scheinen die Mühen und der Mut der beschriebenen Frauen in der jetzigen Welt nach wie vor von großer Bedeutung. Wenn auch in den USA die Sklaverei längst abgeschafft ist und das Wahlrecht für Frauen seit 1920 nicht mehr angefochten ist, wenn auch keine wegen ihrer Religion mehr das Leben, sondern allenfalls die persönliche Freiheit riskiert – es bleibt sehr viel zu tun, um gleiche Rechte und gleiche Löhne zu erreichen, wie auch, um gegen vielfältige Diskriminierung, auch von Schwarzen, Latinas und muslimischen Frauen, anzugehen. Das Recht, über den eigenen Körper zu bestimmen – ob und wann ein Kind gewünscht ist –, wird noch wütend bestritten. Und für Frauen, wie auch für Männer, bleiben überall auf der Welt Armut und Krieg eine ständige Drohung, wenn nicht bittere Realität. Daher auch mein Gefühl des Respekts und der Solidarität, das mich letztlich zu dem Buch motivierte – und zu dessen Titel führte. Denn vor rund hundert Jahren wurde eine der hier Beschriebenen – in ihrem Kampf um Brot und Rosen – liebevoll »rebel girl« genannt. Wenn auch »Girl« für Frau ansonsten besser vermieden wird: hier steht der Begriff für den Geist, in dem die angeführten Frauen handelten.

Was die zwei Frauen betrifft, die historischen Vorbilder für die Statuen, so endete ihr Leben tragisch. Sie lebten in englischen Siedlungen auf dem Gebiet, das erst 150 Jahre später zu den Vereinigten Staaten wurde. Der riesige Kontinent Nordamerikas mit seinen unermesslichen Wäldern, weiten Prärien, hohen Bergen und mächtigen Strömen war meist dünn bevölkert von den Ureinwohnern, einem Irrtum Kolumbus' zufolge Indianer genannt. Schmale Streifen spanischsprachiger Siedlungen entstanden in Florida und im heutigen Neumexiko; Engländer suchten gierig Gold und Reichtum im südlichen Virginia; Holländer gründeten feudale Ländereien in Nieuw Nederland (dem späteren New York). Erst dann kamen sogenannte Pilger und Puritaner, die ab 1620 die monatelangen, nur vom Wind vorangebrachten, oft stürmischen Seereisen ins unwirtliche Massachusetts wagten. Das waren Dissidenten, Aufmüpfige, die gegen die herrschende Kirche in England rebellierten und einen Ort zur freien Ausübung ihrer unterdrückten, recht strengen Religion suchten. Zunächst siedelten sie in oder nahe dem Städtchen Boston. Sie werden oft als Gründer der USA gehandelt, vielleicht weil die Religionsfreiheit als ihr Ziel galt. Der angenehme Feiertag Thanksgiving wurzelt auch in dieser Tradition. Doch war nicht alles so ungetrübt wie oft angenommen. Auch das zeigt sich an der Geschichte der zwei Frauen.

1.
Die gefährliche Christin

Anne Hutchinson (1591–1643)

Das Denkmal zeigt Anne Hutchison mit der Hand auf der Schulter eines kleinen Mädchens, eine ihrer Töchter, die sich an ihr langes Kleid klammert. Die Hauptfigur sieht mütterlich aus. Wie konnte man diese Frau so attackieren? Nicht groß, in der bescheidenen schwarz-weißen Kleidung der frommen Calvinisten – denn das waren die Puritaner – musste sich die Schwangere drei Tage lang, immer stehend, Beleidigungen von den Männern anhören.

»Eine sehr gefährliche Frau«, zeterte Pfarrer Thomas Shepard, »die korrupte Ansichten ausstreut und viele damit infiziert, … die mit ihrer flotten Zunge und dreistem Ausdruck viele verführt und irreführt, besonders einfache Menschen ihres Geschlechts.«

Der Hauptrichter John Winthrop, Gouverneur von Massachusetts, der seinen freundlicheren Vorgänger aus dem Amt verdrängt hatte, schilderte sie als »eine Frau von hochmütiger und erbitterter Haltung, mit flinkem Verstand, aktivem Geist und einer sehr redegewandten Zunge, kraftvoller als ein Mann … die sich die Zuneigung von Vielen leicht erschlich.« Ja, sie sei eine »amerikanische Isebel« – wohl die unangenehmste Frauenfigur in der Bibel –, der die Möglichkeit zur Reue gegeben wurde, doch die stattdessen »für sich eine Hintertür offen hielt, um zum Erbrochenen wieder zurückzukehren.«

Der wichtige John Cotton, einst guter Freund von Anne und ihrem Mann William, hatte sich den Stärkeren im Ort gebeugt und griff sie auch an. Ihre Versammlungen seien »geile und dreckige Zusammenkünfte von Männern und Frauen ohne Rücksicht auf den Ehestand«,

sie glaube an die freie Liebe.«Ihre Ansichten wirken wie eine Brand-
wunde, sie verbreiten sich wie die Lepra, sie infizieren Menschen von
nah und fern und werden an den Eingeweiden der Religion von innen
fressen, sie haben die Kirchen derart infiziert, dass nur der Herr weiß,
wann sie geheilt werden können.«

Um Gottes Willen, was waren denn ihre Verbrechen?

Anne Hutchinson (geb. Marbury) kam in England zur Welt als
Tochter eines dissidenten Pfarrers, der für ein Jahr eingesperrt wurde,
weil er sich von der herrschenden Staatskirche getrennt hatte. Religion war eine ernste, manchmal lebensentscheidende Sache, eng mit
Politik und Wirtschaft verbunden. Sehr bald sollten die Streitereien
zu einem Bürgerkrieg führen, ja, zur Enthauptung des Königs. Doch
konnte das keiner ahnen. Pfarrer John Cotton, ein Familienfreund
und Gleichdenkender, fasste also 1630 den Beschluss, in die Wildnis
des fernen Amerikas auszuwandern, um frei predigen zu dürfen. Vier
Jahre später folgten ihm Anne und William Hutchinson.

Obwohl sie fünfzehn Kinder zur Welt brachte, von denen zwölf
noch lebten, begann Anne bald nach der Ankunft in Massachusetts
einmal in der Woche Frauen zu Diskussionen einzuladen, meistens
zu den Sonntagspredigten und zu Fragen aus der Bibel, damals das
wichtigste, ja, fast das einzige Buch. Anne hatte sie gründlich studiert,
ihre Gespräche waren höchst interessant, also nahmen immer mehr
Frauen daran teil, zumal Anne vielen als freundliche Heilpraktikerin
und Hebamme helfen konnte.

Anfangs war sie eine treue Anhängerin des strengen Glaubens der
Puritaner, die sich deshalb so nannten, weil sie die englische Kirche
von Resten des Katholizismus »purifizieren« wollten (in Frankreich
hießen sie Hugenotten). Anne wurde aber zunehmend kritisch. Wohl
als erste in Amerika forderte sie gleiche Rechte für Frauen, wenigstens die Rechte, eigenständig zu denken und offen zu sprechen. Sie
lehnte die Ansicht ab, dass Frauen noch immer die Quelle der Sünde
seien, weil Eva im Garten Eden Adam mit der verbotenen Frucht vom
Baum der Erkenntnis verführt hätte, was ihre niedrigere gesellschaft-
liche Stellung rechtfertige. Für solche kühne Ansichten fand Anne immer mehr Anhängerinnen, ja, sogar einige Anhänger.

Bald wollten sechzig, siebzig und mehr Frauen wöchentlich teilnehmen. Da sie nicht ins Haus passten, verlegten sie ihre Treffen ins einzige große Gebäude im Ort, in die Kirche. Doch waren über diese Vergrößerung nicht alle begeistert. Obwohl die Puritaner nach Amerika übersiedelten, um ihre Religion in Freiheit auszuüben, hieß das noch lange nicht, dass sie das gleiche Recht jenen zustanden, die anders glaubten. Wie so viele Regierende wollten sie die alleinigen Hüter der Weisheit bleiben; je mehr sie über Anne Hutchinsons Treffen erfuhren, desto misstrauischer wurden sie. Sicher lag auch Furcht darin, was häufig genug zur Wut führt.

Männer wie Gouverneur Winthrop fanden es schon ärgerlich, dass Frauen bei den Diskussionen die Hauptrolle spielten. Sie gehörten in die Küche oder die Kinderstube, außer beim regelmäßigen Besuch der richtigen Kirche, wo ein richtiger Pfarrer eine richtige Predigt hielt, und auch dort hatten sie den Mund zu halten. Bei ihren Treffen, so hieß es, analysierte Anne nicht nur manche Predigt kritisch, sie leitete die Diskussion sogar von einem Stuhl aus. Damals gab es meist nur einen richtigen Stuhl im Hause, und der war für den Hausherrn. Was dachte sich diese Hutchinson eigentlich? Sollte es gar zu einer Frauengemeinde, einer Art Frauenbewegung kommen? Nie und nimmer!

Die führenden Männer wetterten, sie verletze das Fünfte Gebot der Bibel – »Ehre deinen Vater und deine Mutter« –, denn sie sahen sich als die Väter der Kolonie. Indem Anne Frauen ermutige, sich mit so etwas wie Denken und Räsonieren abzugeben, anstatt sich um ihre Familien zu kümmern, fördere sie die Sünde, und die Sünde war damals eine Schlüsselfrage.

Anne meinte dagegen, die Hoffnung auf ein Nachleben ohne Höllenfeuer hänge nicht von Kirchenregeln und Ritualen ab, sondern von einem inneren, göttlich inspirierten Glauben, den man durch eine persönliche Offenbarung erlebe. Zum ewigen Heil genüge dieser Glaube, unabhängig davon, wie der Pfarrer die Bibel auslegt. Obwohl religiös diskutiert, ging es im Grunde um die Frage von Autorität. Und die Autoritäten sahen sich herausgefordert: Sollten alle Ansichten über Zucht und Ordnung ins Wanken geraten? Wenn jeder und jede für sich entscheiden dürfte, was gut und was schlecht sei, führe das nur zu Ungehorsam, in die Anarchie. Die ganze Struktur der Kolonie, religiös wie politisch, sei gefährdet!

Noch ein Ärgernis kam hinzu: Anne und ihre Anhängerinnen lehnten die gängige Ansicht ab, dass die Indianer, die noch ringsherum lebten, ohnehin Sündige wären, also ein legitimes Ziel für jeden Angriff. Das heute in den USA noch verbreitete Bild der guten Beziehungen, wonach Indianer den dankbaren Siedlern erklärten, wie man in der Wildnis zurechtkomme und welche Pflanzen essbar seien (wie etwa Kürbisse) – war in der Realität bestenfalls von kurzer Dauer. Die Siedler nahmen sich immer mehr Land, für die meisten waren Indianer nur sündige Wilde, die ihnen im Wege standen. Falls sie sich der Verdrängung zur Wehr setzten, mitunter ebenfalls brutal, bot das eine willkommene Gelegenheit, sie zu verjagen oder gar zu massakrieren.

Das taten nicht nur die Siedler in Neuengland. Die Tragik von besser bewaffneten Kolonisten – oft selbst Flüchtlinge oder Diskriminierte –, die Urbewohner ihres Zufluchtlandes angriffen und verdrängten, setzte sich in den USA immer weiter fort. Es ähnelte beispielsweise dem Vorgehen der Spanier in Lateinamerika, der englischen und irischen Strafgefangenen gegen die Ureinwohner Australiens oder der holländischen Buren gegen die Afrikaner. Eine Rechtfertigung fand man immer.

Der erste »Indianerkrieg«, der Pequot-Krieg, begann am 1. Mai 1637. Am 26. Mai wurde das Fort der Pequot von den Siedlern umringt und angezündet. Flüchtende wurden ins Feuer zurückgetrieben. Ein Augenzeuge berichtete:»Mehr als 500 Indianer brieten im Feuer, und Ströme von Blut sickerten durch die Palisaden hindurch. Der Gestank war fürchterlich, aber der Sieg war ein süßes Opfer und wir beteten alle zu Gott, um ihm für seinen Beistand zu danken.«

Wenige Wochen später konnte man die Überlebenden wieder belagern, ihr Angebot einer kampflosen Kapitulation ablehnen und noch 180 Pequot töten. Die restlichen, meist Frauen und Kinder, wurden zu Dienern der Siedler gemacht oder als Sklaven verkauft. Dies galt allen Indianern in Neuengland als Abschreckung.

Anne Hutchinson sprach sich öffentlich gegen diese Angriffe auf

die Indianer und deren Unterjochung aus. Doch gegen einen lau-
fenden Krieg zu opponieren, wird noch heute in Regierungskreisen
ungern gesehen. Annes Kritik machte sie nur noch gefährlicher, und
Gouverneur Winthrop, der vier Jahre vor den Hutchisons nach Neuengland gekommen war und schon über 700 ha Land zuzüglich einiger Sklaven besaß, schritt zur Tat. Mit anderen Prominenten stellte
er eine Liste von zweiundachtzig »falschen Meinungen« auf und ließ
Hutchinson vor dem höchsten Gericht, besetzt mit 48 Männern, erscheinen. Vor allem warf man ihr »Verleumdung« vor.

Obwohl sie mit ihrem Mann acht Kilometer zum Gericht in Newport bei Boston laufen musste und weder Rechtsbeistand noch eigene
Zeugen haben durfte, machte Anne gleich nach Winthrops vager Anklage klar, dass sie nicht klein beigeben wollte:

»Ich werde hierher berufen, um mich vor Ihnen zu verantworten,
doch höre ich keine Sachen, die gegen mich vorgebracht wurden.«

Winthrop antwortete: »Ich habe schon mehrere genannt und ich
kann noch mehr nennen.«

»Nennen Sie nur eine, Sir.«

Es kam zu einer komplizierten Debatte, drei lange, harte Tage für
die Schwangere. Auch als sie einen Schwächeanfall erlitt, bot man ihr
keinen Stuhl an. Das scharfe Hin und Her ging weiter; sie blieb bei
ihrer Position. Doch konnte sie so gut argumentieren, wie sie wollte;
Winthrop sagte überdeutlich: »Wir sind Ihre Richter und nicht Sie
unsere, und wir müssen Sie dazu zwingen.«

Der stellvertretende Gouverneur Dudley, der nur vierzig Hektar
weniger besaß als Winthrop, klagte: »Seitdem Frau Hutchinson angekommen ist, hat sie Unruhe verbreitet.« Man nannte sie eine Ketzerin
und ein Instrument des Teufels. Ein Pfarrer rief ihr zu: »Sie sind über
Ihren rechtmäßigen Platz hinausgegangen. Sie waren ein Ehemann
statt einer Ehefrau, ein Pfarrer statt einer Zuhörerin, ein Magistrat
statt eines Untertans.« Am dritten Tag beendete Winthrop das Streit-
gespräch:

»Alle, welche der Meinung des Gerichtes beipflichten, dass sie von
unseren Freiheiten verbannt werden soll und, bis sie weggeschickt
wird, verhaftet, sollen ihre Hände heben.«

Bis auf drei Mutige hoben alle die Hände. Und das war noch nicht das Ende ihres Leidens. Sie stand unter Hausarrest bei jemandem, der sie umstimmen sollte. Da sie ihren Glauben noch immer nicht aufgab (obwohl sie in einigen Punkten etwas Kompromissbereitschaft zeigte), stellte man sie wieder vor ein Gericht, diesmal vor den Kirchenrat von Boston.

Man warf ihr diesmal »Blasphemie« vor, also »Gotteslästerung«, dazu »anstößiges und lüsternes Benehmen«, weil bei ihren Hausversammlungen Männer und Frauen gemeinsam teilgenommen hätten. Wiederum hatte sie keine Chance. Ihre Bereitschaft, ein wenig nachzugeben, nutzte ihr auch nicht. Das Gericht befand sie schuldig. Ein Pfarrer erklärte:

»Ich werfe Sie hinaus und liefere Sie im Namen Christi an Satan, damit Sie dann lernen, nicht mehr Gott zu lästern, zu verführen und zu lügen.« Anne Hutchinson sowie einige aus ihrer Gruppe wurden bis zur Grenze gebracht und verbannt »wie Lepra-Kranke«.

Ein Glück: Das bedeutete immerhin, nicht ohne Obdach zu sein in der Wildnis. Drei Jahre vor den Hutchinsons war Roger Williams der Pfarrer im Dorf Salem unweit von Boston. Ähnlich wie Anne hatte er gegen die strengen, raffgierigen Herrscher der Kolonie rebelliert – und wurde ebenso verbannt. Ihm gelang es, weiter im Süden Land von den Indianern ehrlich zu kaufen und die Siedlung Providence zu gründen (*Providence* heißt etwa »göttliche Vorsehung«). Williams und etwa sechzig Anhänger legten hier neue Regeln fest: jedes Jahr wurde demokratisch gewählt; die Gewählten konnten auch abberufen werden. Die Sklaverei wurde verboten, Kirche und Staat sollten völlig getrennt sein, die absolute Religionsfreiheit bestand auch für »die heidnischsten, jüdischen, türkischen oder antichristlichen Glaubensrichtungen und Arten der Gottesanbetung, ohne jegliche Verfolgung«. Williams bestand darauf, Land von Indianern zu kaufen, niemals zu erobern. Er wurde Experte in Indianerkultur und schuf das erste Indianisch-Englische Wörterbuch. Man wollte fair und freundlich neben ihnen leben, alles andere galt als Sünde. Nach langen Mühen bekam Williams vom englischen König das Siedlungsrecht für diese neue Kolonie Rhode Island; jeder Versuch des nördlichen Massachusetts, sie zu annektieren, wurde verhindert. Allerdings, wenn auch Williams' Frau ihn neben der Pflege der sechs Kinder stets unterstützte, bekamen Frauen zwar das Recht auf Meinungs- und Redefreiheit, aber nicht das Wahlrecht oder politische Gleichheit. Soweit war man noch nicht. Dennoch übten später die relativen Freiheiten im kleinsten Bundesstaat Rhode Island großen Einfluss auf die Konstituierung der USA aus.

Während des kirchlichen Prozesses gegen Anne beschlossen neunzehn Gleichgesinnte, darunter ihr Ehemann, eine Einladung von Roger Williams anzunehmen und auch nach Rhode Island zu ziehen. Sie kauften eine Insel von den Indianern und gründeten zwei Siedlungen. Anne kam einen Monat später nach. Aus der Siedlung sollte einmal die berühmte Stadt Newport werden.

Das monatelange Leiden hatte dennoch seinen Preis, eine Fehlgeburt, welche Puritaner in Boston schadenfroh als »Strafe Gottes« ansahen. Sie schickten auch Vertreter, um Anne dazu zu bringen, reuig zurückzukehren. Sie warf sie aber hinaus und prangerte die Kirche in Boston als »eine Hure und Metze« an.

Anne Hutchinson wurde damit die einzige Frau, die, wenn auch gemeinsam mit Roger Williams, einen Bundesstaat gründete. Leider blieb sie nicht dort. Nachdem ihr Ehemann (der sie »seine teure Heilige« nannte) 1643 gestorben war, zog Anne mit den sechs jüngeren Kindern und einigen Anhängern in einen Ort nahe Nieuw Amsterdam, bis 1664 eine holländischen Kolonie, die später zu New York City wurde. Dort herrschte leider nicht die Freundschaft von Rhode Island mit den Indianern; die Verhältnisse ähnelten denen in Massachusetts. Als der holländische Gouverneur von den leichten Siegen gegen die Pequot erfuhr, versuchte er, die Indianer »zu ihrem Schutz« zu besteuern. Die Beziehungen wurden eisig, und auch hier kam es zum Krieg. Als Rache für die Tötung eines Holländers massakrierte ein Trupp aus Nieuw Amsterdam 120 Indianer, darunter viele Frauen und Kinder. Rache gebar Gegenrache: Etwa 1.500 Indianer zogen durch die dünn besiedelten Holländerdörfer und töteten, wo sie nur konnten. Die Hutchinsons hatten immer gute Beziehungen gepflegt; nur wussten das die einfallenden Indianer nicht. Sie töteten Anne,

die Nachbarn und alle ihrer Kinder außer einem Mädchen, das überlebte, weil es, so wird erzählt, rotes Haar hatte, was die Indianer sehr
bewunderten. Die kleine Susan blieb acht Jahre bei den Indianern;
als zwei Familienmitglieder, die in Boston geblieben waren, sie freikaufen konnten, wollte sie erst gar nicht weg. Unter ihren Nachfahren
sind sehr viele, mitunter berühmte AmerikanerInnen.

Dort nannte man einen kleinen Fluss und später eine Autobahn-
strecke nach Anne. Seit 1922 steht ihre Statue in Boston, um »eine
mutige Vorkämpferin für Bürgerrechte und religiöse Toleranz« zu ehren. 1987, nach 250 Jahren, erklärte ein fortschrittlicher Gouverneur
von Massachusetts ihr Urteil für »ungültig« und hob die Verbannung
auf.

2.
Quäker hängt man

Mary Barrett Dyer (ca. 1611–1660)

War Mary Dyers Leben heldenhaft, fanatisch, eigenartig, gar unwahrscheinlich? Auf jedem Fall war es tragisch. Und in jenen frühen Jahren ging es wieder um die Religion.

Stellen wir uns den »Common« in Boston im Jahre 1659 vor. Noch gab es dort kein State House mit goldenem Dach oder einen großen Teich mit Booten voller fröhlicher Familien. Neben einer großen Ulme stand stattdessen ein Galgen.

Um die Ecke marschierte eine Kolonne von Soldaten und eifrigen Trommlern. Mitten drin gingen zwei junge Männer, dazwischen Mary Dyer. Hätten sie der Zuschauermenge etwas zurufen wollen – die Trommler hätten die Worte übertönt. Doch sie schwiegen.

Die drei stiegen zum Galgen hinauf, ihnen wurden die Arme und Beine gebunden, Schlingen um den Hals gelegt, sie bekamen ein Tuch übers Gesicht gebunden. Vom Trommeln begleitet, schaltete der Henker die Falltüren. Zwei Körper fielen, wandten sich, starben. Und der dritte? Mary Dyer wurde nicht hingerichtet, ihr wurden Schlinge und Schnüre abgebunden, das Tuch entfernt – und sie wurde die Treppe wieder hinabgeführt.

Die drei wurden deshalb verurteilt, weil sie »Quäker« waren – sie nennen sich selbst »Freunde«. Nun, zwanzig Jahre nach der Verurteilung von Anne Hutchinson, galten auch sie als Ketzer. Über diese sturen Leute ärgerten sich die Regierenden in Boston noch mehr als über die früheren. Sie hatten also für Quäker die Todesstrafe eingeführt, wenn auch nur mit einer Mehrheit von einer einzigen Abgeordnetenstimme.

Daher auch die Galgen. Die Begnadigung für Mary Dyer gelang, dachten manche, weil ihr Ehemann, kein Quäker, diese dem Gouverneur in letzter Minute hatte abringen können. Heute wissen wir, dass das gruselige Theater inszeniert wurde. Eine Frau hinzurichten, hätte zu viele Menschen schockiert, doch wollte man die Andersdenkenden für immer abschrecken.

Sie bedankte sich nicht für diesen makabren Gnadenakt und verlangte, das Gesetz gegen Quäker aufzuheben. Doch stattdessen setzten die Behörden Mary Dyer auf ein Pferd und schickten sie ins geographisch nahe, doch völlig andere Rhode Island, wo Religionsfreiheit herrschte.

Fünfundzwanzig Jahre zuvor war Mary Dyer, ähnlich wie Anne Hutchinson, nach Massachusetts gekommen. Sie wurde ähnlich enttäuscht, und ging auch zu den Treffen in Annes Haus. Auch sie war dankbar für ihre Hilfe als Hebamme – denn binnen vier Jahren bekam sie drei Kinder. Das letzte kam als Fehlgeburt völlig missgestaltet zur Welt; Anne half ihr, das tote Baby heimlich zu begraben.

Als Anne Hutchinson verurteilt wurde, war allein Mary Dyer mutig genug, aufzustehen und mit ihr den Gerichtssaal zu verlassen. Und mit ihr zog sie ins tolerante Rhode Island. Kurz danach erfuhr Gouverneur Winthrop von dem Baby, ließ es ausgraben und denunzierte Dyer und Hutchinson. »Ein Monstrum«, erklärte er und bot abschreckende Details. »Krallen statt Zehen!« war nur eines davon. Das war für ihn Beweis genug: »Alle sind sie vom Teufel!«

Vierzehn Jahre später reiste Mary nach England, wo eine Predigt ihr ganzes Leben ändern sollte. Etwa wie Anne Hutchinson lehrte George Fox, ein Gründer der »Gesellschaft der Freunde«, dass in der Religion nicht Rituale und Bibel-Erklärungen vom Pfarrer oder Bischof entscheidend seien, sondern das Gewissen der Einzelnen. Etablierte Kirchen lehnten »die Freunde« ab, die sie abwertend »Kirchturmhäuser« nannten, ebenso bezahlte Pfarrer. Deren Aufgaben sollte stattdessen jede und jeder vom Geiste Bewegte wahrnehmen können. An ihren »Gottesdiensten« nahmen alle als Gleiche teil; wer sich von Gott bewegt fühlte, redete frei heraus. Dazwischen herrschte Schweigen. Es hieß, manchmal hätten sie dabei vor innerer Bewegung gera-

dezu gezittert; daher wurden sie Quäker genannt (»quake« heißt auf
Englisch »zittern« oder »beben«, wie in »earthquake«). Die »Freunde«
glaubten an Gleichheit für Frauen, waren gegen die Sklaverei, gegen
Gewalt, gegen Krieg; sie lehnten es ab, irgendeinen Eid zu leisten.
Und sie waren entschlossen, weitere Gleichgesinnte zu gewinnen.
Mary Dyer nannte sich nun »Predigerin« und kehrte nach Amerika
zurück.

Es hielt sie nicht lange in Kolonien, wo ihr erlaubt wurde zu predigen; nicht im toleranten Rhode Island, erst recht nicht in der Kolonie
Pennsylvania, die von dem »Freund« William Penn gegründet worden
war und von ihm lange regiert wurde. Auch nicht in North Carolina,
New Jersey, Delaware oder Maryland (als Zufluchtsort für verfolgte
Katholiken gegründet). Nein, sie musste nach Connecticut, das von
kaum gemäßigten Puritanern beherrscht wurde. Dort wurde sie bald
eingesperrt. Als sie frei kam, war ihr Ziel gerade Boston, von wo sie
zwanzig Jahre zuvor mit Anne Hutchinson für immer verbannt worden war.

Das war gefährlich. Zwei Quäker-Frauen waren durch Schneestür-
me dorthin gezogen – sie schliefen unterwegs im Wald –, konnten
aber nur zwei Wochen predigen, ehe sie verhaftet, ausgepeitscht und
verbannt wurden. Als der Prediger Christoph Holder es wagte, seinen
Glauben in einer Kirche zu Wort zu bringen, riss man ihn mit Gewalt
weg. Er und seine Mitprediger wurden ausgepeitscht, in eine Zelle
ohne Decken oder Heizung gesperrt, zweimal wöchentlich mit fünfzehn, dann mit immer mehr Peitschenschlägen gepeinigt und schließlich vertrieben. Als er dennoch zurückkehrte, schnitt man ihm ein
Ohr ab. Wie sollte man nur gegen diese Quäker vorgehen? 1658 beschloss man die Todesstrafe.

All das wusste Mary, doch trotz der Bitten ihres Ehemannes zog es
sie nach Boston. Mit den zwei begleitenden jungen Männern wurde
sie zu Tode verurteilt. Wie schon geschildert, starben die zwei; Mary
wurde in letzter Minute verschont und wieder deportiert.

Doch für sie gab es kein Aufgeben! Weniger als ein Jahr später,
obwohl ihr die Konsequenzen völlig klar waren, reiste Mary trotzdem
wieder nach Boston. Am 31. Mai 1660 wurde wieder ein Todesurteil

gegen sie ausgesprochen. Wieder versuchten einige, ihr das Leben zu
retten, und noch auf den Stufen zum Galgen bot man ihr die Rettung
ihres Lebens an, wenn sie nur die Kolonie verlassen würde.

»Nein, ich kann nicht«, sagte sie. »Ich kam im Gehorsam zum Willen des Herrn und bleibe seinem Willen bis in den Tod treu.« Diesmal
fiel doch unter ihren Füßen die Falltür.

Im Stadtpark »Boston Common«, am Denkmal für diese unbestrit-
ten erstaunliche Frau, die letzte religiöse Märtyrerin in Nordamerika,
stehen ihre Worte: »Mein Leben ist mir nichts wert im Vergleich mit
der Freiheit der Wahrheit.«

3.
Ihresgleichen wurden ausgepeitscht!

Fanny Wright (1795–1852)

»... ich wage zu behaupten: Bis Frauen den Platz in der Gesellschaft einnehmen, welcher ihnen durch Vernunft und Gefühl zusteht, kann sich die Verbesserung der Menschheit nur schwach entwickeln. Es bringt nichts, wenn wir die Kraft von der Hälfte unserer Rasse einschränken, zumal sie die weitaus wichtigste und einflussreichste Hälfte ist ... So ist die ganze Menschheit degradiert ..., bis bei den einen die Macht zerstört wird und bei den anderen die Angst und der Gehorsam, und beiden ihr Geburtsrecht wiedergegeben wird – die Gleichheit. Gleichheit ist die Seele der Freiheit; ohne sie gibt es in der Tat keine Freiheit!«

Als diese Worte 1829 geschrieben wurden, schienen sie, wie ihre Autorin, unmöglich, unerhört, ja geradezu schamlos! Wie, Gleichheit für Frauen? Anne Hutchinsons leidenschaftliche Rufe zwei Jahrhunderte zuvor waren längst vergessen. Frances Wright (genannt Fanny) krachte also regelrecht auf die politische Bühne Amerikas! Diese hübsche, kluge, wortgewandte und zugleich äußerst unbequeme Frau erschreckte oder erzürnte viele Männer fürchterlich – und nicht wenige Frauen! Schon ihr Auftritt fiel unweigerlich auf; eine Unfreundliche schilderte sie so: »Ihre Person war männlich, sie war mindestens 1,77 m groß und trug ihr Haar à la Ninon mit engen Locken, ihre großen blauen Augen und blonde Erscheinung waren völlig englisch, und sie schien immer die falsche Kleidung zu tragen.«

Fanny war nicht aus England, sondern kam aus dem schottischen Dundee. Sie, ein Bruder und die jüngere Schwester Camilla wurden sehr früh Vollwaisen, doch die Eltern hinterließen viel Geld. Fanny lebte mit Verwandten, las viel, lernte fließend Französisch und Spanisch und schrieb mit achtzehn Jahren ein erstes Buch.

1818, nur von der Schwester begleitet, bereiste sie die jungen USA, auch recht raubeinige Gegenden westlich des eher zivilisierten Ostens. Darüber schrieb sie ein Reisebuch, vermutlich das erste einer Schriftstellerin. In England bestand großes Interesse an der entstehenden Republik und *Ansichten über Gesellschaft und Manieren in Amerika* wurde zum Bestseller. Fanny war von den USA begeistert. Anders als in Europa, meinte sie, »nehmen die Frauen ihren Platz als denkende Wesen ein«. Sie lobte die amerikanische Demokratie – wohl in der Hoffnung, sie würde auf England ausstrahlen. Doch eines lobte sie absolut nicht: Die Sklaverei sei »abscheulich über alle Vorstellungskraft«.

Der alte französische Revolutionär Marquis de Lafayette, der als Jugendlicher tapfer für die Amerikaner gegen England gekämpft hatte, schwärmte für Fannys Schrift – und bald auch für Fanny selbst (betont aber nur auf väterliche Art). An ihn schrieb sie:

»Ich vermute, Sie bestaunen manchmal meine unabhängige Art, genauso durch die Welt zu laufen, als hätte mich die Natur zu einem von Ihrem Geschlecht gemacht anstelle von dem der armen Eva. … Glauben Sie mir, geliebter Freund, der Geist besitzt kein Geschlecht außer jenem, das die Gewohnheit und die Bildung ihr gegeben hat, und ich, die schon als Kleinkind auf die Welt wie ein Wrack auf das Gewässer geworfen wurde, habe gelernt, genauso gut mit den Elementen zu ringen wie jedes männliche Kind von Adam.«

1824 lud der US-Kongress Lafayette ein, alle der damals 24 Bundesstaaten zu besuchen. Er bewog Fanny und Camilla, wieder durch die USA zu reisen, diesmal mit ihm, allerdings, um Tratsch zu vermeiden, auf einem anderen Schiff und in anderen Kutschen.

Der alte Lafayette, überall freudig begrüßt, kehrte anschließend nach Frankreich zurück, die beiden Schwestern blieben. Sie hatten viele Prominente kennen gelernt, von denen Fanny am interessantesten Robert Dale Owen fand. Sein berühmter Vater, der Waliser Robert Owen, hatte als vielleicht einziger Fabrikbesitzer die Arbeiter in seinem Werk wohlwollend behandelt und dazu eine frühsozialistische Utopie entwickelt. Vater und Sohn wollten in New Harmony, Indiana, am Rande der besiedelten Regionen im fernen Amerika, eine Art kommunistische Stadt errichten, in der alle Mitbürger die Arbeit und die Belohnung gleich teilten, wo es weder Reiche noch Arme gäbe und wo alle Kinder ohne Schulgeld eine gleichwertige Bildung erhielten. Das war völlig neu! Fanny war fasziniert, der junge Owen mit ihr ebenfalls. Privat schrieb er, sie sei »eine sehr gelehrte und feine Frau, und wenn ihre Manieren freiartig und für eine Frau ungewöhnlich sind, so sind sie dennoch angenehm und graziös, und sie gefällt noch mehr bei besserer Bekanntschaft.«

Fanny fand New Harmony goldrichtig und nachahmungswürdig. Weil aber bei ihr der Hass gegen die Sklaverei hinzukam, beschlossen sie und Robert Dale Owen, gemeinsam einen ähnlichen Versuch mitten im Sklavereistaat Tennessee zu riskieren. Mit einem Großteil des eigenen Vermögens, gesponsert auch von Robert Owen sen., von Marquis de Lafayette sowie moralisch vom früheren Präsidenten Thomas Jefferson, kaufte Fanny etwa 800 ha Land unweit von Memphis (heute als Heimatstadt Elvis Presleys bekannt) und gründete das Projekt Nashoba. Mehrere bisherige Sklaven, von den umliegenden Farmern gekauft, sowie einige Weiße, denen allerdings die Führung anvertraut wurde, sollten einen Landwirtschaftsbetrieb aufbauen, wobei die Schwarzen ihre Fähigkeiten entwickeln und ihre »Befreiung durch Bildung« erreichen sollten.

Das wäre 1825 schon im Norden ein kühnes Projekt gewesen. In einem Südstaat wie Tennessee, wo die Sklaverei vorherrschte, war es um ein Vielfaches gewagter. Verschärfend kam hinzu, dass Fanny und Owen sich für etwas einsetzten, was auch über hundert Jahre später immer noch schockierte: Sie stellten die für die Frau besonders feste Bindung der Ehe in Frage, argumentierten also für die »freie Liebe«. Der Grund: »Im ehelichen Leben opfert die Frau ihre Unabhängigkeit und wird ein Teil des Eigentums des Mannes … das fügt der Frau eine erdrückende Strafe zu und brandmarkt den Nachwuchs der Liebe mit Schande.« Frech schrieb Fanny für eine Zeitung in Memphis: »Das Ehegesetz, das außerhalb der Institution (Nashoba) gilt, hat innerhalb des Gebiets keine Gültigkeit. Keine Frau kann ihre individuellen Rechte oder ihre unabhängige Existenz aufgeben, und kein Mann kann über sie überhaupt irgendwelche Rechte oder Macht behaupten außer jene, die er durch ihre freie und freiwillige Liebe ausübt.«

Um das Fass noch zum Überlaufen zu bringen, redete Fanny von schwarz-weißen »Mischehen« oder vielmehr »Mischverbindungen«. Anfangs meinte sie, dass nach einer gewissen Zeit die in Nashoba gebildeten Ex-Sklaven in andere Länder auswandern müssten, vielleicht nach Afrika. Denn »die Vorurteile gegen eine Mischung der zwei Farben, ob absurd oder nicht, sind derart tief im amerikanischen Geist verwurzelt, dass eine Sklavenbefreiung ohne Auswanderung … unmöglich erscheint.« Später aber überlegte sie, ob nicht gerade die Vermischung der beiden Gruppen zu einer Überwindung der Rassenfrage führen könne. Bei keinem Thema war das Tabu stärker – obwohl es in den Südstaaten zur traurigen Tradition gehörte, dass Sklavenhalter ihren »Besitz« zu Müttern machten, ob von diesen freiwillig oder nicht. Deshalb auch haben heute relativ wenige AfroamerikanerInnen eine »rein« afrikanische Abstammung. Über so etwas redete man aber nie offen, und die Umkehrung, also Sex oder gar Liebe zwischen weißen Frauen und schwarzen Männern, war derart tabuisiert, dass bis fast in die jüngste Zeit in den Südstaaten eine solche Beziehung, auch nur vermutet, tausendfach zu brutalen Lynchmorden führte.

Als Fanny solche Themen diskutierte, als sie nicht nur gegen Rassismus anschrieb, sondern auch gegen die Institution der Ehe und sogar gegen die organisierte Religion, da waren unweigerlich Entsetzen und Wut zu erwarten, nicht allein in Tennessee. Während der Abwesenheit der erkrankten Fanny erschienen in der Presse zudem Auszüge aus dem Tagebuch des »Managers« von Nashoba, auch über dessen Liebesbeziehung zu einer der früheren Sklavinnen. Da war Nashoba praktisch nicht mehr länger zu halten. Hinzu kam eine Missernte und Malaria-Erkrankungen; nach fünf Jahren mussten also Fannie und Owen das Projekt aufgeben und damit einen großen Teil ihres Vermögens einbüßen, zumal sie die früheren Sklaven nach Haiti brachten und für sie Arbeit und Unterkunft fanden. In diesem Land in der Karibik hatte sich, nach einem siegreichen Sklavenaufstand und sogar einem Erfolg gegen eine Armee Napoleons, ein zweites Land in Amerika befreit. Ganz anders als in den USA waren dort alle Menschen freie Bürger; Sklaverei gab es nicht, denn dort herrschten die Nachkommen der Sklaven!

Fanny und Owen kehrten nach New Harmony in das nördliche Indiana zurück, wo sie ein kleines, jedoch modernes, faires Bildungssystem mit gleichem Zugang für Mädchen und Jungen aufbauten, das – auch mit Ideen des schweizerischen Pädagogen Pestalozzis – eine gewisse Modellrolle in den USA spielen sollte. Vielleicht als erste Chefredakteurin überhaupt gab Fanny eine Zeitung heraus, die *New Harmony Gazette*. Als aber klar wurde, dass eine kleine Gruppe von Menschen mit verschiedenen Vorstellungen, völlig isoliert, keinen kommunistischen Kleinstaat aufbauen konnte, zogen Robert, Fanny und die treue Schwester Camilla in die Großstadt New York. Ihre Zeitung, nun hieß sie *Free Enquirer* (etwa *Freier Fragender*), war weiterhin ein Sprachrohr gegen die Sklaverei, für freie Bildung ohne Einfluss der Kirchen, für Frauenrechte, darunter für verbesserte Scheidungsgesetze und sogar für die Geburtenreglung, also Familienplanung – wieder ein Thema, das hundert Jahre später immer noch ein Tabu war. Fanny äußerte sich auch, ebenfalls ihrer Zeit weit voraus, gegen die Todesstrafe. Neue Probleme entstanden durch die schnelle Entstehung von Fabriken, und der *Free Enquirer* unterstützte die politische Organisierung der Arbeiter, die gerade ihre ersten Gewerkschaften formierten.

Fanny war in den meisten größeren Städten als eindrucksvolle Rednerin sehr gefragt. Der gewerkschaftliche Verbund der Stadt Philadelphia, einer der ersten dieser Art, lud sie am 4. Juli 1829 ein; am Jahrestag der amerikanischen Revolution fragte sie, ob man damals gekämpft hätte, um »die Söhne und Töchter der Industrie Eures Landes durch … Armut, Verwahrlosung, Laster, Hunger und Krankheit zu unterdrücken.« Sie fragte, ob nicht die moderne Technik den Wert der menschlichen Arbeit niederdrücke, Menschen zu Anhängseln von Maschinen mache, und dabei Geist und Körper von Kinderarbeitern verkrüpple. Noch provokanter schrieb sie:

»Das, was die jetzige Form des Kampfes von jeder anderen in der Geschichte der Menschheit unterscheidet, ist, dass sie ein offensichtlicher, offener und eingestandener Klassenkrieg ist. … Es sind die unterworfenen Menschen der Erde, die darum kämpfen, die ›mit Stiefeln und Sporen ausgerüsteten Reiter‹ abzuwerfen …«

Man könnte vermuten, Karl Marx hätte diese Zeilen geschrieben. Doch war er zu dieser Zeit erst elf Jahre alt. Kein Zweifel, Fanny war eine Revolutionärin!

Hinzu kamen ihre Gedanken über die Religion, auch ein Thema, das bis heute Entrüstung, ja, blinde Rage auslösen kann. Eigentlich bat sie nur um Vernunft, Toleranz und eine Trennung zwischen Kirche, Staat und Schule, was völlig verfassungskonform war:

»Ich werde Ihre Ansichten nicht in Frage stellen. Ich werde mich nicht in Ihren Glauben einmischen. Ich rate nur: zu untersuchen, zu hinterfragen. Gehen Sie der Natur der Dinge auf den Grund. Suchen Sie nach der Basis Ihrer Ansichten, nach dem Für und Wider, um zu wissen, warum Sie an sie glauben, ob Sie das verstehen, was Sie glauben, stellen Sie einen Grund für den Glauben fest, der in Ihnen ist.«

Nein, sie machte sich nicht überall beliebt. Sie war die erste Frau, die Reden vor einem gemischten Publikum von Männern und Frauen hielt, was viele anmaßend, unbescheiden, fast unmoralisch fanden. Für die einen war sie edel, für andere zu »männlich«. Schon ihre neuartige Kleidung erweckte Missmut. Statt der langen, breiten, vielleicht schönen, doch gänzlich unpraktischen Kleider trug sie gelegentlich ein Leibchen mit einem Kleid, das nicht einmal bis zu den Knien reichte, dafür weite Pantalons bis zu den Knöcheln.

Manche hassten sie direkt: Sie »war keine Frau, auch wenn sie Mutter sein mag«, schrieb einer, und »vor wenigen Jahren wurden solche Frauen ausgepeitscht!« Sie wären »nur Halbfrauen, geistige Zwitter.« Ein Pfarrer namens Harrington ließ, um Fanny zu widerlegen, mehrere Frauen auf die Frage, ob sie breitere Interessensphären suchten, bieder antworten: »Nein, die Männer sollen sich um die Politik kümmern, wir kümmern uns um die Kinder!«

Die Presse versuchte, sie (und Owen) lächerlich zu machen. Eine Karikatur zeigte eine Frau am Rednerpult – mit dem Kopf einer Gans. Dahinter hielt ein schwächlich aussehender Mann, also Owen, ihren Hut. Manche schlugen härter zu und nannten sie »die große rote Dirne der Untreue« oder die »Hure von Babylon«. Mitunter brauchte sie Leibwächter bei ihren Vorträgen. Trotzdem kamen viele Zuhörer; interessant war sie allemal!

In New York gründete man damals die Workingman's Party – zum zweiten Mal riefen in den USA Arbeiter eine eigene Partei ins Leben. Der Anlass war der Versuch der Unternehmer, den in New York erkämpften Zehnstundentag wieder auf elf Stunden zu erhöhen; doch die neue Partei richtete sich auch gegen die Korruption in der Politik und gegen Banker, die sie »die größten Schurken, Hochstapler und Wichte des Zeitalters« nannte. (Daran hat sich seitdem wohl nicht allzu viel verändert.)

Die Zeitung von Fanny und Robert Dale Owen wurde die Stimme der neuen Partei, die in den Wahlen von 1829 überraschende Erfolge feierte, sogar im Norden des Bundesstaates New York. Dort wurde ein Zimmermann, führend in seiner Gewerkschaft, ins Parlament gewählt, damals ein echtes Novum.

Doch dann geschah, was in linksgerichteten Bewegungen und Parteien so häufig passiert. Die neue Partei zerfiel infolge sich befehdender Flügel. Dabei nahmen gerade Fanny Wright und Robert Dale Owen eine fragwürdige Position ein. Sie unterschätzten den Kampf der Gewerkschaften für bessere Bedingungen – was die Partei so kraftvoll gemacht hatte – und rückten stattdessen die Frage der Schulbildung in den Vordergrund. Ihre Argumentation: Auch wenn das Schulgeld ganz abgeschafft werde – dafür wurden zu der Zeit in den USA viele erfolgreiche Kämpfe geführt – und die Kirche aus dem Schulsystem endlich verbannt werden könne: die Einflüsse des Elternhauses und vor allem ihre soziale Stellung würden Kinder aus armen Verhältnissen bei der Bildung stark benachteiligen. Das war gewiss richtig. Doch leider schlugen sie etwas vor, was für die meisten Eltern unannehmbar war: Alle Kinder auf gleicher Basis zu kleiden, zu ernähren und zu bilden, indem man sie im Alter von etwa zwei Jahren in gemeinsamen Wohn- und Schulinstitutionen zusammenbrächte, wo sie nur am Wochenende besucht werden durften. Die Frage der Bildung nahm im innerparteilichen Disput einen übergroßen Stellenwert ein, Arbeiterziele wurden weniger betont, zudem sickerten zweifelhaf-

te Akteure in die Partei ein, und bei den Wahlen von 1830 spaltete sie
sich in drei verschiedene Kandidatenlisten. Keine kam gut weg, und
bald hatte sich die Partei selbst disqualifiziert. Ihre großen Tage waren
nur kurz, wenngleich historisch. Und leider schrieb die Presse dabei
von der »Fanny-Wright-Partei«, um zugleich eine ebenso historische
Persönlichkeit zu attackieren.

Bald kehrte Fanny der aktiven Politik den Rücken. 1830 zog sie
mit der kränkelnden Camilla nach Europa zurück. Als ihre geliebte
Schwester und ständige Begleiterin kurz darauf starb und sie allein
ließ, heiratete sie 1831 einen französischen Arzt, der zeitweilig Lehrer
an der Schule von New Harmony gewesen war. Er – und nun sie auch
– trug den imposanten Familiennamen Phiquepal d'Arusmont.

Sie zogen 1835 aus Frankreich nach Cincinnati in Ohio, wo ihre
Ehebeziehung immer schwieriger wurde. Langwierig stritten sie vor
Gericht; am Ende gewann ihr Mann erwartungsgemäß die Kontrolle
über ihr gesamtes Eigentum, sogar über ihre Verdienste durch Bücher
und Vorträge. Als sie sich 1850 scheiden ließen, hielt ihre Tochter
zum Vater. Fanny, einst die kämpferische Rebellin, wohnte nun in
Not und recht verbittert – auch über jene USA, die sie als Heimat angenommen hatte –, bis sie 1852 eines Tages auf einer vereisten Treppe
ausrutschte, sich die Hüfte brach und an den Folgen bald darauf, fast
völlig allein, mit 57 Jahren starb. Auf ihrem Grabstein stehen, wie sie
es wünschte, die Worte:

> »Ich habe mich mit der Sache der Verbesserung der Menschheit ver-
> mählt und dafür mein Vermögen, meinen Ruf und mein Leben ein-
> gesetzt.«

Das war nicht übertrieben. Fanny Wright wagte es, sich laut und klar
gegen die Sklaverei auszusprechen, sie forderte Gleichheit in der Bildung – in allen Fragen war sie ihrer Zeit voraus, manchmal Jahrzehnte, manchmal Jahrhunderte. Sechs Jahre nach ihrem Tode sagte die
ebenso kämpferische Polnisch-Amerikanerin Ernestine Rose:

> »Frances Wright war die erste Frau in diesem Lande, die über die
> Gleichheit der Geschlechter sprach. Vor ihr lag in der Tat eine schwie-
> rige Aufgabe. Die Elemente waren völlig unvorbereitet. Sie musste

die seit langer Zeit verkrustete Erde des Konservatismus aufbrechen, und der Lohn dafür war ihr sicher – der gleiche Lohn, den stets jene bekommen, die die Avantgarde einer großen Bewegung bilden. Sie wurde zur Zielscheibe von öffentlichem Hass, von Verleumdung und Verfolgung. Doch war das nicht das Einzige, was sie bekam. O, sie bekam ihren Lohn – jenen Lohn, den keine Feinde ihr nehmen konnten, den keine Verleumdung weniger wertvoll machen konnte – den ewigen Lohn des Wissens, dass sie ihre Pflicht getan hatte.«

* * *

Robert Dale Owen ging es übrigens viel besser. 1832 gab er die Zeitung auf, heiratete und kehrte nach New Harmony zurück. Er wurde ins Parlament des Bundesstaates Indiana gewählt, später auch zweimal als Abgeordneter des US-Kongresses. Er war es vor allem, der den berühmten, offiziellen Museumskomplex in Washington, das Smithsonian Institute, gründen ließ. Er blieb auch zeitlebens bei seinen alten Prinzipien: für ein Schulsystem, umsonst und für alle gleich, für das Recht von Ehefrauen und Witwen, über das eigene Vermögen verfügen zu können, für ein erleichtertes Recht für Frauen, sich wegen repressiver Eheverhältnisse scheiden zu lassen. Vor allem blieb er aktiv gegen die Sklaverei. 1863, während des Bürgerkrieges, drängte er Präsident Lincoln zur Befreiung der Sklaven. Er schrieb in den USA das erste Buch zur Unterstützung der Geburtenkontrolle, also von Familienplanung – ein mehr als gewagtes Thema. In seinen alten Jahren interessierte er sich für Spiritualismus, was damals in großer Mode war. Er starb 1877, 25 Jahren nach Fanny, und wurde in New Harmony begraben. Wie eng ihre Beziehung waren? Sie waren gewiss recht eng – und für sechs dramatische Jahre wohl auch recht glücklich.

4.
Eine Literatin kommt zur Revolution

Margaret Fuller (1810–1850)

Margaret Fuller war erst zehn Jahre alt, als sie schrieb: »Am 23. Mai 1810 wurde eine geboren, die zur Trauer und zum Schmerz vorbestimmt wurde und, wie andere auch, um Missgeschick zu erleiden.« Damit meinte sie sich selbst.

Wäre sie etwas später zur Welt gekommen, sie wäre wahrscheinlich glücklicher gewesen. Wie Fanny Wright war sie eine kluge, engagierte Vorkämpferin, eine Wegbereiterin, deren Leben, wie sie vorausgesehen hatte, von Tragik geprägt war.

Ihr Vater, ein prominenter Rechtsanwalt und Kongressabgeordneter, wollte einen Jungen haben. Später bekam er fünf davon, doch Margaret war zuerst da – und war nun ein Mädchen. (Eigentlich hieß sie Sarah, mit neun Jahren verwarf sie diesen ersten Vorname.) Was damals recht ungewöhnlich war: ihr Vater beschloss, ihr genau die gleiche Bildung zu bieten wie einem Sohn. Und was für eine Bildung! Es hieß, dass sie mit dreieinhalb Jahren lesen und schreiben konnte, mit fünf den altrömischen Dichter Vergil übersetzte und bald Altgriechisch konnte. Als Teenager musste sie von fünf Uhr früh bis elf Uhr nachts studieren, sie las literarische und philosophische Werke in vier Sprachen, dazu kamen Klavierspielen, Singen und dazwischen etwas Spazieren. Wohl vom Studium zu viel und von Letzterem zu wenig: Albträume und Migräneschmerzen quälten sie das Leben lang. Sie wurde zu einem studierten, frühreifen, nicht allzu mädchenhaften Menschen, der es nicht leicht hatte, Schulfreundinnen zu gewinnen. Oder Freunde. Nach zwei Jahren in einer »Schule für junge Damen«

meinte sie: »Ich habe das Gefühl bekommen, dass ich nicht zu dem allgemeinen fraulichen Los geboren wurde.« Mit sechzehn Jahren setzte
sie ihre Bildung zu Hause fort und wurde nach einigen Jahren zum
wohl belesensten Menschen in ganz Neuengland, ob Mann oder Frau.

Zu der Zeit feierte Boston den fünfzigsten Jahrestag einer berühmten Schlacht im Unabhängigkeitskrieg. Marquis de Lafayette, der
französische Held dieser amerikanischen Revolution, legte dort bei
seiner USA-Rundreise den Grundstein eines großen Denkmals. Weil
Fanny Wright und ihre Schwester ihn damals begleiteten und Margaret Fuller Zuschauerin war, kreuzten sich zufällig – und wohl einmalig
– die Wege der beiden Kämpferinnen für Frauenrechte, als die eine
dreißig, die andere fünfzehn war.

Margaret liebte von allen Autoren am meisten Johann Wolfgang
von Goethe; später übersetzte sie Eckermanns Gespräche mit ihm.
Auch nachdem der alte Dichter und Denker 1832 starb, träumte sie
davon, Weimar und ganz Europa zu besuchen. Doch erlag ihr Vater
der Cholera, und weil seine Brüder das Geld, das er hinterlassen hatte,
fast gänzlich an sich rissen – was bei den frauenfeindlichen Gesetzen
leicht möglich war – musste sie stattdessen arbeiten, um die Familie
zu ernähren und ihre Brüder durch die Harvard Universität zu bringen. Für Frauen damals gab es außer einer Tätigkeit als Dienstmädchen oder Arbeiterin zu niedrigsten Löhnen praktisch nur einen Beruf: Lehrerin. Das wurde sie nun. Zur Rücksichtslosigkeit der Onkel
schrieb sie, dass sie bereue, zum »weicheren Geschlecht zu gehören,
und das niemals mehr als gerade jetzt«.

Sie lehrte an einer Schule in Rhode Island, dort wo Anne Hutchinson einmal Zuflucht fand. Doch so bald wie nur möglich, zog sie nach
Boston zurück, denn die groß gewordene Stadt war nicht mehr ein
Hort des religiösen Dogmatismus, sondern zum geistigen Zentrum
aufgeblüht, nicht nur von Neuengland, den sechs nordöstlichen Bundesstaaten, sondern von den ganzen USA.

Hier blühte auch sie auf. Wie Anne Hutchinson zweihundert Jahre
zuvor sammelte sie um sich eine Gruppe von Frauen zum Denken
und zur Diskussion. Diesmal aber trafen diese »Konversationen mit
Frauen« in eher luxuriösen Räumen, die Teilnahme war recht teuer

und mitunter von den geistreichsten Frauen der Stadt besucht. Religion spielte hier nicht mehr die Hauptrolle, die Damen sprachen über Dichtkunst, griechische Mythologie, damals sehr populär, und über die Ethik. Margaret Fuller stellte oft Fragen, die sie alle diskutierten. Nach und nach wurde ihr Literaturzirkel, wohl der erste in den USA, derart beliebt, dass auch Männer teilnehmen wollten, wie bei Hutchinson, und schließlich auch durften. Doch blieb ihre Hauptattraktion das Sehnen vieler Frauen, ihr Wissen und Denken zu verbessern, denn sie waren ja von Hochschulen völlig ausgeschlossen. Fuller meinte, Frauen würden nur zur Schau erzogen, nicht zum Denken, und widersetzte sich dieser Haltung.

Ein Hauptthema unter Gebildeten, gerade um Boston, war der Transzendentalismus, eine Philosophie, die unter dem Einfluss von Immanuel Kant, Goethe und deren Anhängern entstand. Ohne ihre komplexen Gedankengänge zu tief zu ergründen, kann man festhalten, dass die Transzendentalisten, die sich als Idealisten, nicht Materialisten sahen, sehr auf Intuition setzten. Dabei betonten sie Befreiung und Erfüllung, den Wert des Einzelnen und lehnten, wie Anne Hutchinson, kirchliche Dogmen und Rituale ab. Ganz abgesehen von ihren Theorien regten sie eine erstaunliche Blütezeit der Literatur an und beeinflussten Autoren wie Nathaniel Hawthorne, Herman Melville und Walt Whitman. Ein Hauptvertreter war der zeitweilige Einsiedler und Zivilisationsgegner Henry David Thoreau (Autor des Buches *Walden*), der gegen den Krieg gegen Mexiko (1846–1848) protestierte, indem er sich weigerte, Steuern zu bezahlen und dafür kurz ins Gefängnis kam. Er riskierte es auch, Sklaven bei der Flucht in die Freiheit illegal zu unterstützen. Der führende Vertreter der Theorie, nicht ganz so kämpferisch, war Ralph Waldo Emerson, der in den USA verehrt wurde wie Goethe in Deutschland. Auch er hasste die Sklaverei, beide unterstützten Frauenrechte.

In diese erlauchten Kreise kam Margaret Fuller durch ihre »Konversationen«. Sie besuchte und beeindruckte Emerson: »Sie brachte mich mehr zum Lachen, als ich mochte«, schrieb er. Allerdings lachte Emersons Frau wohl nicht ganz so herzhaft mit! Nie war Fuller einfach; nicht allzu attraktiv, war sie mitunter sehr arrogant, wie wenn sie prahlte: »Ich kenne alle Menschen in Amerika, die es zu kennen lohnt, und finde keinen Intellekt, der mit meinem vergleichbar ist.« Doch trotz Einbildung und Launen strahlte sie für manche Menschen einen magnetischen Charme aus. 1840 beschloss Emerson, sie mit der Redaktion einer neuen Zeitschrift zu betrauen, einem quasi-offiziellen Blatt der Transzendentalisten zur Veröffentlichung von deren Schriften und Essays.

Emerson meinte, *The Dial*, also »Die Sonnenuhr«, »sollte jenem Instrument ähneln, ... das keine Stunden messen kann außer jenen mit Sonnenschein« und eine großartige Zeitschrift werden, die »die Menschen einfach lesen müssen.« Leider »mussten« das zu wenige, sie stand immer unter finanziellem Druck. Margaret bekam nie Gehalt und gab die Redaktion nach weniger als zwei Jahren an Emerson zurück. Ein Kritiker schrieb darüber: »Man erwartete Hufen und Hörner, doch wurde sie so zart wie jedes gurrendes Täubchen.« Bald ging sie ein, doch Horace Greeley, der führende Zeitungsverleger der USA, fand sie »die originellste und gedankenreichste Publikation, die jemals im Lande herausgegeben wurde.« Seine Meinung sollte für Fuller wichtig werden.

1843 reiste sie, wie einst Fanny Wright, durch neu besiedelte Gebiete entlang den Großen Seen, und schrieb darüber *Summer on the Lakes (Sommer auf den Seen)*, mit Reiseeindrücken, zuerst von den Niagarafällen, persönlichen Gedanken zu allerlei Themen, vielen klassischen Zitaten und eigenen Gedichten. Sie setzte sich darin stark und bissig für die Indianer ein: »Dieser Herr, ansonsten mit freundlichem und liberalem Herzen, zeigte die Aversion, welche der weiße Mann bald anzunehmen lernt für die Indianer, gegen die er vorgedrungen ist – die Aversion eines Kränkenden gegen den, den er erniedrigt hat.« Ironisch zitiert sie den Herrn: »Sie können nicht daran gehindert werden, sich in ihren alten Heimstätten herumzudrücken. Ich wünschte, es wäre möglich. Dann könnte man verhindern, dass sie unser Wild wegtreiben.« – »Unser Wild‹ – du großer Himmel!« kommentierte Margaret Fuller. Sie schilderte ein Indianerlager. »Sie scheinen in der Tat weder Lebensmittel, Utensilien, Kleidung, noch Bettzeug zu haben; nichts als den Boden, den Himmel und die eigene Stärke. Kein Wunder wenn sie das Wild wegtrieben!«

Beeindruckt von dem Buch und von ihrer Arbeit für *The Dial*, stellte Horace Greeley sie als Buchkritikerin und Essayistin für seine *New York Tribune* ein, wohl erstmalig für eine Frau. In anderthalb Jahren schrieb sie fast 250 hochgelehrte Buchkritiken sowie Essays gegen die Sklaverei, gegen Prostitution und für die Rechte von Frauen im Gefängnis (meistens Prostituierte), weshalb sie auch im berüchtigten Gefängnis Sing Sing übernachtete. Sie forderte das Frauenwahlrecht, das Recht von Ehefrauen auf ihr Eigentum und das Recht für Frauen, öffentlich Reden zu halten. Sie schrieb gegen die Todesstrafe, lehnte den Krieg gegen Mexiko ab und plädierte für menschliche Behandlung von geistig Kranken. Und sie schrieb dabei das Werk, das einen Platz in der Geschichte verdient, *Woman in the Nineteenth Century.*

Überall in der Weltgeschichte und Literatur suchte sie Beispiele der wahren Liebe. Sie fand viele, doch gerade nicht in Amerikas Gegenwart. In der Ehe wurde der Mann als führenden Kopf angesehen, die Frau nur auf Tätigkeiten im Haushalt eingeengt und eher als Kind denn als Partnerin gesehen, wie es die Gesetzgebung auch festlegte. Ohne Unterschiede zwischen den Geschlechtern zu leugnen – die Frau biete etwa eher Emotion als der Mann –, verlangte sie die Möglichkeit für Frauen, sich geistig zu entwickeln. Nur so entstünden echte Ehen, mit einer Seelenverwandtschaft, die auch für den Mann nötig sei. Sie wurde manchmal mystisch, manchmal sentimental, doch trat sie stets fest für die Gleichheit aller ein, für Schwarze und Indianer wie für die Frauen. Vielleicht ist eine etwas bittere Note zu bemerken, weil sie trotz (oder gerade wegen) ihrer intellektuellen Fähigkeiten von vielen verschmäht wurde. Obwohl sie die Lage der Unverheirateten idealisierte, war denkbar, dass sie selbst nicht viel länger dazu gehören wollte.

Hier einige Zitate aus ihrem Buch:

»Mann und Frau stellen die beiden Seiten des großen radikalen Dualismus dar. Doch eigentlich gehen sie fortwährend ineinander über. Flüssiges wird zu Festem, Festes stürzt ins Flüssige. Es gibt keinen völlig maskulinen Mann, keine rein feminine Frau.«

»Aber wenn Sie mich fragen, welche Ämter Frauen ausfüllen dürften, antworte ich – alle. Mir ist gleich, welchen Fall Sie nennen; lassen

Sie sie Seekapitäne werden, wenn sie es so wollen. Ich zweifle nicht
daran, dass es Frauen gibt, die für so ein Amt gut geeignet sind und,
falls das zuträfe, wäre ich froh, sie darin zu sehen ...«

»In Familien, die ich kenne, sägen kleine Mädchen gern Holz, und
verwenden gern Zimmermanns Utensilien. Wo man solche Neigun-
gen zulässt, werden Fröhlichkeit und gute Stimmung gefördert. Wo
sie verboten werden, weil solche Dinge für Mädchen ›nicht anständig
sind‹, werden sie mürrisch und ungezogen.«

Sie zitiert den französischen Philosophen Fourier, der Ideen für
sozialistische Utopien entwickelte, wie für New Harmony oder die
Brook Farm bei Boston, die Fuller häufig besuchte: »... in seinen Vor-
schlägen für eine Vielzahl an Beschäftigungen, in der Manufaktur oder
der Pflege von Pflanzen und Tieren, plant er ein, dass ein Drittel der
Frauen wahrscheinlich einen Geschmack für männliche Tätigkeiten
hätten, ein Drittel der Männer für weibliche.« Weiter schrieb sie:

»Ich habe der Frau die Unabhängigkeit von Männern empfohlen,
nicht weil ich meine, dass die beiden Geschlechter sich nicht gegenseitig bräuchten, sondern weil bei Frauen diese Tatsache zu einer übermäßigen Ergebenheit geführt hat, welche die Liebe abkühlte, die Ehe
degradierte und jedes Geschlecht daran verhinderte, das zu sein, was
es für sich selbst und für den anderen sein sollte.«

Das folgende recht prophetische Zitat liebe ich besonders:

»Ich stehe im sonnigen Mittag des Lebens. Die Gegenstände glit-
zern nicht mehr im Morgentau noch sind sie schon durch den Abend-
schatten gemildert. Jeder Fleck ist sichtbar, jeder Abgrund aufgedeckt.
Beim Erklettern des staubigen Hangs sind manche schöne Abbilder
gebrochen, die einst als Symbole des Menschenschicksals galten; jene,
die ich immer noch bei mir habe, zeigen im hellen Tageslicht Defekte.
Dennoch bleibt genug, auch durch die Erfahrung, um deutlich auf die
Herrlichkeiten jenes Schicksals hinzudeuten; schwache, doch unver-
kennbare Strahlen des künftigen Tages. Ich kann mit dem Barden sagen: ›Wenn auch viele Schiffbruch erlitten haben, es schlagen immer
noch edle Herzen.‹«

Margaret Fuller genoss Erfolge im Beruf, kaum aber im persönlichen Leben. Sie litt weiter unter Kopfschmerzen, eine kurze Liebes-

affäre endete schnell und unglücklich, als der Partner verschwand; vielleicht bekam er Angst vor ihr. (Bis 50 Jahre nach ihrem Tode hat ihre Familie diese kurze Liebe völlig geheimgehalten.)

Dann aber kam ein seltenes Glück. Damals bekamen Zeitungen ihre Auslandsnachrichten meistens von dort Wohnenden (wie die Artikel von Marx und Engels, die Greeley in seiner *New York Tribune* druckte). Nun aber schickte Horace Greeley sie als Korrespondentin nach Europa. Also überwand Margaret Fuller ihre Angst vor dem Segeln. In England erfuhr sie, dass *Woman in the Nineteenth Century* und ihre Artikel in *The Dial* mitunter bekannt und geschätzt wurden. Dort und in Paris lernte sie führende Persönlichkeiten kennen und berichtete darüber. Noch bevor sie Deutschland besuchen konnte, lernte sie den Revolutionär Giuseppe Mazzini kennen, der sie anregte, nach Italien zu segeln und, wie so viele davor und danach, verliebte sie sich in das Land – und außerdem, auch hierin weder die erste noch die letzte, in einem Italiener. Er hieß Marchese Giovanni Angelo D'Ossoli, war also ein Adliger, und fast elf Jahre jünger als Margaret. Das störte die beiden nicht, seine Familie aber sehr, die bezüglich einer aus dem fernen Amerika hergewanderten, 36-jährigen Schreiberin, noch dazu eine Protestantin, mehr als skeptisch war. Der Marchese blieb stur und wurde dafür enterbt.

Dieser Adlige war auch deshalb ungewöhnlich, weil er ein leidenschaftlicher Anhänger von Mazzini war. Margaret war gerade nach Europa und Italien zu einer Zeit gekommen, als einige Revolutionen noch brodelten. Der Aufstand gegen den König vom Neapel-Sizilien begann im Januar 1848, bald befreiten sich Mailand und die Lombardei von der Herrschaft der Habsburger, ein König oder Herzog nach dem anderen wurde in dem noch zersplitterten Italien gestürzt. Sogar der Papst, der einen großen Teil von Mittelitalien beherrschte, flüchtete im November 1848 in Panik aus Rom. Der revolutionäre Giuseppe Garibaldi kam im Dezember an, die Römische Republik entstand im Januar unter Führung von Mazzini, es gab freie Wahlen, Feste für die Arme, die Absetzung des Papstes als Herrscher und die Abschaffung der Todesstrafe. Margaret wurde zu dieser Zeit eine Revolutionärin – und auch, schon im September 1848, Mutter.

Es ist noch immer nicht klar, ob sie und Ossoli vor oder nach der Geburt des kleinen Angelino heirateten. Manche meinten, wohl gar nicht. Das Thema, heute kaum interessant, beschäftigte damals viele. Erst als der Junge fast ein Jahr alt war, schrieb sie ihrer Mutter über D'Ossoli and Angelino und sagte, dass sie ihr früher keinen Kummer bereiten wollte. Jetzt aber müsse sie darüber schreiben, denn wegen des Babys lebten sie nun offen zusammen. Doch ob verheiratet oder nicht, es kam die warmherzige Antwort: »Ich schicke mit einem glühenden Segen meinen ersten Kuss an meinem Enkelsohn.«

Gewiss wichtiger als ein Ehering war das Engagement der beiden für die Befreiung Italiens. In Rom begann die Revolution spät; in großen Teilen von Europa und von Italien war sie schon im Abebben oder bereits zerschlagen. Daher bekam die neue Republik, von allen Seiten bedrängt, so gut wie keine Unterstützung vom außen. Vom Norden her drohte Österreich, direkt gegen Rom griff nicht nur Spanien, sondern tragischerweise auch Frankreich an. Obwohl gerade dort die Revolutionswelle entstand und der neue Präsident, ein Neffe von Napoleon, einst an der Seite der Revolutionäre Italiens kämpfte, belagerte nun auch seine Armee die Römische Republik. Margarets Ehemann – oder Liebhaber – setzte sich als junger Offizier für die Republik ein. Ihre Berichte konnten nicht neutral sein, sie forderte immer dringlicher Hilfe, schließlich ließ sie das Baby bei Pflegeeltern, wurde Krankenschwester und dann sogar Leiterin eines Lazaretts, eine damals völlig unbekannte Tätigkeit für Frauen. Fünf Monate lang widerstand Rom tapfer der Belagerung; im Juli 1849 erzwangen dann Hunger und Not die Kapitulation. Wie in ganz Europa war nun in Italien die Revolution verloren; erst ein Dutzend Jahre später sollte es die Einheit erreichen, wenn auch unter einem König.

Die kleine Familie suchte in Florenz Zuflucht, hier erholte sich das Kleinkind von der Zeit ohne Mutter und hier schrieb Margaret die dramatische Geschichte der Revolution, an der sie teilgenommen hatte. Es versprach ihr größtes Buch zu werden, womit sie ihr Lebensziel gefunden hatte, neben dem der lang erwünschten Familie. Doch als der Papst rachedürstend zurückkehrte und seine Polizei überall aktiv und gefährlich wurde, beschlossen Margaret und Giovanni 1850, mit dem kleinen Angelino und einer jungen Helferin nach Amerika zu ziehen. Um Pressebelästigungen zu umgehen, wählten sie statt der neuen Dampfschiffe das Segelboot *Elizabeth*, das neben Marmorstein und Handelswaren nur noch eine Passagierin an Bord hatte.

Bei Gibraltar starb der Kapitän an den Pocken. Keiner durfte an Land gehen, keiner kam an Bord. Der erste Maat übernahm also die Führung und sie segelten weiter. Am Abend des 18. Juli 1850 riet er, die Sachen zu packen; am nächsten Tag würden sie in New York docken.

Um 3.30 Uhr kam der Sturm, ein fürchterlicher Sturm. Vermutlich wegen der Unerfahrenheit des Kapitäns hingen sie an einer Sandbank fest. Eine mächtige Welle traf das Boot hart, drehte es herum, und die schwere Ladung von Marmorstein riss los, krachte ins Meer und hinterließ ein großes Loch. Es hieß, das Schiff schnellstens verlassen!

In den Morgenstunden, kaum 100 Yards entfernt, war Fire Island gut sichtbar – heute ein beliebtes Strandgebiet nahe dem John F. Kennedy Flughafen. Immer mehr Menschen kamen zum Strand, manche ergatterten herangedriftete Waren und Kleidungstücke.

Endlich erschien ein Rettungsboot, doch der Wellengang verhinderte eine Annäherung. Alle Versuche, eine Leine hinüberzuschießen, schlugen fehl. Der Rettungstrupp am Ufer und die Menschen an Bord schauten einander hilflos zu. Der Kapitän schlug vor, jeder Passagier sollte sich an einer Planke festbinden und von einem schwimmenden Seemann ans Land ziehen lassen. Die Witwe des alten Kapitäns versuchte es, und die beiden konnten gerade so überleben. Das war aber vom Wrack aus nicht zu erkennen; die Ossoli-Familie wagte es nicht, ihnen nachzuspringen, zumal sie ein Kleinkind zu tragen hatten. Später behauptete der Kapitän, Margaret wollte gar nicht überleben. Jedenfalls rief er »Rette sich wer kann« und sprang über Bord. Vier Seeleute blieben bei der Familie.

Um 15 Uhr, nach zwölf Stunden auf der Sandbank, wurde der Wrack von einer hohen Welle erfasst, der Rest des Masts wurde herausgerissen, die an Bord Gebliebenen fielen ins Meer und ertranken. Manche meinten, sie wären nur 50 Yards vom Ufer entfernt gewesen. Margaret war 40 Jahre alt.

Der Freundeskreis – und viele andere –waren geschockt. Der Schriftsteller Henry David Thoreau, Margarets Transzendentalisten-Freund, eilte nach Fire Island, auch im Auftrag von Emerson, und suchte fünf Tage lang nach den Ertrunkenen. Von der Ossoli-Familie war nur die Leiche des kleinen Angelino zu finden, auch Baby-Sachen und einige Briefe. Ansonsten nichts mehr; auch kein Manuskript der Geschichte der Revolution in Italien, vielleicht ihr Meisterwerk.

Fast sechzig Jahre später sagte einer der letzten lebenden Augenzeugen, dass ein Fischer später zwei Leichen gefunden hätte, angeblich die von Margaret und Giovanni. Horace Greeley war jedoch nicht davon überzeugt und nahm sie nicht entgegen, worauf der Fischer die beiden einfach im tiefen Sand von Coney Island begrub, dort wo später der Stadtstrand und Rummelplatz von New York entstehen sollten. Alle Versuche, Reste noch zu finden, schlugen seitdem fehl.

Auf einem Friedhof ihres Geburtsorts Cambridge ließen Emerson und andere Freunde ein kleines Denkmal errichten, dort wo Angelino begraben wurde. Neben einem Relief von Margaret Fuller stehen die Worte:

Durch ihre Geburt ein Kind von Neuengland,
durch Adoption eine Bürgerin von Rom,
durch ihr Genie der ganzen Welt gehörend.

Margaret Fuller argumentierte, dass Frauen das heilige Recht hätten, ihre eigene individuelle Natur zu entwickeln. Sie griff die Doppelmoral an, welche Frauen andere, niedrigere Maßstäbe setzte als Männern, und forderte, dass andere Frauen wie sie öffentlich auftreten sollten. Obwohl man sie später fast vergaß, hatten ihre Worte damals Einfluss und Vorbildcharakter. Als der erste Nationale Konvent für die Rechte der Frauen in Worcester (Massachusetts) zusammentraf, äußerte dessen Präsidentin, Pauline Wright Davis, ihre Trauer über den Verlust für die neue Bewegung. Nur kurz vor ihrem Tode hatte sie Fuller gebeten, Präsidentin des historischen Konvents zu werden.

5.
Schwarze Passagiere auf der Untergrundbahn

Harriet Tubman (ca. 1820–1913)

Harriet war schwarz und von Geburt eine Sklavin. Ihre Großmutter wurde vermutlich in Ashantiland (dem heutigen Ghana) entführt und in den USA verkauft. Harriets Mutter Rit war Köchin, ihr Vater Holzarbeiter für die weißen Besitzer im Bundesstaat Maryland. Drei ihrer Schwestern wurden an Sklavenhändlern verkauft und gingen für immer verloren. Wenn Besitzer unter Geldnot litten oder ein Generationswechsel stattfand, wurden Sklaven oft ohne Rücksicht auf deren Familien versteigert und, zu Fuß und meist gefesselt, zu weit entfernten neuen Besitzern getrieben.

Doch als Harriets Mutter erfuhr, dass ihr kleinster Junge nach Georgia verkauft werden sollte, wo in den heißen Baumwollplantagen ständig Kräfte gebraucht wurden, versteckte sie ihn mehr als einen Monat lang. Als ihr Besitzer mit dem Ankäufer zu ihrer Hütte kam, um das Kind endlich zu greifen, soll sie gesagt haben: »Dem ersten, der versucht, hier einzutreten, werde ich den Kopf einschlagen.« Die Männer verstanden – und blieben draußen. Diesmal wirkte es, der Junge blieb – und die kleine Harriet bekam eine Lektion in Widerstand.

Mit etwa fünf Jahren wurde sie an andere als Reinigungskraft und Webstuhlhelferin »vermietet.« Aber auch als Kindespflegerin: Nacht für Nacht musste sie aufpassen, dass das weiße Baby nicht wach wurde und den Schlaf der Mutter störte. Bei den kleinsten Fehlern bekam Harriet Schläge. Als sie einmal beim Stibitzen eines Stückchen Zuckers erwischt wurde – Zucker hatte sie noch nie gekostet –, fielen die

Peitschenschläge so hart, dass sie sich fünf Tage lang im Schweinestall versteckte. Nur der Hunger zwang sie herauszukommen. Sie wurde fast bis zu Tode ausgepeitscht.

Man holte die kleine Heranwachsende, die nie viel größer als 150 cm wurde, zu allerlei schweren Arbeiten. Als sie etwa dreizehn war (nicht einmal ihr Geburtsjahr konnte man je feststellen), versuchte ein Sklave zu flüchten und rannte in ein Geschäft, von dem Harriet gerade etwas holen sollte. Als der Aufseher den Mann dort festnahm und Harriet befahl, ihm beim Fesseln zu helfen, lehnte sie fest entschlossen ab. Der Flüchtling nützte die Aufregung zu entkommen; als der wütende Aufseher ihn greifen wollte, pflanzte sich Harriet gerade in den Wege. Daraufhin warf er ein zwei Pfund schweres Waagengewicht nach dem Flüchtling, traf aber Harriet mitten auf der Stirn. Mit gebrochenem Schädel fiel sie ins Koma, wurde weggetragen und zwei Tage ohne Pflege liegen gelassen. Danach sollte sie wieder arbeiten.

Irgendwie erholte sich das Mädchen, behielt aber ihr Leben lang eine große Narbe, die sie oft mit einer Art Turban verdeckte, und bekam immer wieder Halluzinationen. Weit schlimmer, sie litt unter plötzlichen, kurzen Koma-Anfällen.

Harriet wurde trotzdem durch harte Arbeit stark, war aber schwer verkäuflich, was ihr nur recht war. Sie half ihrem Vater bei der Waldarbeit, wo er eine Art Vorarbeiter war, und er brachte ihr bei, wie man sich mithilfe des Polarsterns oder des Moos der Bäumen orientiert, welche Beeren essbar waren, welche giftig, wie man Nachtvögel imitiert – und vielleicht auch, wie man Spürhunden die Menschenjagd erschwert, indem man durchs Wasser watet.

Harriet war fromm erzogen, was sie ihr Leben lang prägte. Oft betete sie, dass ihr Besitzer weniger hart würde. Als sie erfuhr, dass er sie und ihre Brüder in den Süden verkaufen wollte – der lange Treck in Ketten wäre sicherlich ihr Tod gewesen – betete sie, dass der Mann sterbe. Eine Woche später erkrankte er stark und starb. Harriet glaubte, sie hätte ihn getötet und nun, fester denn je, dass sie einen eigenen Draht zum Herrn im Himmel besäße.

Wohl ohne dessen Rat heiratete sie John Tubman, einen freien Schwarzen. Ab und zu verfügten Besitzer, wie in Tubmans Fall, dass nach ihrem Tod ihre Sklaven frei werden. Dazu kam, dass einige Sklaven ein Handwerk erlernen konnten – weiße Arbeiter waren ja rar und die Besitzer hielten selten etwas von eigener Arbeit. Dadurch bekamen manche einen kleinen Nebenverdienst, womit sie nach langem Sparen möglicherweise ihre Freiheit erkaufen durften. Schließlich kamen manche frei, weil ihre Besitzer gleichzeitig ihre Väter waren. Sehr oft zeugten weiße Herren Kinder mit Sklavinnen, wohl selten freiwillig, und meistens zum Leidwesen ihrer vielleicht eleganten, doch oft vernachlässigten weißen Ehefrauen. Und manchmal ließen sie diese Kinder frei. Es entstand also eine schmale Schicht freier Schwarzen. Doch während Tubman frei war, blieb seine Frau Harriet eine Sklavin.

Als das Gerücht aufkam, dass sie und ihre Brüder in den Süden verkauft werden sollten, beschloss sie, in die Freiheit zu fliehen. Ohne ihrem Mann ein Wort zu sagen – sie traute ihm nicht ganz –, zog sie nachts mit den beiden weg. Bald wurde avisiert, dass für ihr Ergreifen je Hundert Dollar angeboten wurde.

Die Annonce war unnötig, denn die Brüder bekamen Angst. Entflohene, die wieder gefangen genommen wurden, strafte man bestialisch: Auspeitschen, Brandmarken mit heißem Eisen, Ohren abschneiden, Verkauf in den tiefen Süden. Also zwangen sie ihre Schwester zum Umdrehen.

Als der Buschfunk wieder meldete, dass ein Sklavenhändler bestellt war, beschloss Harriet dennoch zu flüchten, diesmal allein: »Ich hatte es mir so ausgedacht: Es gibt zwei Dinge, auf die auch ich ein Recht hätte: die Freiheit oder den Tod. Wenn ich die eine nicht haben konnte würde ich den anderen nehmen, denn kein Mann würde mich lebendig festnehmen können...« Nur einer Schwester verriet sie ihren Plan; während der Arbeit sang sie leise das Spiritual *I'll meet you in the morning*:

> Mir tut es leid, dich zu verlassen, Leb wohl, O leb wohl!
> Doch werde ich dich morgens treffen, Leb wohl! O leb wohl!
> Ich treffe dich am Morgen, Wenn du das versprochene Land erreichst;
> Am andren Ufer des Jordans, denn ich breche auf ins versprochene Land!

Während alle fest schliefen, auch ihr Mann, zog sie durch die finsteren Wälder zu einem Dorf der Quäker, die ja die Sklaverei verurteilten.

Eine Frau von dort, die ihr früher bei ihrer Feldarbeit begegnet war, versteckte sie, gab ihr zu essen, etwas anzuziehen, und Hinweise, wen sie als Nächsten aussuchen könnte. In der folgenden Nacht zog sie 70 km nordwärts am Choptank-Fluss entlang, zum Teil im Wasser wegen der Spürhunde. Tagsüber blieb sie im Wald versteckt.

An der Quelle angelangt, folgte sie wie angewiesen einer Landstraße. Plötzlich fiel sie in eines ihrer Komas. Als sie aufwachte, hörte sie die Stimmen von Reitern, die über eine geflüchtete Sklavin redeten; am nächsten Tag wollten sie Hunde mitbringen. Sie bewegte keinen Muskel, bis sie wegritten, und in der gleichen Nacht erreichte sie das geschilderte Haus eines Quäker-Ehepaars, das sie für drei Tage versteckte. Ein paar Mal wagte sie sich auf den Hof, den sie mit einem Besen kehrte und dadurch niemandem auffiel.

Mit frisch gewaschener Kleidung und Proviant zog sie weiter, zuerst unter Decken im Pferdewagen versteckt. Die Gefahr, kontrolliert zu werden, war aber zu groß, also ging es zu Fuß weiter, nun zwei Nächte durch die Wälder, immer dem Polarstern nach, zu einem Friedhof nahe Wilmington im Bundesstaat Delaware, wo sie den geduldig auf sie wartenden Helfer fand.

Er gab ihr männliche Arbeitskleidung und eine Schaufel; zusammen liefen sie unbemerkt durch Wilmington zum Hause von Thomas Garrett, auch einem Quäker, dessen Hilfe für Flüchtlinge schon sprichwörtlich war. Er konnte ihr neue Schuhen geben und am nächsten Abend, mit schönen Frauensachen und einem Schleier verkleidet, bis zum Außenrand der Stadt fahren. 37 km blieben bis Philadelphia in Pennsylvania, einem Staat ohne Sklaverei. Garrett gab ihr einen Zettel mit dem Wort PENNSYLVANIA. Im Süden war es verboten, Sklaven das Lesen beizubringen, sie sollte aber die Buchstaben mit dem Straßenschild vergleichen und bis dahin äußerst vorsichtig sein; vor der Nord-Südgrenze konzentrierten sich Sklavenjäger, um Flüchtlinge noch zu erwischen.

Endlich sah Harriet ein Schild. Sie hielt den Zettel daneben; die Buchstaben glichen sich! Nach etwa 145 Kilometer ging sie die letzten Schritte bis zur Freiheit – und erzählte später: »Als ich merkte, dass ich die Grenze überschritten hatte, schaute ich auf meine Hände, um zu sehen, ob ich immer noch dieselbe Person war. Es war alles so herrlich; die Sonne schimmerte wie Gold durch die Bäume und über die Felder und ich fühlte mich, als wäre ich im Himmel.«

Harriet wurde Reinemacherin in einem Hotel; nichts Besonderes, doch sie bekam endlich einen Lohn, der nicht an einen Besitzer abzugeben war. Nach der Arbeit konnte sie tun und lassen was sie wollte. Nur war sie in der großen Stadt einsam, sie vermisste ihre Familie. Durch eine zentrale Stelle für schwarze Flüchtlinge erfuhr Harriet, dass eine Schwester, die auch mit einem freien schwarzen Ehemann zusammenlebte, von diesem getrennt und mit zwei kleinen Kindern in den »tiefen Süden« verkauft werden sollte. Harriet beschloss, ihr zu Hilfe zu eilen, trotz Warnungen der zentralen Stelle, denn sie galt ja als »gesuchte Flüchtige«. Als sie ankam, konnte der Ehemann gerade noch die Versteigerung seiner Frau, Harriets Schwester, sowie der kleinen Tochter und des Babys hinauszögern – und damit die drei retten. Er und Harriet versteckten sie schnell in ein kleines Boot, danach unter Zwiebeln, Kartoffeln und Decken in einem Wagen. Und auch sie zogen nachts durch die Wälder, wieder nach Pennsylvania.

So riskant das war, erst recht mit Kindern, beschloss Harriet, künftig nicht nur Mitglieder der eigenen Familie zu retten, darunter ihre schon recht schwachen Eltern, sondern auch unbekannte Sklaven, die ebenfalls die Freiheit suchten.

Das Netzwerk mutiger Menschen, die Flüchtende versteckten, ihnen Nahrung und Kleidung gaben und weiter halfen, nannte man die »Underground Railway«, also die Untergrund-Eisenbahn. Als die echte Eisenbahn neu war und den Süden kaum durchdrang, für manche also noch Legende, mögen einige sie sich wirklich unterirdisch vorgestellt haben. Doch diese »Eisenbahn« wurde meist zu Fuß »befahren« oder vielleicht mal in Pferdewagen versteckt. Die Häuser der Helfer, freie Schwarze, Quäker oder andere Sklavereigegner, nannte man Bahnstationen, wie das Haus von Thomas Garrett in Wilmington. Das schilderte er in einem Brief:

»Gestern Abend machten wir Vorkehrungen und schickten Harriet Tubman mit sechs Männern und einer Frau zum Allen Agnew, der sie weiter durchs Land bis zur Stadt (Philadelphia) weiterleiten sollte. Harriet und einer der Männer hatten ihre Schuhe völlig kaputtgetragen und ich gab ihnen zwei Dollar für neue, und bezahlte einer Kutsche, sie aus der Stadt zu fahren; die Kosten weiß ich noch nicht. Nun sind zwei weitere aus dem Süden von Maryland da...«

Garrett hatte fast 3.000 Sklaven auf diese Art geholfen. Einmal wurde er ertappt, die Geldstrafe ruinierte ihn, doch Freunde halfen ihm wieder auf die Beine und er führte die Fluchthilfe weiter.

Harriet, stets am meisten gefährdet, wurde oft geradezu waghalsig. Um den eigenen Mann zu holen, ging sie direkt in ihren Heimatort. Als sie einen früheren Besitzer erblickte, ließ sie zwei lebende Hühner, die sie in der Hand hielt, losflattern, um beim Fangen abzulenken und unerkannt zu bleiben. Ihr Mann hatte sich aber eine neue Frau genommen und wollte gar nicht weg. Sie sprach nie wieder von ihm – und nahm dafür eben andere mit.

Es ging meist so: »Eine Frau trug ein Baby die ganze Strecke und hatte noch zwei Kinder bei sich, denen Harriet und zwei der Männer halfen. In einem Korb trugen sie den Teil eines alten Deckbetts und eine Decke, etwas Brennholz und ein wenig Brot mit etwas Laudanum, damit das Baby am Tage nicht weinte. Sie liefen die ganze Nacht, trugen die Kleinen, und breiteten dann das alte Deckbett auf dem gefrorenen Boden in einem Dickicht aus, während Harriet auf Nahrungssuche ging. Aus Angst, verfolgt zu werden, konnte sie manchmal nicht zurückkommen, bevor es dunkel wurde. Falls ihre ›Passagiere‹ tiefer ins Gebüsch gekrochen waren und sie sie nicht gleich fand, pfiff sie oder sang eine Hymne, bis sie antworteten.«

Oft mussten ihre »Züge« Sümpfe durchqueren oder Schneestürmen trotzen. Das Schlafen am Tage war immer schwierig und mit Angst verbunden. Bei einer Flucht mit elf Menschen wollte einmal ein Mann, völlig entnervt, aufgeben und zurückgehen. Ging er zurück, so wusste Harriet, würden die Fänger aus ihm die Route der anderen schnell herausquälen. Da zog sie die Pistole, die sie als Schutz gegen Spürhunde und Sklavenfänger bei sich trug, hielt sie ihm an dem Kopf und sagte, »Du kommst mit oder du stirbst!« Einige Zeit später war auch er ein freier Mensch!

Im September 1850 änderte sich schlagartig das Bild. Mit einem faulen »Kompromiss-Tausch« zwischen Nord- und Südstaaten im Kongress erließ man ein schreckliches Flüchtlingsgesetz. Sklavenfänger durften nun auch in die Nordstaaten Geflüchtete festnehmen und zu ihren »Besitzern« im Süden zurückbringen. Machten Beamte mit, bekamen sie eine Prämie. Verhafteten sie einen Flüchtling nicht, drohte die damals ungeheure Strafe von 1.000 Dollar. Wer sonst einem Flüchtling durch Verstecken, Weiterhelfen oder nur durch ein geschenktes Brot unterstützte, konnte ebenfalls mit 1.000 Dollar oder sechs Monaten Haft bestraft werden. Weil Schwarze keine Rechte im Gerichtssaal besaßen, konnten mitunter freie Schwarze – wenn man behauptete, sie wären Flüchtlinge – mangels Widerspruch auch entführt werden. Damit wollte man die Untergrund-Eisenbahn völlig zerstören.

Am Ende ging das brutale Gesetz nach hinten los. Als Soldaten in Boston einen früheren Sklaven festnahmen und gefesselt zu einem wartenden Schiff aus dem Süden brachten, protestierten Tausende. Viele bisher kaum Interessierte merkten erstmalig, wie unmenschlich die Sklaverei war; die Widersprüche im Lande spitzten sich zu.

Harriet Tubman ließ sich nicht abschrecken. Weiterhin zog sie Jahr für Jahr in die Südstaaten. Nur war Philadelphia nicht mehr ihr Ziel. Gewiss, viele Amerikaner trotzten dem neuen Gesetz, doch auch im Norden lebten viele Rassisten, erst recht in Philadelphia. Nun musste sie ihre »Passagiere« bis ins britische Kanada bringen, wo die Sklaverei abgeschafft war.

Trotz unzähliger Plakate, auf denen Prämien für ihre Gefangennahme geboten wurden, wagte Harriet sich neunzehn Male in die Südstaaten und befreite mehr als 300 Sklaven. Ihr Mut und ihre Fähigkeiten wurden bald Legende. Ihr Spitzname »Moses« – in der Bibel führte Moses die versklavten Juden in die Freiheit – wurde immer mehr Menschen bekannt. Gerade bezüglich Moses hatten etliche religiöse Spirituals der Sklaven eine doppelte Bedeutung. Einmal sagte Harriet stolz: »Auf meiner Untergrund-Eisenbahn ist nie ein Zug jemals entgleist und ich habe nie auch nur einen einzigen Passagier verloren!«

6.
Die klugen Mädchen von Lowell

Sarah Bagley (1806 – ca. 1884)

Die Sache mit dem Häubchen geschah an einem eisigen Freitag im Februar 1834 in der neuen Stadt Lowell, 42 km von Boston. Auf unzähligen Kraftstühlen, Spinning Jennies und anderen hochmodernen Maschinen stellten täglich Tausende von jungen Frauen und Mädchen meilenweise Tuch aus roher Baumwolle her. An jenem Tag aber bestimmt weniger als sonst!

Die Leitung hatte verkündet, dass – leider, leider – die Löhne gekürzt werden müssten. Die Zeiten seien so hart geworden, wieder seien nun Opfern nötig. Als der Manager sich bemühte, dies in einer Werkversammlung zu rechtfertigen, stand plötzlich eine junge Frau auf. Anstatt die Nachricht zähneknirschend zu akzeptieren – wie erhofft und erwartet –, überraschte, ja schockierte sie den Manager geradezu. Schnellstens meldete er den Besitzern: »Diese Frau … widersprach mir mit großer Energie und behauptete, es gäbe überhaupt keinen Grund für die Lohnkürzung. Gerade sie«, beklagte er, »übt großen Einfluss auf die anderen weiblichen Personen.« Er sei also gezwungen, sie zu feuern. »Trotz freundlichem und unvoreingenommenem Rat«, beklagte er, »hat sich ein böser Geist durchgesetzt … und bei allzu vielen die Vernunft und Diskretion überwältigt.«

Der Rausschmiss kam keineswegs unerwartet. Als die Mutige durch den Werkhof wegging, warf sie plötzlich ihr Häubchen in die Luft (manche meinten, es war ihr Schal). An den Fenstern warteten ihre Kolleginnen gerade auf das Zeichen; nun kamen alle raus. In einem Werk nach dem anderen gewannen sie andere hinzu. Bald zogen 800, begeistert und protestierend, ins Stadtzentrum.

Am folgenden Tag richteten sie einen Aufruf an alle Kolleginnen im Namen der »Damen der Fabriken in Lowell, die als Antwort auf die vorgeschlagene Lohnreduzierung von 12 bis 25 Prozent ihre Arbeitsstellen neulich verlassen haben ... Einigkeit ist Macht ... und wir behalten unsere unabdingbaren Rechte in unserem Besitz.«

Doch der nächste Tag war ein Sonntag. Alle waren verpflichtet, in die Kirche zu gehen – und es wurde gegen den Streik gepredigt. Am Montag kam die Presse hinzu. Die Werkbesitzer begannen, Streikbrecherinnen anzuheuern, die Drohungen steigerten sich und mit ihnen nahm die Angst zu. Am Ende kehrten alle Frauen deprimiert zurück an die Arbeit, außer den Anführerinnen, die entlassen wurden.

Was war dem Streik von Lowell vorausgegangen?

Handarbeit am Spinnrad sah vielleicht schön aus, war aber langsam und mühevoll. 1764 erfand der Engländer James Hargreaves die Spinning Jenny, die mit der Kraft eines Flusses (später mit Dampfkraft) das gleichzeitige Spinnen von vielen Fäden unheimlich schnell werden ließ. England hielt die Erfindung ganz geheim, keiner durfte sie außer Landes tragen. Doch Samuel Slater, erst 21, verstand es, als Arbeiter getarnt, die komplexen Zeichnungen »hinauszuschmuggeln«; er behielt sie alle im Kopfe! Damit konnte er 1793 in Rhode Island die erste Textilfabrik Amerikas bauen lassen. Zunächst arbeiteten dort Kinder unter zwölf Jahren vierzehn Stunden täglich bei einer Sechstagewoche. Slater wurde reich.

Mit dem schnellen Spinnen hielt das Handweben nicht mit. Da erfand der Engländer Edmund Cartright den Kraftstuhl, der, auch mit Wasserkraft, viele Fäden schnell zum Tuch webte. England schickte ganze Handelsflotten mit besten Stoffen nach Amerika, Indien, auf den europäischen Kontinent und sonst wohin. Die jungen USA hatten aber mengenweise Baumwolle, von Sklaven in den Südstaaten geerntet und durch das in den USA gerade erfundene Cotton Gin schnell und billig entkörnt. Warum also England die Profite überlassen?

Wieder fand sich jemand mit einem guten Gedächtnis und scharfem Geschäftssinn. Francis Cabot Lowell (1775 – 1817), Ingenieur und Sohn einer prominenten Familie, sah den Kraftstuhl 1811 bei einem England-Besuch und merkte sich, ähnlich wie Slater, genau, wie er funktionierte. Er kehrte nach Boston zurück, gründete mit einigen Partnern eine Firma und verkaufte, um Startkapital zu bekommen, Anteile zu je $1.000, also Aktien, eine Methode, die bald die ganze Wirtschaft beherrschte, nicht nur in den USA. An einem Fluss ließen sie ein Werk bauen, wo erstmalig unter einem Dach rohe Baumwolle gekämmt, gesponnen und gewebt wurde. Die Anteilsbesitzer bekamen jährliche Dividenden von erstaunlichen 27,5 Prozent. Wie Slater wurden Lowell und seine Partner reich.

Der Reichtum nutzte ihm jedoch wenig; bald erkrankte und starb er. Die Partner trauerten nicht lange, sie bauten einen großen, neuen Werkkomplex am Merrimack-Fluss, nannten die entstehende Stadt Lowell, nach dem Verstorbenen, und suchten flinke Hände, um die immer noch wichtige Handarbeit zu leisten. Da sind wir also wieder bei der Frauengeschichte.

Die Unternehmer ließen Mädchen und Frauen in ganz Neuengland anheuern. Fabrikarbeit für Frauen war neu, also betonten die Werber bei den Eltern, oft Farmer in den steinigen Ackern des Nordens, dass ihre Töchter gut bezahlt, gut versorgt und vor allem, zwecks späterer Ehe, gut behütet sein würden. Sie mussten in werkseigenen Pensionen wohnen und bis 22 Uhr zu Hause sein, Fremde hatten keinen Zutritt, Kirchengang am Sonntag war Pflicht. Alles ganz moralisch – und die jungen Frauen verdienten dabei Geld! Für Farmmädchen klangen diese Möglichkeit, die Unabhängigkeit von den Eltern und die Nähe zu Boston verlockend. Dazu kamen ältere Ledige, Frauen von weit segelnden Seeleuten und Walfängern und opferbereite Schwestern von klugen Jungen, deren Eltern ohne weitere Unterstützung ein Harvard-Studium nicht bezahlen konnten. Und auch manches kleine Mädchen, nicht einmal elf oder zwölf, oft das Schwesterchen oder Kind von Älteren.

Binnen zwanzig Jahren standen in Lowell 32 Textilwerke und arbeiteten fast 8.000 Menschen, meist Frauen zwischen 16 und 35. Werber brachten immer Neue in großen Pferdewagen nach Lowell und in andere Städte, die Lowell nachmachten.

Bei einer USA-Reise schrieb der englische Schriftsteller Charles Dickens, dass die Mädchen »alle gut gekleidet waren … mit zweckmäßigen Häubchen, guten, warmen Mänteln und Schals ... Sie waren gesund in ihrer Erscheinung, viele im hohen Grade, und hatten die Manieren und das Verhalten von jungen Frauen, nicht von degradierten Lasttieren ... Sie bewohnen verschiedene naheliegende Pensionen. Die Werkbesitzer üben besondere Sorgfalt, damit kein Mensch Zutritt in diese Häuser bekommt, deren Charakter nicht der strengsten Überprüfung unterzogen wurde.«

Drei Fakten beeindruckten Dickens besonders: »Erstens steht ein gemeinsames Klavier in vielen Pensionen. Zweitens haben fast alle jungen Damen Zugang zu Leihbibliotheken. Drittens haben sie unter sich eine Publikation geschaffen, die *Lowell Offerings* ... Ohne zu vergessen, dass deren Artikel von diesen Mädchen nach der anstrengenden Tagesarbeit geschrieben wurden, möchte ich nur bemerken, dass sie mit einer Vielzahl englischer Jahreszeitschriften vorteilhaft verglichen werden kann.«

Ja, die Lowell-Girls galten als »verrückt nach Kultur«, besonders wegen jener von einem Pfarrer angeregten, von ihnen selbst verfassten Zeitschrift, der *Lowell Offerings* (Lowell Angebote). Viele hörten Vorträge von Männern wie Emerson und Horace Greeley, besuchten Konzerte, sogar das Theater in Boston. Manche schätzten die gebildete Atmosphäre, weg von den isolierten Farmen ihrer Eltern. Zwei wurden Autorinnen, eine wurde Bildhauerin.

Doch war die Arbeit nicht gerade schön. In einer Halle arbeiteten oft achtzig Frauen mit zwei männlichen Aufsehern. »Furchterregend und höllisch« drehten und klapperten die Maschinen, berichtete eine. Um mit jemandem zu sprechen, musste man ihr gleich ins Ohr brüllen – obwohl das Sprechen während der Arbeitszeit ja ohnehin verboten war. Im Sommer war es glühend heiß; Arbeit mit Baumwolle braucht Feuchtigkeit, also blieben die verschmutzten Fenster fest verschlossen. Baumwollfussel füllten die Luft – und die Lungen. Licht kam von stark riechenden Öllampen. Größte Konzentration war nötig, wegen des Akkordlohns und weil Maschinenteile und Riemen gefährlich waren.

Morgens um halb fünf läuteten die Fabrikglocken; um fünf mussten alle am Arbeitsplatz sein; wer eine Minute zu spät kam, merkte das in der nächsten Lohntüte. Erst um sieben gab es eine halbe Stunde Frühstückspause und nochmals dreißig Minuten am Mittag (im Winter 45 Minuten). Gespeist wurde in den Pensionen; bei schlechtem Wetter wurde die Essenszeit noch knapper. Abendbrot war um 19 Uhr; der Arbeitstag betrug zwölf bis dreizehn Stunden.

In den Pensionen, die Dickens so begeisterten, standen in engen, schlecht gelüfteten Räumen meist drei Betten für sechs Mädchen oder Frauen; kein Platz blieb für Tische oder Sitzmöbel. Es ging streng zu: die Leiterinnen waren verpflichtet, »unpassendes Benehmen« zu melden und jede anzupfeifen, die Gottesdienste versäumte. Für mehr als siebzig Stunden Arbeit lag der Verdienst, nachdem Kost und Logis abgezogen waren, meist um die zwei Dollar.

Langsam wurde klar, dass die Unternehmer wegen wachsender Konkurrenz und zur Gewinnmaximierung, eine immer größere Arbeitsdichte verlangten. Eine Frau sollte nicht mehr einen Webstuhl bedienen, sondern zwei, drei, mitunter vier. Immer mehr wurde geknausert und schikaniert. Vom ersten Streik in Lowell habe ich geschrieben. Ähnliches geschah anderswo; in Chicopee zogen 16 streikende Mädchen mit einem bemalten Fenstervorhang als Banner um den Platz. Bald waren es 42. Doch als die Firmenvertreter aus Boston drohend aufkreuzten, marschierten am nächsten Tag nur noch 22 und bald gaben die letzten auf.

Zwei Jahre nach dem ersten Streik kam wieder eine Wirtschaftskrise. Wieder wollten die Fabrikbesitzer sie auf Kosten der Arbeiterinnen überstehen, diesmal durch eine Mietpreiserhöhung. Dagegen organisierten die Frauen einen Fabrikmädchenverband (Factory Girls Association) und es streikten diesmal etwa 1.500, fast doppelt so viele wie 1834. Die Schriftstellerin Harriet Hanson, damals elf Jahre alt, erinnerte sich später:

»Ich arbeitete in einem unteren Raum und hörte mit, wie der geplante Streik ausführlich, wenn auch nicht leidenschaftlich diskutiert wurde … Als der Tag kam, an dem die Mädchen streiken wollten, fingen sie in den oberen Räumen an; es zogen so viele aus, dass unser Werk sofort geschlossen wurde. Dann standen die Mädchen in meinem Raum herum, unentschlossen, unsicher, was sie machen woll-

ten ... ich fing an zu glauben, sie würden trotz ihres ganzen Geredes
nicht mitmachen, wurde ungeduldig und ging ihnen dann voraus. Mit
kindlichem Draufgängertum sagte ich: ›Ich weiß nicht, was ihr wollt,
ich werde aber streiken, ob noch jemand mitmacht oder nicht.‹ Daraufhin marschierte ich hinaus und die anderen folgten mir. Als ich
auf die langen Reihe, die mir nachfolgte, zurückblickte, war ich stolzer
als jemals wieder ...«

Streikende aus anderen Firmen kamen hinzu und alle sangen, als
sie zu einer zentralen Stelle zogen, ein neues Lied, das ich (wenn auch
ohne Reim) hier übersetze:

> O, ist es nicht jammerschade, dass ein hübsches Mädchen wie ich
> In die Fabrik geschickt werde, um vor Gram zu sterben?
> O! Ich kann keine Sklavin werden, ich werde keine Sklavin sein,
> Weil ich doch die Freiheit so sehr liebe
> Dass ich keine Sklavin sein kann.

Eine ganz Mutige stieg auf eine Pumpe und hielt eine feurige Rede
über die Rechte der Frauen und die »Macht der Geldaristokratie.«
Noch nie hatte eine Frau öffentlich in Lowell geredet – und dazu so
umstürzlerisch. Das überraschte, schockierte einige und begeisterte
die meisten.

Diesmal hielten die Frauen einen Monat lang aus. Als ihnen aber
ihr Geld ausging, wurden sie aus ihren Pensionen getrieben, die Anführerinnen wurden gefeuert. Der Mutter des mutigen Mädchens, die
eine solche Pension verwaltete, sagten die Unternehmer: »Frau Hanson, Sie konnten die älteren Mädchen nicht daran hindern, zu streiken, doch Ihre Tochter ist ein Kind, und die hätten Sie kontrollieren
können.« Daraufhin wurde sie, eine Witwe, auch gefeuert.

Es gab ähnliche Frauenstreiks anderswo in Neuengland; einige erreichten kleine Verbesserungen. Doch als 1837 die brutale Krise einschlug, wagte kaum jemand zu streiken.

* * *

1840, nach fünf Jahren im Textilwerk, war Sarah Bagley aus New
Hampshire, nördlich von Lowell, ganz stolz; von ihr wurde ein Artikel in der *Lowell Offerings* gedruckt – »Die Freuden des Fabriklebens«.

So etwas druckte die Zeitschrift gerade gern. Doch vier Jahre später hatten viele diese Art von Kultur – und von Fabrikleben – völlig satt. Auch Sarah Bagley.

Eine Gruppe traf sich im Dezember 1844, wohl nicht ganz zufällig im »Anti-Sklaverei-Saal«. Sie gründeten die Lowell Female Labor Reform Association (Lowell Frauenverband für Arbeitsreform) und wählten die dynamische Sarah Bagley zur Präsidentin. Bald hatten sie 600 Mitglieder, gaben Traktate und übernahmen eine Arbeiterzeitung, *The Voice of Industry* (Stimme der Industrie), die nicht vom Fabrikleben schwärmte, sondern bessere Bedingungen verlangte, vor allem ein Ende des Zwölfstundentages.

Sara Bagley schrieb viel für sie. Sie sei nur »eine Fabrikarbeiterin aus Neuengland mit Grundschulbildung ... und immer noch eine Leidende in der schwerfälligen, doch mächtigen Masse ...« Doch »was uns an redaktioneller Fähigkeit fehlt, an Rhetorik oder historischer Forschung, werden wir, seien Sie sicher, mit dem Herzen gutmachen. Mit unserem Herzen, ja, unserer ganzen Seele sind wir in der Sache der Unterdrückten engagiert, der niedergetrampelten Millionen in der ganzen Welt.«

Als die Werksherren Mitglieder des Frauenverbandes auf eine schwarze Liste setzten, schrieb Bagley empört:

»Wie denn? Uns, nach dreizehn Stunden Arbeit, das armselige Privileg zu verbieten, Mängel zu finden und zu äußern, dass unser Los hart ist? Ein Mädchen ungerecht zu entlassen ... nur wegen des freien Ausdrucks ihrer ehrlichen politischen Meinung ...! Wir werden den Namen von jenem, der das wagt, in jedem Wind und in allen Richtungen der Windrose stinken lassen und allen arbeitenden Menschen bekannt machen, er wird auf den Straßen aller Städte dieser großen Republik ausgepfiffen werden, denn wenn auch unsere Unterdrückung schwer lastet, unser Name ist weitverbreitet.«

Sie kam auch zu einigen überraschenden Schlussfolgerungen:

»Jene, die in den Werken arbeiten, müssten sie besitzen, und nicht den Status von Maschinen haben, von privaten Despoten beherrscht, die auf demokratischem Boden ihre monarchischen Prinzipien durchsetzen, während sie Freiheit und Rechte, Zivilisation, Gesundheit,

Moral und Intellektualität in den neuen kommerziellen Feudalismus hinunterdrängen.«

Weil das Streiken so schwierig war, verlangte der Frauenverband den Zehnstundentag von der Regierung von Massachusetts, mit Sitz am Common von Boston. Trotz ihrer langen Arbeit und der Ängste der Frauen hatte er 2.000 Unterschriften aus Lowell und 10.000 aus ganz Massachusetts gesammelt. Frauen durften zwar nicht wählen, doch weil mehrere Prominente die Forderung unterstützten, sahen sich die Deputierten gezwungen, sie einmal anzuhören. Für Frauen war das ganz neu. Ansonsten, wenn es um Politik oder Gesetze ging, hatten sie den schönen Mund zu halten.

Ein Komitee fuhr dann nach Lowell, um die Vorwürfe zu untersuchen. Einige vorgewarnte Werke hatten schon alles fein herausgeputzt, auch die Blumenbeete bemerkten die Herren, nicht aber das harte Leben. Also zog Sarah Bagley mit dem Frauenverband – ihr Motto lautete »Nochmals versuchen« – wieder vor die Herren Abgeordnete. Eine der Frauen erzählte, wie sie mit 150 anderen in einer Halle arbeitete, wo 293 kleine und 61 große Lampen den ganzen Winter lang brannten; von dem Gestank wurden bis zu 30 Frauen an einem Tag krank. Eine andere Frau erklärte, dass sie $2,93 netto erhielt, eine andere nur $1,62 – etwa ein Viertel dessen, was Männer verdienten; wieder eine andere rechnete vor, wie sie für 13 bis 14 Arbeitsstunden täglich in einer Woche weniger verdiene als ein Mann an einem einzigen Zehnstundentag.

Jahr für Jahr zogen die Frauen mit ihren Fakten und Argumenten zum Parlament. Weil das nicht fruchtete, schlossen sie sich dem ebenfalls jungen Arbeiterverband der Männer an. (Dabei überließen sie auch die Redaktion der Zeitung wieder den Männer.) Offenbar bewog dieser verstärkte Druck die Werkdirektoren in Lowell, die tägliche Arbeitszeit endlich zu verkürzen – um ganze 30 Minuten! Ab 1853 wurde sie auf elf Stunden gesenkt.

Sarah Bagley setzte ihre Tätigkeit und das Verfassen von Zeitungsartikeln zunächst fort, um bessere Bedingungen in den Werken zu fordern. Außerdem setzte sie sich für die Abschaffung der Sklaverei, für Verbesserungen bei der Gesundheitspflege und den Haftbedingungen sowie für den Frieden ein – gerade zettelten die USA einen Krieg gegen Mexiko an. Und immerfort stritt sie für Frauenrechte.

Letzteres war auch für sie persönlich notwendig; die Verbindung mit den Männern, so logisch sie erschien, hatte sie hart getroffen; ein neuer Chefredakteur der Arbeiterzeitung feuerte Sarah Bagley sofort. Sie konnte kaum zu den Textilwerken zurück, doch als der damals neu erfundene Telegraf Lowell erreicht hatte, wurde Sarah Bagley die erste Telegrafistin der USA. Doch als sie das Telegrafenbüro in Springfield (Massachusetts) übernehmen sollte, wurde sie wieder schikaniert, wie sie in einem sehr deprimierten Brief an einer Bekannten schrieb:

»Ich muss Ihnen leider mitteilen, dass die *Voice of Industry* recht konservativ ist … Der Chefredakteur meint, dass … in der Mitte zu sein eine gute Politik sei – oder Halbe-Halbe. Er glaubt, die Wahrheit soll mit solchen honigsüßen Worten ausgesprochen werden, dass sie, wenn sie schon jemanden trifft, ihn nicht negativ trifft. Er … meinte, dass ich mit ihm als Chef nicht im Publikationskomitee bleiben sollte. Er will keine Frauenredaktion, denn diese würde mit der wie Pilz aufgewachsenen Aristokratie, die er begünstigen will, Konflikte verursachen, und außerdem sei sie nicht würdevoll.

Mich trifft es schwer im Herzen, wenn ich in die Gesellschaft schaue und sehe, wie sich Frauen so willig der scheußlichen Eigensucht des Mannes beugen – wie ein bloßer Esel für seinen Gebrauch, ganz ohne Rechte, nicht einmal auf das an der eigenen Person. Ich danke dem Himmel inbrünstig, dass ich kein Wesen in die Welt setzte, das solche Entbehrungen leiden sollte wie jene, die ich aushalten musste. Der Mann, der dieses Büro vor mir geleitet hatte, bekam dafür vierhundert Dollar im Jahr, ich aber nur dreihundert, obwohl die Geschäfte in dieser Zeit zugenommen haben. Doch bin ich eine Frau und der Firma ist es nicht so viel wert, wenn ich einen Brief schreibe als wenn ihn ein Mann schreiben würde. Nun ist die Welt ganz zufrieden mit dem jetzigen Zustand, und wir können nur dagegen protestieren und uns bemühen, das Nachdenken der anderen über ihre Unterdrückung und Abhängigkeit von den Wünschen, den Launen und der Eigensucht des Mannes zu erwecken. Ich habe das Gefühl, dass meine Bemühungen für das öffentliche Wohl fast beendet sind. … Das verlangt Geld, das ich mir nicht leisten kann. Mein Vater hatte zwei Fieberanfälle im letzten Jahr. Ich bin die einzige Ernährerin und jeder Shilling, den ich außer meinem minimalen Bedarf verdienen konnte, wurde benötigt … Jahr für Jahr zu arbeiten und dann nur eine undankbare Erwiderung von jenen zu bekommen, für die man sich einzusetzen strebte, ist wirklich entmutigend. Nur, so ist das nun einmal, und einen Gedanken zu haben, der seit vierzig Jahren nicht akzeptiert wird, scheint so extrem, dass er in der vornehmen Gesellschaft kaum geduldet wird. Behalten wir aber weiter Vertrauen und versuchen wir, eine kleine Saat auf der Erde zu hinterlassen, die, nachdem wir abgegangen sind, einmal fruchten wird…«

1848 ging der Frauenverband ein. Sarah Bagley setzte sich eine Zeitlang weiter für Verbesserungen in den Werken ein, auch für Kranke und Gefängnishäftlinge, zog dann aber nach Philadelphia, wo sie bei den Quäkern in einer Art von Frauenhaus für notleidende junge Frauen und frühere Prostituierte mitarbeitete.

In Lowell und anderen Textilstädten Neuenglands entdeckten nun die Besitzer, wie billig sie jene beschäftigen konnten, die wegen der Hungersnot aus Irland massenweise geflüchtet waren. Als diese Quelle nachließ, lockte man Frauen aus Französisch-Kanada und danach arme Frauen aus der halben Welt, die hoffnungsvoll nach Amerika gekommen waren.

Sarah heiratete 1850 und zog mit ihrem Mann nach New York, um eine homöopathische Praxis aufzubauen. Dort verbrachte sie ihre letzten Jahre, soweit wir wissen, ohne sich in die stürmischen Entwicklungen der nächsten Jahre einzumischen. Diese aktive Frau, die die Probleme damals so weitsichtig erfasste und kämpferisch Einfluss nahm, wurde bald vergessen. Vielleicht starb sie 1883. Nicht einmal das ist sicher.

7.
Die schwierigen Schwestern

Sarah Grimké (1792–1873)
Angelina Grimké (1805–1879)

Draußen vor dem Saal schwoll ein zunehmend bedrohlicher Mob an. Umso mehr wuchs drinnen die Angst. Dann erklang im Saal eine laute Frauenstimme:

»Männer, Brüder und Väter, Mütter, Töchter, Schwestern, wozu seid ihr hierhergekommen? … War es lediglich Neugierde oder war es nicht vielmehr eine tiefe Sympathie für die sterbenden Sklaven, welche dieses großes Publikum zusammengebracht hat?«

Kaum hatte die schlicht gekleidete Rednerin diese Worte gerufen, da hörte man von draußen ein lautes Brüllen. Ignorieren konnte man es schwerlich. Das tat die Rednerin auch nicht:

»Die Stimmen draußen müssen unsere wärmsten Sympathien erwecken und hervorrufen: Irregeführte Wesen! Sie wissen nicht, was sie tun! Sie wissen nicht, dass sie ihre eigenen Rechte und ihr eigenes Glück untergraben, für jetzt und für immer. … Fragt ihr etwa: ›Was hat denn hier der Norden mit der Sklaverei zu tun?‹ So hört nur. Hört nur! Die Stimmen draußen sagen uns, dass der Geist der Sklaverei auch hier ist und durch unsere Abolitionsreden und Tagungen zur Rage gebracht wurde…«

Die feurige 33-jährige Rednerin hieß Angelina Grimké, es war der 16. Mai 1838 und der Ort war Philadelphia, die »Stadt der brüderlichen Liebe« im freien Bundesstaat Pennsylvania, den 150 Jahre zuvor Quäker als einen Ort der Toleranz gegründet hatten. Nicht weit entfernt, an der Grenze zwischen dem Norden und dem Süden der USA, würde Harriet Tubman ein knappes Jahrzehnt später die Buchstaben »PENNSYLVANIA« bewundern, die für sie die Freiheit bedeuteten. Und dennoch tobte draußen ein Mob, der brüllend das Gebäude umzingelte und begann, mit Steinen zu werfen.

Angelina Grimké blieb trotzig. »Was ist ein Mob?« fragte sie. »Was, wenn jedes Fenster zerschlagen wird? Was, wenn dieses Gebäude dem Boden gleichgemacht wird? Würde das beweisen, dass wir im Unrecht sind, oder dass die Sklaverei eine gute und gesunde Institution sei? Was, wenn der Mob jetzt hier einbricht, unser Treffen auseinander treibt und uns Gewalt antut – wäre das auch nur im kleinen Maße vergleichbar mit dem, was die Sklaven erleiden? Nein, nein…«

Diese Tagung war merkwürdig, nicht allein wegen der Drohung des Mobs, sondern auch weil sie eine Frauentagung war. 1831 hatte der Abolitionist William Lloyd Garrison, ein langer, dürrer, sturer, eigenwilliger, doch immens mutiger Mann, seine kämpferische Zeitung *The Liberator* (Der Befreier) in Boston gegründet. Unter seiner Führung wurde in Philadelphia die American Anti-Slavery Society aus der Taufe gehoben, und seitdem wuchs diese Bewegung schnell. Doch auch für etliche engagierte Abolitionisten war die Idee, dass Frauen daran teilnehmen könnten oder sich überhaupt in die Politik einmischen, neu und unwillkommen. Dass sie dabei öffentliche Reden hielten, sogar vor einem gemischten Publikum von Frauen und Männern, galt als nicht üblich, nicht chic, nicht einmal als hinnehmbar! Gewiss, Fanny Wright hatte neun Jahre zuvor hier in Philadelphia am Nationalfeiertag selbstbewusst geredet. Und zwei Jahrhunderte zuvor, im März 1638, hatte Anne Hutchinson vor einem Männergericht in Boston ein Rederecht für Frauen gefordert. Doch 1838 waren Wright wie Hutchinson fast völlig vergessen. Wagte es also eine Frau, an einer politischen Tagung teilzunehmen, noch dazu, o Gott, in der Anwesenheit von (wohl recht mutigen) Männern, und dabei gegen die feste Institution der Sklaverei zu protestieren, da entstand Empörung, ja Rage!

Dass Angelina Grimké und ihre Schwester Sarah, die auch eine große Rolle spielte, beide aus dem tiefen Süden stammten, machte die Sache kaum besser. Aus Charleston in South Carolina kamen sie,

einem Zentrum der größten Sklavenbesitzer. Die Familie Grimké gehörte dort den höchsten Rängen der Gesellschaft an. Der Vater hatte in der amerikanischen Revolution gekämpft, aber wenig von den
Prinzipien der Freiheit und der Gleichheit mitbekommen. In South
Carolina war er einer der höchsten Richter, also streng und reaktio-
när.

Ihre Familie besaß eine große Plantage mit vielen Sklaven. Der
Anblick ihrer Zwangsarbeit, vor allem der brutal geschlagenen »Be-
straften«, ließ zwei Grimké-Kindern, Sarah und Angelina, keine
Ruhe. Mit vier Jahren sah Sarah, wie eine Sklavin ausgepeitscht wurde – und vergaß nie. Mit zwölf Jahren begann das sehr religiöse Kind,
jungen SklavInnen sonntags das Lesen beizubringen, damit auch sie
die Bibel lesen könnten. Das verbot ihr der Herr Oberrichter, ihr
Vater: Da würden sie nur aufmüpfig und faul, meinte er, und außerdem war das in einem Gesetz vom 1740 strengstens verboten. Sarah
bekam eine persönliche Sklavin, doch anstatt sich abends von dem
Mädchen, das für sie immer mehr wie eine Schwester wurde, die
Haare auskämmen zu lassen, schlossen sie die Schlafzimmertür und
lasen im Schein eines leuchtenden Kienapfels Bücher. Doch schließlich kam ihr Vater dahinter und drohte wütend, das Sklavenmädchen
auszupeitschen.

»So lange ich mich erinnern kann, war die Sklaverei wie ein Mühl-
stein um meinen Hals…«, schrieb sie später. Mit jedem Jahr ärgerte
sie sich mehr über eine Gesellschaft, die Sklaven zwar taufen ließ und
in der Kirche zum Beten anhielt, aber nicht im Entferntesten wie Brüder und Schwestern behandelte – nicht einmal wie Menschen.

Sarah war auch verbittert, weil ihr Bruder an die Universität Yale
geschickt wurde, während sie selbst, da ein Mädchen, nicht einmal
Latein lernen durfte. Und das, obwohl für sie »das Lernen eine Leidenschaft war«. Mehr noch: Ihr Vater vermutete, dass, »wäre sie ein
Junge, sie der beste Jurist im Land geworden« wäre. Bei einem Besuch in Philadelphia traf sie einige Quäker, und weil diese die Sklaverei ablehnten und an die Gleichheit von Männern und Frauen glaubten, trat sie aus der Episkopalkirche aus. In Charleston selbst gab
es wenige Quäker, die auch noch äußerst schlecht angesehen waren,

aber 1821, als ihr Vater starb, verließ Sarah den »Sklavensüden« und zog in das freie Philadelphia, die zweitgrößte Stadt der USA. 1829 kam die vierzehn Jahre jüngere Schwester nach und beide wurden Quäkerinnen.

Bald engagierte sich Angelina noch intensiver als Sarah. Dazu gehörte das regelmäßige Lesen der Wochenzeitung *The Liberator*. Als ihr Chefredakteur, William Lloyd Garrison, ein allmähliches Verschwinden der Sklaverei durch das Freikaufen von Sklaven ablehnte und stattdessen die sofortige Beendigung dieser Verhältnisse forderte, dankte sie ihm in einem Brief mit den Worten: »Der Boden, auf dem Sie stehen, ist ein heiliger Boden: geben Sie ihn niemals, niemals auf!« (Garrison war gerade Opfer von Mob-Gewalt geworden, der er aber weiterhin mutig trotzte.) Angelina schrieb weiter: »Wenn Verfolgung das Mittel ist, das Gott für die Erreichung dieses großen Ziels, der BEFREIUNG, auserkoren hat, dann ...fühle ich mich bereit zu sagen, LASST SIE KOMMEN, denn es ist meine tiefe, klar überlegte Überzeugung, dass sich für diese Sache das Sterben lohnt.« Garrison war von dem persönlichen, schön geschriebenen Bekenntnis einer jungen Frau aus einem Sklavenstaat derart beeindruckt, dass er es in der nächsten Ausgabe von *The Liberator* druckte, allerdings ohne um Erlaubnis zu bitten. Trotz dieses Fehlers und dadurch entstandener Probleme lehnte es Angelina ab, sich vom Inhalt zu distanzieren.

Welche Probleme waren das? Nicht allein, dass sie damit endgültig von der aristokratischen Gesellschaft in Charleston ausgeschlossen wurde, ihre Stellungnahme löste auch Streit bei den Quäkern aus. Viele waren zwar gegen die Sklaverei, aber auch gegen »radikale« Opposition. Weit entfernt vom Geist einer Mary Dyer oder der mutigen »Stationsmeister« der Untergrund-Eisenbahn, liebten sie Ruhe mehr als Aufruhr, lebten oft im Wohlstand und wollten ihn gern behalten. Philadelphia profitierte ja im hohen Maße von den großen, schnellen Segelschiffen im Hafen, die Baumwolle und andere Waren nach England brachten, die wiederum auf Sklavenarbeit beruhten.

1836 schrieb Angelina das Pamphlet *An Appeal to the Christian Women of the South*, ein Appell, in dem sie anhand der Bibel erklärte, warum sich auch »die christlichen Frauen des Südens« gegen die so eindeutig unchristliche Sklaverei engagieren sollte. Einer der Gründe war: »Es sind nicht die Sklavinnen allein, die wegen der Lüsternheit der Herren und der ihrer Söhnen leiden, sondern auch die gekränkten und entehrten weißen Frauen und Töchter, die tief verletzt werden und an geheimen Orten weinen.« (Nach der Volkszählung von 1860 hatten etwa 588.000 Menschen »gemischte« Eltern, also weiße Väter.)

Angelina erntete nun erst recht Wut. Der Bürgermeister von Charleston informierte die Grimké-Familie, dass ihre Tochter nun nicht mehr in die Stadt durfte. Auch die Quäker sagten sich offiziell von ihr los. Unbeirrt schrieb sie eine Fortsetzung, einen Aufruf an die Damen der »sogenannten freien Staaten« im Norden, ihre Mitverantwortung für die Sklaverei zu begreifen, ihr Desinteresse aufzugeben und sich dagegen einzusetzen.

Sarah mahnte zunächst zu einer gemäßigten »Klugheit«. Doch bald überzeugte Angelina ihre Schwester und fortan verbreitete das kluge, wortgewandte Paar seine trotzige Botschaft allerorts im Norden der USA. In einem Jahr hielten sie 88 Vorträge vor etwa 40.000 Menschen. Gewiss kamen manche nur, um die zwei zu begaffen, doch viele wurden von den korrekten, bescheidenen Damen mit den erschütternden Fakten überzeugt. Keineswegs aber alle.

Nicht nur Männer monierten ihr Auftreten. Catherine Beecher etwa, die Schwester der Autorin von *Onkel Toms Hütte* und selbst eine Reformerin in Sachen Bildung, meinte, die Grimké-Schwestern sollten sich lieber um die »Frauensphäre«, also um ihren Haushalt kümmern. Da war Angelina schnell mit einer Erwiderung zur Stelle:

»Nun glaube ich, dass es das Recht der Frau ist, bei allen Gesetzen und Reglements, durch die sie regiert wird, ob Kirche oder Staat, eine Stimme zu haben. … Wenn kirchliche und staatliche Regierungen von Gott verordnet sind, dann behaupte ich, hat die Frau genauso viel Recht, an der Beratung in Konventen, Konferenzen, Verbänden und Versammlungen teilzunehmen wie der Mann – und genauso viel Recht auf den Thron von England wie auf den Sitz des Präsidenten der Vereinigten Staaten.« (Sie spielte damit darauf an, dass seit 1837 Königin Victoria in London herrschte.) Für manche gilt Angelinas scharfe Antwort als die Geburtserklärung der Frauenbewegung.

Doch nun ging es gegen sie erst richtig los! Die Presse sank tief: Weil die beiden unverheiratet waren, giftete sie: »Warum sind alle alte Hennen Abolitionistinnen? Deshalb, weil sie keine Ehemänner finden können und denken, sie hätten vielleicht Chancen bei einem Neger, wenn sie die Vermischung der Rassen als modisch hinstellen können.«

Auch die Kirche griff massiv an, vor allem die Kongregationalisten, Nachkommen der alten Puritaner, die Anne Hutchison verjagt und Mary Dyer hingerichtet hatten. Im Hirtenbrief hieß es: »Wenn das Rebengewächs, dessen Kraft und Schönheit darin besteht, auf einem Rankspalier zu haften ... nun meint, die Unabhängigkeit und die überschattende Natur der Ulme zu übernehmen, dann wird es nicht nur aufhören, Früchte zu tragen, sondern in Schande und Unehre in den Staub fallen.«

Jetzt mussten Sarah und Angelina nicht nur die Sklaverei bekämpfen, sondern auch die Unterdrückung der Frauen. Fest widersprachen sie den ewigen Behauptungen, Ungleichheit wäre der Wille Gottes. In ihren Briefen über die Gleichheit der Geschlechter schrieb Sarah: »Ich bitte nicht um Sonderrechte für mein Geschlecht ... ich bitte nur unsere Brüder, dass sie ihre Füße von unseren Nacken nehmen und es uns ermöglichen, aufrecht auf dem Boden zu stehen, der uns nach Gottes Wunsch zugedacht war.«

Sarah attackierte die Ungleichheit durch das Gesetz, ungleiche Bildungschancen, wirtschaftliche Ausbeutung. Sie verlangte gleichen Lohn für Frauen und traf damit auf die Frage der Ausbeutung von Arbeiterinnen, was bei Sarah Bagley in Lowell zur Hauptfrage wurde. Sarah forderte, auch Frauen müssten sich ändern. Jene, »die sich nur für Mode interessierten, sich frivol benahmen, Ignoranz vorgaben und sich zum Schutz auf die Männer stützten, förderten damit nur die eigene Unterdrückung.« Beide Geschlechter hätten die gleichen Rechte und Pflichten: »Was für einen Mann moralisch richtig ist, ist auch für eine Frau moralisch richtig.«

Es wurde schwieriger, Säle zu mieten; etliche Kirchen schlossen auch ihre Tore. Doch 1838 gegen Schluss ihrer Vortragsreise durch Neuengland bekam Angelina die Chance, zweimal vor dem Parlament von Massachusetts zu reden – unter der goldenen Kuppel auf dem Common von Boston. Es ging um die Abschaffung der Sklaverei – und sie brachte dafür die Unterschriften von 20.000 Frauen mit. Zwei Jahre später würde Sarah Bagley an der gleichen Stelle über Fabrikbedingungen sprechen, doch Angelina war die erste Frau, die jemals vor der Legislatur eines Bundesstaates reden durfte – und war entsprechend aufgeregt. In einem Brief an den Freund und Mitkämpfer Theodore Weld schrieb sie: »Unter dem riesigen Druck der Emotionen war ich näher an einer Ohnmacht als jemals zuvor. Mein Herz ist in mir beinahe gestorben. Die Neuigkeit der Szene, das Gewicht der Verantwortung … ich war fast verzweifelt.«

Doch als sie redete, trug sie den Abgeordneten wortgewandt wie immer ihr Anliegen vor: Die Sklaverei musste abgeschafft werden! Ein Anwesender bemerkte: »Angelina Grimkés gelassene, überlegene Eloquenz fesselte die Aufmerksamkeit, entwaffnete Vorurteile und gewann ihre Zuhörer.« Und so viele Besucher drängten hinein, um dieses erstmalige Ereignis zu erleben, und Angelina redete so kraftvoll, dass ein Delegierter vorschlug: »Ein Komitee soll ernannt werden, die Fundamente des State House zu untersuchen, ob es so einen Vortrag von Fräulein Grimké noch einmal tragen könnte.«

Es kam nicht mehr dazu. Zum einen gab es Differenzen zwischen den Schwestern und William Lloyd Garrison – bei ihm leider keine Seltenheit. Zum anderen brachte Angelina, nachdem sie den Abolitionisten Theodore Weld geheiratet hatte, Kinder zur Welt, zwei Söhne und eine Tochter. Folge der schwierigen Schwangerschaften war eine chronische Krankheit; Sarah kam dann, um bei den Kindern zu helfen. Weld hatte mit verschiedenen Projekten keinen Erfolg, es blieb schwierig, die Familie finanziell zu unterhalten. Sarah und Angelina arbeiteten als Lehrerinnen, konnten aber an den kommenden dramatischen Ereignissen des Landes kaum noch teilhaben.

Doch hatten die Schwestern in wenigen Jahren einen starken Einfluss ausgeübt. Bei der Todesfeier für Angelina 1880 sagte der führende Sklavereigegner und Senator Wendell Phillips: »Sie bewegte die tiefsten Gefühle des Herzen mit einer Kraft, die niemals übertroffen und nur selten erreicht wurde. Mir bleibt gut in Erinnerung, wie ich Abend für Abend eine Eloquenz erlebt habe, wie sie bis dahin noch nie von einer Frau vorgetragen worden war.«

Und gerade bei jener vom lautstarken Mob gestörten Tagung in Philadelphia, die ich am Kapitel-Anfang schilderte, prägte Angelina deutlich eine frühe Etappe der Bewegung gegen die Sklaverei wie auch die für die Rechte der Frauen:

»Lassen wir erst die Nation aufwachen, damit sie Millionen von Sklaven beiderlei Geschlechts aus dem Staub hebt, und aus ihnen Menschen macht ... und dann wird es eine leichte Sache, Millionen von Frauen von ihren Knien zu erheben und sie auf die Füße zu stellen, oder, anders gesagt, sie von Babys zu Frauen zu machen ... Wir hören oft die Frage: ›Was sollen wir tun?‹ Hier ist die Gelegenheit... Jeder anwesende Mann und jede anwesende Frau kann etwas tun, indem wir zeigen, dass wir den Mob nicht fürchten und wir, trotz aller Drohungen und Lästerungen, unseren Mund für die Stummen aufmachen und für die Sache vor jenen plädieren, die zu sterben bereit sind.«

Am Tag danach zündete der Mob das Gebäude an – ein Omen für spätere Ereignisse.

8.
Niederlage in London, Sieg in Seneca Falls

Lucretia Mott (1793 – 1880)
Elizabeth Cady Stanton (1815 – 1902)

Nicht in Boston, Philadelphia, New York – ausgerechnet in London wurde die amerikanische Frauenwahlrechtsbewegung zum Leben erweckt. Kein Engländer hätte ahnen können, dass die zwei durch die Straßen wandernden Frauen, mit ihrem amerikanischen Akzent Ideen aushecken, die einmal aufrüttelnd nach England zurückkehren würden. Die beiden wurden enge Freundinnen. Und was sie zusammenbrachte, war Ärger, ja: Wut!

1833 wurde, nach langem Kampf, die Sklaverei im gesamten britischen Imperium verboten. Weiter bestand sie jedoch in Brasilien, auf einigen Karibikinseln wie Kuba, vor allem aber in den weiter aufstrebenden USA. Am Handel mit den geketteten Menschen aus Afrika und ihren Nachkommen verdienten noch immer viele. Als Antwort darauf wurde zum ersten Weltkongress gegen die Sklaverei für Juni 1840 in London aufgerufen. Fünfhundert Delegierte meldeten sich an; die Organisatoren konnten vollauf zufrieden sein.

Eine Delegation jedoch löste Unzufriedenheit aus. Der Grund: Unter dem reichlichen Dutzend aus den USA waren einige Frauen. Gewiss, auch in den USA galt ihre Teilnahme am politischen Leben weitgehend als tabu, und das erst recht, wenn – oh Schreck – Männer dabei waren. Doch hatten Frauen wie Sarah und Angelina Grimké dem Tabu getrotzt und viele Menschen davon überzeugt, die Sklaverei abzulehnen. Oft ausgelacht oder angegriffen, fanden sie dennoch zunehmend Unterstützung.

In England war man nicht einmal so weit. Die Briten lehnten es ab, Frauen zuzulassen. Die amerikanische Delegation lehnte diese Diskriminierung ab, doch nach hitziger Debatte blieb sie in der Minderheit. Nach vielem Hin und Her kam es dann zu einem seltsamen »Kompromiss«: Bleiben durften die Frauen, doch nicht als Teilnehmerinnen, sondern als Beobachterinnen ohne Rede- oder Stimmrecht, hinter einem niedrigen Vorhang im Rang versteckt!

Der bekannteste Abolitionist, William Lloyd Garrison, kam verspätet an, zu spät, um an dieser Debatte teilzunehmen. In den USA hatte er mit solchem Quatsch genug zu tun gehabt. Gerade hatte sich ein Teil der Bewegung, die er anführte, abgespalten, um eine Antisklaverei-Partei zu gründen, die sich bald zur Wahl für die Präsidentschaft stellte – und die Teilnahme von Frauen strikt ablehnte. Nun stieß Garrison in London auf die gleiche leidige Frage. Nein: Prinzipienfest wie immer, lehnten er und andere aus den USA den »Kompromiss« ab und setzten sich demonstrativ zu den Frauen hinter den kleinen Vorhang. (Ein schwarzer Delegierter betonte, dass nur die Spenden von Frauengruppen ihm die Reise ermöglicht hätten.)

Der führender Sklavereigegner und Delegierte Wendell Phillips erklärte: »Nachdem wir in Neuengland lieber Wurfgeschosse und das Teeren und Federn erlitten haben als uns der dort geläufigen Sitte zu beugen, unsere farbigen Brüder von unserer Freundschaft auszuschließen, sollen wir uns im alten England Parallelsitten und Vorurteilen gegen Frauen beugen? … Nachzugeben wäre für uns so, als wenn wir den rechten Arm unserer Aktion abschlagen würden… Das Überqueren des Ozeans hat uns nicht verändert…«

Eine der Delegierten hinterm Vorhang war Lucretia Mott. Sie kam vom kargen Inselchen Nantucket vor der Küste von Massachusetts, bekannt aus Herman Melvilles Meisterroman »Moby Dick«. Die lange Abwesenheit der Walfänger zur See zwang die Frauen zur Unabhängigkeit. Nantucket war auch dafür bekannt, dass fast alle Bewohner Quäker waren – und daher gegen Sklaverei und für Frauengleichheit.

Lucretia, auch Quäkerin und Abolitionistin, heirate mit 18 Jahren den gleichgesinnten Schulkameraden James Mott und zog mit ihm nach Philadelphia, dem Hauptzentrum der Quäker. Wie die Grimké-Schwestern stellten sie fest, dass die meisten geschäftstüchtigen Quäker in ihren Prinzipien eher mit Worten denn mit Taten glänzten, also schlossen sie sich einer neuen, unabhängigen, man würde heute sagen: linken Splittergruppe an, die von einem beherzten Sklavereigegner gegründet wurde.

Die resoluten Motts eröffneten »freie Geschäfte«, in denen man keine Sklaverei-Produkte kaufen konnte, weder Baumwollstoffe, Zucker aus Zuckerrohr noch Reis oder Tabak von südlichen Plantagen. Sie wurden zudem »Schaffner« der »Untergrund-Eisenbahn«, die flüchtenden Sklaven zur Freiheit verhalf, und die kluge, sonst friedfertige Lucretia Mott mit der weichen Stimme griff als effektive Rednerin die Sklaverei an. Dafür wurde sie immer wieder angegriffen, auch von Bibel-zitierenden Kirchenvätern. Damit erging es ihr wie den beiden Grimkés-Schwestern, mit denen Lucretia 1833 die »Weibliche Antisklaverei-Gesellschaft von Philadelphia« gründet. So fuhr die große, streng aussehende Frau als Delegierte nach London zur Weltkonferenz.

Dort war auch Elizabeth Cady. Ihr Vater war ein respektierter Rechtsanwalt, Abgeordneter und schließlich Richter. Er hatte öfters Klientinnen, die sich gegen tyrannische oder geschiedene Ehemänner wehren wollten. Die kleine Elizabeth hörte mit und merkte früh, dass Frauen gar keine Rechte hatten. Bei der Ehe verloren sie nicht nur ihren ganzen Besitz, sondern auch alles, was sie noch dazu verdienen konnten. Und als Ledige, Witwen oder Geschiedene standen sie kaum besser da als unmündige Kinder. Sogar auf die eigenen Kinder hatten sie nicht einmal ein Vorrecht. Als eine Frau ihre Farm an den Gläubiger ihres Mannes verlor und Elizabeths Vater ihr erklären musste, dass nach dem Gesetz nichts dagegen zu machen wäre, wollte seine Tochter die »bösen Gesetze« aus den Rechtsbüchern herausreißen.

Vater Cady war nicht immer mitfühlend. Sieben Kinder hatte er, davon nur einen Sohn. Als dieser kurz nach Abschluss der Hochschule verstarb, sagte der untröstliche Vater zu Elizabeth, die in der Schule glänzte und sogar eine gute Reiterin wurde: »Ach, meine Tochter,

wärst du nur ein Junge!« »Ich kann gar nicht aussprechen, wie tief es
mich verletzt hat«, schrieb sie später, »daran zu denken, dass alles in
mir, worauf mein Vater, wäre ich ein Mann, recht stolz gewesen wäre,
zutiefst deprimierend war, nur weil ich eine Frau bin…!«

Trotzdem genoss sie ein Leben ohne Not, rannte und erkletter-
te Bäume mit Mädchen und Jungen zu einer Zeit, in der allgemeine
»Benimmregeln« noch nicht so streng waren, wie sie später wurden.
Unter Kindern herrschte noch Gleichheit. An der Oberschule, das
einzige Mädchen neben einem Dutzend Jungen, hielt Elizabeth ohne
weiteres mit. Doch als andere ein Studium aufnahmen, musste sie zu
Hause bleiben: Keine einzige Hochschule nahm Studentinnen auf.

Nach der Schulzeit, zu Hause, fühlte sich Elizabeth zum Ehemann
ihrer älteren Schwester hingezogen, und er fand bei ihr eine Klugheit und Wärme, die er in seiner Frau vermisste. Doch ließ sie keine
romantische Beziehung entwickeln; es ging um ihre Schwester, und
Scheidung galt für eine »Anständige« als ausgeschlossen. Sich scheiden zu lassen, war ohnehin schwer genug. Jeder Bundesstaat hatte
andere strenge Gesetze; ihr Staat, New York, verlangte dafür einen
Beweis des Ehebruchs, eine Forderung, die bis weit in das 20. Jahrhundert in Kraft blieb. Diese Jugenderfahrung erklärt vielleicht zum
Teil, warum sie viel engagierter für eine Scheidungsreform eintrat als
andere Frauenrechtlerinnen.

Dann verliebte sie sich und heiratete den Abolitionisten Henry
Stanton. Bei der Trauung ließen sie jene Worte weg, wonach der Gehorsam der Frau verlangt wurde, und trotzten auch der mancherorts heute noch üblichen seltsamen Sitte, den offiziellen Namen der
Braut völlig zu löschen. Elizabeth hätte nun eigentlich Mrs. Henry B.
Stanton heißen sollen; stattdessen behielt sie ihren Familiennamen
und hieß nun Elizabeth Cady Stanton. Ihr Vater, Richter Cady, blieb
skeptisch gegenüber dem Bräutigam, der ihm viel zu radikal war. Wie
bald klar wurde, traf in Wirklichkeit eher das Gegenteil zu. Zur Flit-
terwoche nahm er Elizabeth zwar mit zum Weltkongress in London,
doch anders als Garrison und die meisten Amerikaner nahm Henry
Stanton lieber fügsam unten im Saal Platz.

Dafür freundete sich Elizabeth mit Lucretia Mott an. Nach den Sitzungen, die insgesamt zehn Tage dauerten, tauschten sie sich jeweils aus, wohl zunächst über ihren Ausschluss, bald dann über weitaus mehr. Die rundliche, lockige 25-jährige Elizabeth war sehr von der streng aussehenden, doch sanftmütigen 47-jährigen Lucretia beeindruckt. Später schrieb sie:

»Die Bekanntschaft mit Lucretia Mott, einer aufgeschlossenen, liberalen Denkerin in Fragen von Politik, Religion und solchen der Reform, eröffnete für mich eine neue Gedankenwelt. Als wir herumwanderten, um uns die Londoner Sehenswürdigkeiten anzuschauen, nahm ich jede Gelegenheit wahr, um mit ihr zu reden. Es war äußerst befriedigend, all das frei zu diskutieren, was ich durch Jahre der Zweifel schemenhaft gedacht hatte. … Als Frau Mott und ich Arm in Arm liefen und die Tagesereignisse kommentierten, beschlossen wir, sobald wir nach Hause kämen, eine Tagung abzuhalten und einen Verband zu bilden, um die Rechte der Frauen voranzubringen.«

Die Stantons zogen bald nach Seneca Falls im Westen des Bundesstaates New York. Henry ging seinem Beruf als Anwalt nach, war viel unterwegs und überließ den Haushalt und die Pflege der Kinder – am Ende wurden es sieben – seiner Frau. Sie gab sich Mühe, alles zu meistern und benutzte, gegen damalige Sitten, eigene, menschlichere Methoden bei der Erziehung der Kinder. Doch spürte sie doppelt schwer, wie eng und eintönig das Los der meisten Frauen war. Der »ermattete, besorgte Blick der Mehrheit der Frauen bestärkte in mir das Gefühl, dass irgendwelche aktive Maßnahmen nötig wären, damit das Unrecht in der Gesellschaft und vor allem jenes gegenüber die Frauen überwunden werde.«

Ein paar Mal trafen sich Elizabeth mit Lucretia in Boston, ohne dass etwas geschah. Erst im Juli 1848 besuchte Mott ihre Schwester und zwei Freundinnen unweit von Seneca Falls in einer Gegend, wo gerade viele Quäker von dem fortschrittlichen Flügel wohnten. Stanton kam als einzige Nicht-Quäkerin dazu. Auf einmal, beim Tee, sprudelte bei ihr der ganze Ärger heraus: Männer kontrollierten völlig das Leben der Frauen, die kein Eigentum erben, keine Verträge unterschreiben und nicht als Gleiche im Gericht auftreten durften. Höhere Bildung und die meisten Berufe blieben ihnen verschlossen, für ihre

Arbeit bekamen sie nur den halben Lohn. Und wie dagegen auftreten, ohne wählen oder gewählt werden zu dürfen?

Nun, in den Grundsätzen einig, wollten sie endlich das tun, was sie sich in London acht Jahre vorgenommen hatten. Am runden Mahagoni-Teetisch – als Sinnbild der Frauenbewegung heute ausgestellt im National Museum of American History in Washington – beschlossen sie, am 19. und 20. Juli 1848 einen Kongress abzuhalten, in nur fünf Tagen! Ihr Aufruf zum Treffen in der Methodistenkirche von Seneca Falls erschien einmal als Inserat im Lokalblatt. Nachgedruckt wurde er in der Zeitung *North Star* des schwarzen Journalisten und Abolitionisten Frederick Douglass, eines geflüchteten Sklaven. Sonst gab es keine weiteren Ankündigungen. Die Zeit war knapp, es war Heuerntezeit und das Wetter fast unerträglich heiß. Würden genügend Frauen kommen, um etwas zu erreichen? Würden überhaupt welche kommen?

Und wie sie herbeiströmten – ein Wagen voller Frauen nach dem anderen, aus einem Umkreis von 80 Kilometern! Zuerst fanden sie die Kirche gesperrt vor, jemand war wohl zu spät oder vergesslich. Doch Elizabeths Neffe kletterte durch ein Fenster und machte von innen auf. Etwa dreihundert Personen passten gerade noch hinein. Obwohl das Inserat klar machte, dass Männer erst am zweiten Tag teilnehmen durften, waren etwa vierzig trotzdem gekommen. Man beschloss, sie hereinzulassen, aber vorerst nicht reden zu lassen.

Dafür redeten die Frauen. Elizabeth Cady Stanton verlas eine *Erklärung der Empfindungen* (*Declaration of Sentiments*, auch *Seneca Falls Declaration*), die sie im Laufe der Woche geschrieben hatte. Sie nahm dabei als Vorbild die Unabhängigkeitserklärung der neuen Vereinigten Staaten von 1776, in der proklamiert wurde:

»Folgende Wahrheiten erachten wir als selbstverständlich: dass alle Männer gleich geschaffen sind, dass sie von ihrem Schöpfer mit bestimmten unveräußerlichen Rechten ausgestattet sind, zu denen das Leben, die Freiheit und das Streben nach Glück gehören.«

Im Englischen fehlt ein Wort wie »Mensch«, »men« lässt sich sowohl mit »Menschen« als auch mit »Männer« übersetzen. Doch machte Stanton in ihrer Erklärung unzweifelhaft deutlich, dass »alle Männer und Frauen gleich geschaffen sind«.

In der Unabhängigkeitserklärung hieß es: »Die Geschichte des gegenwärtigen Königs von Großbritannien ist eine Geschichte fortgesetzter Ungerechtigkeiten und Anmaßungen, die alle direkt darauf zielen, eine absolute Tyrannei über unsere Staaten zu errichten...« Elizabeth ersetzte »des Königs« durch »des Männertums« (»manhood«) und »Tyrannei über unsere Staaten« durch »Tyrannei über die Frauen«. Anstatt die damaligen Maßnahmen des Königs anzuführen, benannte sie die Beschwerden der Frauen.

Sie endete mit zwölf Forderungen. Elf davon galten dem Recht auf Eigentum, auf faire Löhne, auf Redefreiheit, auf Scheidung, auf gleiche Möglichkeiten in Geschäft und Handel, im Bildungswesen und in den Berufen. Sie wurden schnell und einstimmig angenommen. Doch wagte Elizabeth eine zwölfte und damals äußerst umstrittene Forderung: Sie verlangte das Wahlrecht für Frauen: »Es sei beschlossen, dass es zur Pflicht der Frauen dieses Landes gehört, für sich ihr heiliges Recht auf das Wählen zu sichern.«

Ihr Mann hatte versucht, sie davon abzubringen. »Das endet als Farce«, warnte er. »Wenn diese Forderung drin bleibt, fahre ich lieber während der Tagung weg.« Das tat er auch.

Auf dem Kongress gab es dann tatsächlich Streit. Sogar Lucretia Mott fürchtete, sie machten sich damit lächerlich; sie und ihr Mann wären dagegen. Manche nahmen an, diese unmögliche Forderung würde die Unterstützung für die »vernünftigeren« erschweren; andere meinten, sie sollten nur soziale, rechtliche und kirchliche Gleichheit einfordern, nicht aber politische. Das Resultat der heißen Debatte war sehr unsicher.

Am zweiten Nachmittag durften Männer mitreden. Frederick Douglass, der einzige dortige Afroamerikaner und weit und breit respektiert, erklärte, als schwarzer Mann könne er das Wahlrecht nicht akzeptieren, solange Frauen das Recht nicht ebenfalls bekämen. Es wäre zudem eine bessere Welt, wenn Frauen in das politische Leben einbezogen wären. »Aus der Ablehnung ihres Rechts auf Regierungsbeteiligung resultiert nicht allein die Degradierung der Frauen und die Verewigung einer großen Ungerechtigkeit, sondern auch das Verstümmeln und Verstoßen der Hälfte der moralischen und intellektuellen Kraft beim Regieren in dieser Welt.« Douglass' Rede wirkte Wunder: eine knappe Mehrheit stimmte für diese Forderung.

Elizabeth hielt eine faktenreiche, überzeugende Rede, ihre erste überhaupt. Die Schlussrede von Lucretia Mott, mit der deutlich wurde, dass sie schon seit London von einem solchen Treffen geträumt hatte, war ein zu Herzen gehender Appell an alle, Männer wie Frauen, den Kampf weiterzuführen. Für die Resolution gaben am Ende nicht alle ihren Namen her. Von den dreihundert Anwesenden unterschrieben genau einhundert, 68 Frauen und 32 Männer.

Die Presse reagierte, wenn überhaupt, unterschiedlich. Manche machten die Frauen lächerlich. Im *Lowell Courier*, die Zeitung aus jener Stadt also, in der fast zur gleichen Zeit die Textilarbeiterinnen darum kämpften, weniger als zwölf Stunden am Tag zu schuften, lästerte ein Redakteur: Wenn Frauen die Gleichheit erreichten, »müssen die Herren das Geschirr waschen, Schrubben, das Badewasser bereiten, den Besen schwingen und Strümpfe stopfen.« Ein ganz Witziger entblödete sich nicht zu fragen, ob nicht die Gefahr bestünde, wenn Frauen als Rechtsanwältinnen, Pfarrerinnen oder gar Kongressabgeordnete tätig würden, dass im Gerichtssaal, in der Kirche oder im Kongress plötzlich eine entbinden müsste, »vielleicht gar Zwillinge«.

Einige andere waren freundlicher: Der *National Reformer* berichtete, dass Männer in Seneca Falls, welche die Erklärung »zu kühn und extrem« fanden, ihre Meinung trotz Aufforderung nicht in der Versammlung geäußert hätten, sondern erst später »in einer Kneipe nebenan«. Und Horace Greeley, der Margaret Fuller angestellt hatte, schrieb in seiner *New York Tribune*, dass es keinen adäquaten Grund gäbe, die Forderung nach gleicher Teilnahme in der Politik abzulehnen. Sie wäre ein natürliches Recht.

Die Zusammenkunft von Seneca Falls war ein großer Schritt in Richtung Gleichheit. Der Weg sollte lang werden. Unter den hundert Unterschriften gehörte eine der 19-jährigen Farmerstochter Charlotte Woodward, die den für eine Frau unmöglichen Wunsch hegte, Schriftsetzerin zu werden. Sie wurde die einzige, die noch erlebte, dass US-amerikanische Frauen wählen durften, war aber mit 91 Jahren schon zu schwach, um selbst mit abzustimmen.

9.
Eine Frau namens Wahrheit

Sojourner Truth (ca. 1797–1883)

Durfte sie überhaupt zu Wort kommen? Darum stritt man, darum schrie man! Nach dem Auftakt von Seneca Falls im Jahr 1848 fanden immer mehr Frauenrechtstreffen statt. Männer nahmen auch wieder daran teil, nur waren sie nicht immer so wohlwollend wie der geflüchtete Sklave Frederick Douglass. Sie traten oft gleichermaßen rechtschaffen wie empört auf, verhielten sich vorwitzig oder vulgär, und nicht selten brüllten sie. Diesmal, 1851 in einer Kirche in Akron, Ohio, taten sich wieder konservative Pfarrer hervor. Ihr Ärger wurde lautstark und steigerte sich fast zur Rage, nachdem eine schwarze Frau, die ruhig auf der Treppe neben dem Altar gesessen hatte, sich zu Wort meldete. Mit ihrem eigenartigen grauen Kleid, der weißen Haube und einer Größe von 1,88 m war sie schwer zu übersehen. Auch nicht alle Frauen wollten sie sprechen lassen. Sie war bekannt. Ihr leichter Akzent und die etwas mangelhafte Grammatik störten kaum, doch dass sie niemals ein Blatt vor den Mund nahm, war für manche eher ein Grund zur Sorge. Ob sie der Sache der Frauenrechte nicht mehr schade als nutze? Jetzt musste entschieden werden: Darf Sojourner Truth reden?

Das war nicht ihr echter Name. Unweit des Hudson-Flusses wurde sie als Isabella Baumfree geboren, wohl 1797; das Datum blieb unsicher. Wer hielt schon die Geburtsdaten von Sklavenkindern fest? Hauptsache gesund und möglichst schnell zur harten Arbeit fähig! Die Plantage vom Obersten Hardenbergh, wo Isabella und ihre zwölf Geschwister als Privateigentum zur Welt kamen, lag in einem Restgebiet früherer holländischer Siedlungen. Erst 1644 bekam England das Gebiet im Tausch gegen Surinam in Südamerika; Nieuw Nederland wurde der spätere Bundesstaat New York. Also sprach sie ihr Leben lang mit dem Akzent der holländischen Muttersprache.

Bis auf ein einziges wurden alle ihrer Geschwister von den Eltern getrennt und an andere verkauft. Isabella war etwa elf, als auch sie – gegen 100 Dollar und eine Anzahl Schafe – von ihrem Besitzer an die Familie Neely verkauft wurde. Anfangs verstand sie kaum die Befehle auf Englisch und wurde oft geschlagen, auch ausgepeitscht. Da Sklaven und Sklavinnen eben Privateigentum waren, durften sie – völlig legal – so behandelt werden wie Schafe oder Stühle.

Als ihr Vater sie einmal besuchen durfte, bettelte die kleine Isabella darum, dass er sie von ihren Besitzern wegnehme. Doch was konnte er, ebenfalls ein Sklave, machen? Sie wurde wieder verkauft, diesmal an einem Gasthauswirt für $ 105. Er behandelte sie etwas besser, doch nach anderthalb Jahren verkaufte auch er sie weiter, diesmal an die Familie Dumont, wo die gehässige Frau des Hauses Isabella ständig schikanierte.

Sie war nun etwa 17, und auch Sklavinnen konnten sich verlieben. Robert, ebenfalls ein Sklave, gehörte jedoch einem anderen Besitzer, der nicht wollte, dass Isabella ohne Vorteil für ihn ein Kind bekäme. Er erwischte Robert bei einem Besuch, schlug ihn blutig und schleppte ihn fort. Isabella sah Robert nie wieder. Sie war aber schon schwanger und bekam eine Tochter, die sie Diana nannte. Ein einziges Kind reichte ihrem Besitzer aber nicht. Er zwang sie, einen unbeliebten, älteren Sklave zu heiraten, mit dem sie dann in vier Jahren vier Kinder bekam. Bis auf ein Söhnchen, das früh starb, war das für den Besitzer ein lohnender Wertzuwachs.

Viele in den USA wissen nicht, dass die Sklaverei nicht nur in den Südstaaten existierte. Nach dem Unabhängigkeitskrieg von 1775 – 1783 wurde sie nur allmählich in einem Nordstaat nach dem anderen abgeschafft. Sie konnte nie so vorherrschend sein wie im Süden; Klima und Geographie erlaubten nicht die riesigen Felder von Baumwolle, Reis und Zuckerrohr, auf denen Sklaven massenweise »von Sonnenaufgang bis Sonnenuntergang« unter den härtesten Bedingungen schufteten. In kleinerem Maßstab blieb der Sklavenbesitz jedoch legal in manchen Nordstaaten bis weit in den 19. Jahrhundert, in New Jersey sogar bis 1861.

Der Tag der Freiheit im Bundesstaat New York war endlich für 1827 geplant, und zwar am 4. Juli, dem Nationalfeiertag. Isabellas Besitzer Dumont versprach sogar, wenn sie fleißig und treu bliebe, sie ein Jahr früher freizulassen. Angeblich weil eine Handverletzung sie weniger produktiv machte, hielt er aber sein Versprechen nicht. Isabella, wütend, arbeitete nun, bis sie 100 Pfund Wolle gesponnen hatte, meinte, das wäre nun genug, und flüchtete vor der Morgendämmerung mit ihrem Säugling auf dem Arm. Kaum war sie bei einer freundlichen Familie untergekommen, da tauchte Dumont auf und forderte, dass sie zurückkomme, sonst würde er ihr Baby wegnehmen, das gesetzlich sein Eigentum war. Das freundliche Ehepaar gab Dumont $25 für die Monate bis 4. Juli; endlich, mit etwa 30 Jahren, war Isabella frei. Und zum allerersten Mal in ihrem Leben konnte sie in einem richtigen Bett schlafen.

Zuallererst kämpfte sie mit der Hilfe einer Gruppe von Quäkern darum, ihren fünfjährigen Sohn Peter aus Alabama, wohin er verkauft worden war, zurückzuholen. Mit Erfolg: Das Kind, von oben bis unten von Schlägen gezeichnet, durfte endlich wieder zu seiner Mutter.

In den ersten Jahren der Freiheit festigte sich in Isabella eine tiefe religiöse Überzeugung fast mystischer Natur. Sie lebte mit einer Gruppe sehr frommer Leute und begann dann selbst zu predigen. Sie besaß das seltene Talent, ihre Zuhörer geistig zu fesseln und wurde, zu einer Zeit, als die Religion in vielen Gegenden eine erstaunliche Bedeutung gewann, zu einer Wanderpredigerin. Sie lebte von dem, was ihr geschenkt wurde. Zu dieser Zeit änderte sie ihren Namen in Sojourner Truth. Das Wort »Sojourner«, heutzutage selten gebraucht, heißt eigentlich »Verweilende«, bezeichnet also jemanden, der nur zeitweilig in einem anderen Land verweilt. In der deutschen Fassung der Bibel ist das Wort mit »Fremdling« übersetzt. Einige Stellen im Alten Testament deuten darauf hin, was hinter der Namensänderung dieser schwarzen Frau lag:

Höre mein Gebet, Herr, und vernimm mein Schreien,
denn ich bin ein Gast bei dir,
ein Fremdling wie alle meine Väter.
Lass ab von mir, dass ich mich erquicke,
ehe ich dahinfahre und nicht mehr bin.
(*Psalmen 39, 13-14*)

Ihr zweiter Name, »Truth« (»Wahrheit«), sagte aus, was sie suchte und weitergeben wollte. Um die Namensänderung zu erklären, sagte sie Harriet Beecher Stowe, Autorin des Buches *Onkel Toms Hütte*, dass sie das Gefühl bekäme, der Herr hätte sie berufen, »hin und her im Land zu reisen, um den Menschen ihre Sünden zu zeigen und ihnen ein Zeichen zu geben.«

Ihr Zeichen blieb nicht allein religiös. Im Lauf ihres Wanderlebens stieß sie 1844 in Massachusetts auf einen »Verband für Bildung und Industrie« (Association of Education and Industry), der zwar gegenüber der Religion tolerant war, eher aber an eine Gerechtigkeit auf Erde glaubte. Die Gefühle der Mitglieder gegen die Sklaverei waren sehr stark; sicher beeindruckte das Sojourner Truth. Auch für Frauenrechte setzten sie sich ein, sie waren gegen alle Kriege, und glaubten an den Wert gemeinsamer produktiver Arbeit. Auf mehr als 200 ha züchteten sie Rinder, sie hatten eine Sägemühle, eine Getreidemühle und eine Seidenfabrik. Zu der Zeit bildeten sich in den USA mehrere solcher Genossenschaften, oft vom französischen Philosophen Charles Fourier (1772 – 1837) beeinflusst, einem der sogenannten utopischen Sozialisten. Als kleine kollektive Insel konnten sie kaum bestehen und 1846 wurde das Projekt aufgegeben. Doch durch sie lernte Sojourner Truth führende Abolitionisten (also Sklavereigegner) kennen wie Frederick Douglass, der wie sie als Sklave geflüchtet war, und William Lloyd Garrison, beide Herausgeber von mutigen Zeitungen. Solche Menschen und Einflüsse motivierten Sojourner Truth, zwar nicht Gott aufzugeben, sich aber eifrig gegen die Sklaverei und für Frauenrechte einzusetzen. Sie konnte nicht schreiben, also diktierte sie einem Gruppenmitglied ihre Erlebnisse. Garrison brachte das Resultat als Buch heraus; mit dem Verkauf konnte sie die bescheidenen Bedürfnisse von sich und ihrem Söhnchen decken.

Also redete Sojourner mit ihrer tiefen, starken Stimme im ganzen

Lande von der Abschaffung der Sklaverei und von gleichen Rechten für Frauen. Sie erzählte von der Grausamkeit, die sie als Teenager erlebt hatte, mit Händen über den Kopf gefesselt, von ihrem Besitzer mit einer Zweigenrute auf der nackten Haut ausgepeitscht, und wie sie, zu stolz um aufzuschreien, die Finger in die Hände krallte, bis sie bluteten. Sie sprach vom Versteigerungsblock, wo Sklaven in den Mund geschaut wurde und sie wie Vieh betastet, gemustert und verkauft wurden, oftmals unter Trennung von Mann und Frau, Mutter und Kind. Viele Menschen waren bewegt, böse Zwischenrufe gab es aber auch. Sojourner konnte schnell darauf reagieren. Ein Mann blaffte sie an, ihre dumme Rede störe ihn nicht mehr als ein Flohbiss. Sie antwortete: »Vielleicht nicht, doch wenn Gott will, werde ich Sie zum weiterkratzen zwingen.« Als bei einer Rede in Indiana ein Zuhörer meinte, die große Frau sei doch ein verkleideter Mann, brachte sie ihn zum verlegenen Schweigen: schnell öffnete sie die Bluse und zeigte ihre Brüste.

Nun drohte die oben erwähnte Versammlung zum Thema Frauenrechte von 1851 in der Kirche in Akron, Ohio, wegen Sojourner Truth im Streit auseinanderzufallen. Lautstarke Männer, meist Pfarrer, aber auch einige Frauen forderten die Vorsitzende auf, sie nicht reden zu lassen. Manche fürchteten, dass eine Verbindung der Frauenrechtssache mit der Abschaffung der Sklaverei, was von Sojourner zu erwarten war, Anhänger abschrecken könnte. »... Jede Zeitung im Lande wird unsere Sache mit dem Abolitionismus vermengen.« Sollte noch in London der Kampf gegen die Sklaverei nicht mit dem für Frauenrechte »belastet« werden, so bestand nun die genau umgekehrte Sorge. Oft wurde die eine Frage gegen die andere gesetzt. Etliche Männer waren gegen beides; sicher aus reinem Rassismus schrien viele: »Nicht reden lassen!«

Später berichtete die Vorsitzende, was geschah: »Sojourner trat langsam und würdevoll nach vorn, legte die alte Haube ab und richtete ihre großen, ausdrucksvollen Augen auf mich. Von oben und unten im Saal kam ein zischender Laut der Missbilligung. Ich stand auf, sagte ›Sojourner Truth‹ und bat das Publikum, einige Minuten zuzuhören.« Sojourner deutete auf einem Mann, einen Pfarrer, der sich gerade über die vermeintliche Schwäche und Hilflosigkeit von Frauen mokiert hatte, die deshalb das Wahlrecht nicht bekommen sollten, und setzte zu einer beeindruckenden Rede an:

»Der Herr da sagte, dass einer Frau in eine Kutsche geholfen und sie über Gräben gehoben werden müsse, und dass sie überall den besten Platz bekommen müsse. Mir hilft aber keiner dabei, in eine Kutsche einzusteigen und Graben zu überqueren, und mir bietet keiner den besten Platz an. Und bin ich keine Frau? (›Ain't I a woman?‹)« Sie hob ihren entblößten, starken Arm. »Schauen Sie meinen Arm an. Ich habe gepflügt und gepflanzt und Ernten in die Scheunen gebracht, und kein Mann konnte mich übertreffen – und bin ich keine Frau? Ich konnte eben so viel arbeiten und eben so viel essen wie ein Mann – falls ich es bekommen konnte – und außerdem noch die Peitsche ertragen! Und bin ich keine Frau? Ich brachte dreizehn Kinder zur Welt, und musste zusehen, wie die meisten als Sklaven verkauft wurden, und wenn ich mit dem Gram einer Mutter ausschrie, hat keiner mich gehört außer Jesus. Und bin ich keine Frau?

Da reden manche von dem, was hier im Kopfe ist – wie heißt das denn? [Jemand flüsterte: ›Intellekt‹]. Ja, das ist es, Honey. Was hat das mit den Rechten der Frauen oder der Schwarzen zu tun? Auch wenn meine Tasse nur einen Pint hält und Ihre eine Gallone, wäre es nicht gemein von Ihnen, mich daran zu hindern, mein kleines Halbmaß voll zu bekommen?

Dann sagte der kleine Mann dort hinten, Frauen dürfen nicht so viele Rechte haben wie Männer, weil Christus keine Frau war. Wo kam aber Ihr Christus her? Von Gott und von einer Frau! Ein Mann hatte mit ihm gar nichts zu tun gehabt.

Wenn Eva, die erste Frau, die Gott je geschaffen hat, stark genug war, allein die Welt auf den Kopf zu stellen, so müssten diese Frauen gemeinsam doch in der Lage sein, sie umzudrehen und wieder richtig aufzustellen! Und wenn sie das nun machen wollen, da sollen die Männer sie doch lieber ruhig machen lassen!‹«

Als sie wieder in ihre Ecke ging, »hinterließ sie mehr als eine von uns mit Tränen in den Augen und Herzen voller Dankbarkeit«, so die

Vorsitzende. »Sie hatte die ganze Atmosphäre zu unseren Gunsten gewandelt. Ich habe im ganzen Leben niemals so etwas gesehen wie den Einfluss, wie den Zauber, der den snobistischen Geist des Tages bändigte, und der Hohn und Spott einer aufgeregten Menge in Töne von Respekt und Bewunderung verwandelte.«

Sojourner Truth sollte weiterhin auf der Bühne der Geschichte auftreten; davon erzähle ich später.

10.
Eine Schule trotzt dem Pferdemist

Prudence Crandall (1803 – 1890)

Canterbury in Connecticut war ein kleines Städtchen, das auch eine kleine Mädchenschule hatte. Trotz aller Sprüchen, dass Frauen weniger Hirnmasse besäßen oder sich nur um ein trautes Heim für den Mann und die Kinder kümmern sollten, sehnten sich zu der Zeit viele Mädchen und Frauen nach Bildung. Eine große Zahl potenzieller Ehemänner und Väter zogen damals auf der Suche nach Glück in den fernen, wilden Westen. Frauen mussten sich oft selbst ernähren. Ob es nun die Not war, der Drang nach Wissen oder beides, viele Mädchen wollten lernen. Prudence Crandall und ihre Schwester Almira kamen solchen Wünschen in ihrer kleinen Schule entgegen. Tapfer unterrichteten sie die Mädchen in Erdkunde, Geschichte, Mathematik, Grammatik, Astronomie, Chemie, Philosophie, Zeichnen, Malen, Klavier und auch noch Französisch. Nur sie beiden, Prudence und Almira.

Im ersten Schuljahr 1831/32 ging alles gut in dem kleinen Haus, das für die *Canterbury Female Boarding School* als Schulgebäude, Internat und ihr Zuhause diente. Doch eines Tages sagte die afro-amerikanische Frau, die beim Putzen half, dass es ein farbiges Mädchen im Ort gebe, das auch gern lernen möchte. Das hatte es noch nicht gegeben, Prudence Crandall zögerte. Doch als gute Quäkerin erzogen, sagte sie sich: »Warum nicht?«, und nahm die siebzehnjährige Sarah Harris, die Tochter eines freien Kleinbauers, als Schülerin auf. Diese wollte Lehrerin für schwarze Kinder werden.

Eine scheinbare Selbstverständlichkeit, doch dachten viele Bürger im Städtchen Canterbury eben anders. Eine wütende Protestwelle brandete auf und die Ortsprominenz verlangte, dass Prudence die Schülerin sofort hinauswerfe. Weil das nicht gleich geschah, nahmen einige Familien ihre Töchter von der Schule.

Darauf reagierte Prudence Crandall stur! Da Vernunft im Ort offenbar fehlte, unternahm sie einen gewagten, einen mutigen Schritt. Sie beendete das Schuljahr früh und reiste nach Boston, Providence and New York, um mit Abolitionisten zu sprechen. William Lloyd Garrison, der bekannteste, setzte daraufhin eine Anzeige in seine feurige Zeitung *The Liberator*: Am ersten Montag im April würde die Schule wieder eröffnen, und zwar »für die Aufnahme von farbigen jungen Damen und kleinen Fräulein... für 25 Dollar pro Quartal für Unterricht, Unterkunft und Wäsche, die Hälfte im Voraus«. Unter freien schwarzen Familien im Nordosten sprach sich das schnell herum; am 1. April erschienen zwanzig artige junge Mädchen, alle farbig, zum eifrigen Lernen bereit.

Nun kochte Canterbury. Im Stadtrat suchte man nach »Mitteln ..., welche diese Störung effektiv abwenden oder schnell abschwächen« könnten. In knapp vier Wochen hatte Canterbury den ganzen Bundesstaat Connecticut dazu gebracht, das »Schwarze Gesetz« anzunehmen: Schulen mit Schülern oder Schülerinnen von außerhalb des Bundesstaates seien ohne Erlaubnis verboten.

Prudence blieb dennoch stur; dafür wurde sie verhaftet und erst nach einer Nacht hinter Gittern auf Kaution freigelassen. Nun ging es gegen die Schule – nunmehr die *High School for Young Colored Ladies and Misses* – und die Mädchen erst richtig los. Man ließ sie nicht in den Geschäften einkaufen, man verhinderte, dass sie mit den Postwagen fuhren, es lehnten sogar Ärzte ab, sie zu behandeln. Und mit Steinen warf man auch.

Mehr noch: Nachts kippten sie Mist in den Brunnen der Schule und verhinderten den Gebrauch von anderen Brunnen. Sarahs Vater fuhr Wasser von seiner Farm heran, zwei Meilen entfernt. Freunde von außerhalb Canterbury brachten Lebensmittel.

Anderthalb Jahre hielten Prudence, Almira und die Mädchen tapfer aus. Doch als Prudence Crandall endlich in der dritten Instanz freigesprochen wurde, mit Hilfe der besten Anwälte, die die Abolitionisten schicken konnten – und wegen eines Formfehlers im Gesetz –, da steigerten sich die Emotionen zur Rage. Man zündete einen Brand im Schulkeller und schlug neunzig Glasscheiben ein. Schließlich brachen Vermummte die Tür mit Eisenstangen auf und zerschlugen das ganze Möbel im Erdgeschoss, während die zwei Lehrerinnen und die Schülerinnen im zweiten Stock um ihr Leben bangten.

Schließlich, in Sorge um die Mädchen, gab Prudence Crandall im September 1834 auf, schloss die Schule und zog weit weg.

Vier Jahre später annullierte Connecticut offiziell das »Schwarze Gesetz«. Zweiundfünfzig Jahre später, mit der entschiedenen Unterstützung des großen Autors Mark Twain, erhielt Prudence Crandall mit 83 Jahren eine jährliche Rente von 400 Dollar. Und 1995, also 161 Jahre später, ernannte das Parlament von Connecticut Prudence Crandall zur offiziellen »Staatsheldin.« Das Haus, nun das »Prudence Crandall Museum«, steht unter Denkmalschutz.

11.
Ehe ohne Namenswechsel

Lucy Stone (1818–1893)

In neuen Siedlungsgebieten in Nordamerika, wo zu zweit »geackert« wurde, haben meist die Männer gerodet, gepflügt und gemäht, während ihre schwer arbeitenden Partnerinnen nicht nur mit den zumeist zahlreichen Kindern zu tun hatten; sie mussten auch Butter und Kerzen machen, Vieh und Gärten pflegen, bei der Ernte helfen und vieles mehr. Der daraus oft resultierende gegenseitige Respekt ging in den später wachsenden Städten mitunter verloren. Die Lasten für Mittelschichten wurden etwas verringert, Bessergestellte konnten billige Hilfskräfte anstellen, oft aus dem hungernden Irland. In der oberen Schicht wurde das Leben als Dame mit Kirchendienst, Klavierspiel, Bällen und leicht erotischen Frauenromanen ausgefüllt. Auf der Suche nach mehr Sinn widmeten sich einige dem ewigen Kampf gegen die Trinksucht, stritten also für Alkoholabstinenz. Doch manch eine suchte – oder benötigte gar, wenn sie sich ernähren musste – ein echtes Berufsleben. Aus allerlei Gründen wuchs die Sehnsucht, wenn nicht der Bedarf nach höherer, gleicher Bildung.

Als Lucy Stone gebeten wurde, für die Gründung einer ersten gleichwertigen Hochschule für Frauen zu spenden, gab sie nicht nur, erzählte man, sondern ließ die Nadel sofort fallen, mit dem sie an einem Hemd nähte, wohl für einen Bruder, und meinte: »Lassen wir die Männer mit ihren breiten Schultern und stärkeren Armen die eigene Bildung verdienen, während wir unsere knapperen Möglichkeiten verwenden, uns selber zu bilden.« Mit 19 Jahren wurde sie selbst zur Studentin an einer ersten Frauenhochschule in Mount Holyoke, Massachusetts.

Sie musste das Studium jedoch bald abbrechen; sie hatte sich um die kleinen Töchter ihrer verstorbenen Schwester zu kümmern und Geld zu verdienen, um dem harten, reaktionären Vater für ihre Studienzeit zurückzuzahlen. Fünf Jahre war sie Lehrerin, dann aber, obwohl fast 25, wollte sie wieder mit dem Studieren anfangen. Bis Ohio war es eine beschwerliche Reise, mit Zug, Dampfer und der Kutsche, für sie das erste Mal weiter als 20 Meilen (32 km) von zu Hause weg.

In Ohio hatten zwei Pfarrer 1833 eine Hochschule gegründet, die sie nach dem Pfarrer Jean-Frédéric Oberlin nannten – zu Deutsch Johann Friedrich Oberlin (1740–1826) –, der einem verarmten Landkreis in den Vogesen im fernen Elsass zum Wohlstand verholfen und neue Bildungsmethoden für Kleinkinder entwickelt hatte – zum Teil in Verbindung mit dem Schweizer Johann Heinrich Pestalozzi. Nach zwei Jahren öffnete sich das Oberlin-College für schwarze Studenten und nach weiteren zwei Jahren nahm es zunächst vier Frauen auf – die gemeinsam mit Männern studierten. Beide Schritte waren absolute Sensationen. Für viele Jahre blieb Oberlin in beiderlei Hinsicht ein recht einsamer Leuchtturm.

Bei der schon brennenden Frage der Sklaverei errangen das College und die Stadt Oberlin ringsherum einen kämpferischen Ruf, auch als »Station« der erwähnten Untergrundeisenbahn für flüchtende Sklaven aus den nahen Südstaaten. Einmal sprach man in breiten Kreisen von den Männern aus Oberlin, die einen Sklaven aus dem Griff der Häscher mit Gewalt befreit hatten und so lange versteckten, bis er nach Kanada in die Freiheit weiterkommen konnte. Lucy Stone, von den Grimké-Schwestern und dem *Liberator* stark beeindruckt, gefiel gerade Oberlins Ruf.

Trotz der Aufnahmeprinzipien blieb das College Oberlin, was Frauengleichheit betraf, recht konservativ, und Lucy hatte damit Probleme. In der Rhetorikklasse glänzte sie, durfte aber nicht an den beliebten Studentendebatten teilnehmen – auch in Oberlin war für Frauen öffentliches Reden tabu! Sie konnte aber einen Professor dafür gewinnen und nahm teil an einer Debatte mit ihrer guten Freundin Antoinette Brown. Der Saal war voll, die Reden waren »außerordentlich brillant«, doch der »Damenrat« der Hochschule fand so etwas unpassend und verhinderte eine Wiederholung. Mit Antoinette bildeten sie einen geheimen Klub für Studentinnen im nahen Wald, mit Posten gegen Schnüffler. Antoinette wurde als erste Frau in den USA Pfarrerin und außerdem ihre Schwägerin, denn die beiden (sie und Antoinette) heirateten zwei Brüder.

Lucy absolvierte das College mit Auszeichnung und die Studenten und Studentinnen wählten sie als Abschlussrednerin. Es stellte sich aber heraus, dass sie die Rede nur schreiben sollte; ein Professor sollte sie vorlesen. Das lehnte sie ab, die meisten Studenten übten Solidarität mit ihr und lehnten es ebenfalls ab, einen Ersatzredner zu wählen.

Sie beschloss Rednerin statt Lehrerin zu werden. Ihre Familie warnte sie, solch einen komischen Beruf nur möglichst weit von Massachusetts auszuüben. Doch ließ sie sich nicht abbringen und sagte: »Ich würde gewiss keine Vortragsrednerin werden, wenn ich ein leichtes Leben anstrebte… Ich erwarte, nicht allein für den Sklaven zu plädieren, sondern für die leidende Menschheit überall. Insbesondere will ich für den Aufstieg meines Geschlechts arbeiten.«

Damals, 1847, da Funk, Film und sonst Elektronisches noch nicht erfunden waren, war der Rednerberuf noch umso wichtiger. Lucy, mit ihrer schönen Stimme, silbernen Zunge und ihrem klugen Kopf, wurde eine wahre Meisterin. Sie war so gut, dass Sklavereigegner William Lloyd Garrison sie als Rednerin und Organisatorin für sechs Dollar die Woche engagierte. Eines Tages bemerkte sie im Boston Common die Statue einer griechischen Sklavin. Die Ketten waren für sie ein bewegendes Symbol; sie weinte und beschloss, nicht mehr nur für die Sklavenbefreiung zu reden, sondern auch gegen die Unterdrückung von Frauen. Garrison fürchtete, dass die »Frauenfrage« dem Kampf gegen die Sklaverei schaden könnte, feuern wollte er die Begabte aber nicht. Es kam zu einem Kompromiss: Unter der Woche konnte Lucy ihre Stimme für Frauenrechte erheben, an Wochenenden gegen die Sklaverei, nunmehr für nur vier Dollar. Sie meinte: »Ich war eine Frau, bevor ich Abolitionistin wurde. Ich muss für die Frauen sprechen.«

Viele ertrugen es immer noch nicht, dass eine Frau auftrat. Gegner verbrannten stinkigen Pfeffer, im Winter wurde sie mit eisigem Wasser besprüht. Sie zog ihren Schal nur enger und redete weiter. Einige bewarfen sie mit Obst und Eiern, einmal mit einem Gebetsbuch. Dazu bemerkte sie, nur wer keine Argumente habe, könne so tief sinken.

Im Oktober 1850 half Lucy, den historischen Nationalen Frauenkongress in Worcester (Massachusetts) zu organisieren. Fast tausend Menschen kamen, aus elf Staaten, eine sogar aus dem neuesten Bundesstaat, dem fernen Kalifornien. Sojourner Truth sprach, auch William Lloyd Garrison, Frederick Douglass und Lucretia Mott, die in London die ersten Pläne schmiedete – mit Elizabeth Cady Stanton, die diesmal wegen fortgeschrittener Schwangerschaft nicht kommen konnte, deren Rede aber verlesen wurde. Lucy Stone war durch familiäre Todesfälle und durch Typhus fast verhindert, erschien aber doch noch am letzten Tag. Sie erklärte in ihrer Rede:

»… Wir wollen mehr sein als die Anhängsel der Gesellschaft; wir wollen, dass die Frau die Gleiche und die Mithelferin des Mannes bei allen Interessen und Gefahren und Genüssen des Menschenlebens sein soll. Wir wollen, dass sie die Entwicklung ihrer Natur und ihrer Fraulichkeit erreicht; wir wollen dass, wenn sie stirbt, nicht auf ihrem Grabstein geschrieben steht, dass sie das ›Relikt‹ von jemandem gewesen ist.«

Der *New York Herald,* wieder boshaft, spottete über »alte Frauen« und »geflüchtete Sklaven« (womit sie Sojourner Truth und Frederick Douglass meinte). Fanatische Wahnsinnige seien sie, die im Irrenhaus oder Staatsgefängnis landen würden. Im Leitartikel stand:

»Wie wurde die Frau dem Manne erst untertan, wie heute in der ganzen Welt? Doch durch ihre Natur, ihr Geschlecht. Wie der Neger minderwertiger als die weiße Rasse ist und daher für die Unterordnung bis zum Ende der Zeit vorgezeichnet bleibt, so ist doch die Frau glücklicher als würde sie auf eine andere Art leben, gerade weil es das Gesetz ihrer Natur ist.«

Ganz anders der Journalist Horace Greeley, der einst Margaret Fuller engagierte. Von Lucy Stones Rede war er derart bewegt, dass er einen langen, lobenden Artikel darüber in seiner *New York Tribune* druckte. Wie bald zu erfahren ist, hatte das eine Nachwirkung.

12.
Ein starkes Team und Pantalons

Susan B. Anthony (1820–1906)
Amelia Bloomer (1818–1894)

Wohin eine Straßenbegegnung führen kann! Sie fand in Seneca Falls statt, an einem der langen, schmalen »Fingerseen« im oberen New York, schön wie der Balaton. Dort hatte 1848 Elizabeth Cady Stanton das legendäre erste Treffen für Frauenrechte mitorganisiert. Drei Jahre später begegnete Elizabeth und einer Nachbarin die mittelgescheitelte, streng aussehende, resolute Susan B. Anthony (auf das mittlere »B.« – für Brownell – legte diese stets Wert). 128 Jahre später erschien ihr Bild auf einer Dollarmünze; an was für eine Person wurde damit erinnert?

Susans Vater, ein Unternehmer in der Baumwollindustrie, war ein so strenger Quäker, dass er Spielzeug verbot; es könnte die Seele vom »inneren Licht« ablenken. Aber die Sklaverei hasste er, und an die Frauengleichheit glaubte er. Susan konnte mit drei Jahren lesen und schreiben. Als eine Lehrerin ihr das Dividieren nicht beibringen wollte, weil sie ein Mädchen war, nahm sie ihr Vater wütend aus der Schule. Hochschulbildung bekam sie nicht; die Krise von 1837, die erste in einer schier endlosen Reihe von Krisen, hatte den Vater ruiniert, die Familie verlor alles. Susan wurde Lehrerin, um ihres Vaters Schulden zurückzuzahlen.

Susan hatte einen starken Kopf. Mit 16 schickte sie gesammelte Unterschriften gegen die Sklaverei an den Kongress in Washington, obwohl gerade solche Petitionen verboten waren. Sie begann, dagegen öffentlich zu reden, und plädierte für die Alkoholenthaltung.

In einem solchen Verband, den »Töchtern der Enthaltsamkeit«, übernahm sie schon mit 29 eine führende Rolle.

Dann las sie Lucy Stones Rede beim großen Frauenkongress (im letzten Kapitel kurz zitiert). Sie merkte sofort: diese Sache »entbrannte sie innerlich«. Als es, wie erwähnt, auf der Straße zur Begegnung mit Elizabeth Cady Stanton kam, die genauso »brannte«, hat es sofort gezündet! Die liebliche, rundliche, lockige Elizabeth, oft von ihrer Kinderschar umringt, und die schlanke, strengere Susan schienen grundverschieden, doch ergänzten sie sich wunderbar und blieben Freundinnen und Kampfgenossinnen, solange sie lebten.

Elizabeth schrieb später dazu: »Jedes Mal, wenn ich jenes staatliche Quäkermädchen über meinen Rasen nähern sah, wusste ich, dass nun irgendwelche Söhne von Adam beim fröhlichen Treffen durch eine von unseren Appellen und Resolutionen scharf an den Ohren gefasst sein würden. Ich bin die bessere Autorin, sie die bessere Kritikerin. Sie lieferte die Fakten und Statistiken, ich die Philosophie und Rhetorik, und gemeinsam schufen wir Argumente, welche viele lange Jahre hindurch trotz aller Stürme unerschütterlich blieben.«

Also »schmiedeten sie gemeinsam in dem Haus in Seneca Falls die Donnerschläge, die Susan in die Welt abfeuerte, wobei Elizabeth manchmal die verletzliche, mal deprimierte Susan mit Humor aufrichtete oder ihr übermäßiges Treiben etwas zähmte, und Susan dafür Elizabeth zu gezielterer Arbeitsdisziplin ermutigte.«

1854 standen im Bundesstaat New York drei Reformgesetze zur Debatte: zur Kontrolle der Frau über eigene Verdienste, zum Sorgerecht nach einer Scheidung und zum Wahlrecht. Mit wenigen Mitkämpferinnen sammelte Susan dafür Unterschriften:

»Wie Hausierer … stiefelten sie durch die Straßen und Landwege, sie klopften an jeder Tür, zeigten ihre Petitionen vor, stritten mit Frauen, die, in der Hälfte der Fälle, die Tür vor ihren Gesichtern mit der süffisanten Bemerkung zuschlugen, dass sie Gott sei Dank Ehemänner hätten, die sich um ihre Interessen kümmerten, und sie bräuchten keine neue Gesetze, um ihre Rechte zu schützen.«

Trotz ihrer Mühen erreichten die Gesetzesvorlagen keine Mehrheit. 1855 ging es also wieder los. Susan zog in den rekordkalten Winter hinaus mit vielen Broschüren in der Tasche – aber nur mit 50 Dollar:

»Die Schneewehen sind oft höher als die Zäune und die Straßen so schlecht, dass die Wagen über die eisigen Wiesen fahren müssen. Susans Füße machen ernste Sorgen … auf dem Weg … muss sie zusammengekauert sitzen und den Vordersitz anklammern, um nicht zu stöhnen. Trotz des Leidens hält sie ihre Versammlung … muss aber zum Wagen getragen werden.«

Sie bekamen Petitionen von 54 der 60 Kreise, hatten aber trotzdem kein Glück. Erst nach fünf Jahren kam endlich ein Gesetz durch, das wenigstens einige Eigentumsrechte garantierten.

Ein Jahr nach der Begegnung auf der Straße kam Lucy Stone nach Seneca Falls; es wurde ein kraftvolles Triumvirat. Lucy zog sich vom Temperance-Verband zurück – etwas ernüchtert, könnte man sagen. Ihr Argument für Gesetze, die Scheidungen von Säufern erlaubten, fiel auf taube Ohren; das Thema Scheidung war tabu. Darüber ärgerte sie sich: »Verdient eine Frau durch Schrubben einen Dollar, hat ihr Mann das Recht, ihr diesen abzunehmen, sich damit zu betrinken und sie danach zu verprügeln. Es war sein Dollar gewesen.«

Susan, weniger entschlossen, meinte, dass eine Trennung ohne Scheidung vielleicht zur Besserung führen könnte. Doch als sie merkte, dass auch bei den Alkoholgegnern die Männer sich vordrängelten, verlor sie das Interesse. Gegen die Sklaverei kämpften die drei immer noch, doch zunehmend widmeten sie sich der Frauenrechtsfrage. Susan sah das Wahlrecht als Schlüsselfrage, Elizabeth und Lucy agitierten thematisch auf breiterer Front.

Zum Thema Ehe änderte Lucy ihre Meinung. Lange wollte sie ledig und ungebunden bleiben und »meinen Körper und seine Funktionen als mein absolutes Recht behalten.« Dann verliebte sich jemand in sie und wollte sie unbedingt heiraten. Nein, sagte sie; er war sieben Jahre jünger und sie sei »nicht dazu geschaffen, Ehefrau zu sein.« Unverzagt bewarb er sich zwei Jahre lang – und langsam ließ sie sich erweichen. Geholfen hat, dass er aktiver Abolitionist war. Als er mutig an der Befreiung einer geflüchteten Sklavin teilnahm, wirkte auch das mit; am Ende hieß es »Ja«!

Mit seinem vollen Einverständnis verzichteten sie bei der Trauung auf den ehefrauliche »Gehorsam«; die Ehe muss auf völliger Gleichberechtigung stehen. Das hatte es schon einmal gegeben, nun kam das Erstmalige: Lucy Stone behielt ihren Mädchenname! Elizabeth Cady Stanton hatte schon die seltsame Sitte aus englischsprachigen Ländern abgelehnt, ihren Namen völlig aufzugeben und offiziell Mrs. Henry B. Stanton zu heißen. Sie behielt auch ihren Familiennamen Cady in der Mitte. Nun kam ein noch größerer Schritt: Lucy Stone soll weiterhin Lucy Stone heißen! »Eine Frau soll den Namen ihres Mannes genauso wenig annehmen wie er den ihrigen. Mein Name ist meine Identität und darf nicht verloren gehen.« So wurde es auch vereinbart. Das war eine Sensation! Noch Generationen danach wurden Frauen, die ihr das nachmachten, »Lucy Stoners« genannt; das Wort kam sogar in die Wörterbücher!

Diese Ehe, auf echter Liebe und Gleichheit gebaut, dauerte ein Leben lang. Ihr einziges Kind, Alice Stone Blackwell, spielte später eine wichtige Rolle im Kampf um Frauenrechte. Für die erste Zeit nach der Geburt nahm aber Lucy einige Jahre frei von der Kampagne.

Die drei starken Frauen waren sich nicht immer einig. Susan Anthony, die nie heiratete, nahm den anderen beiden ihre Familienpflichten etwas übel. In einem Brief an Elizabeth klagte sie: »Diejenige unter Euch, die das Talent besitzt, das arme Frauensein zu erhöhen, seid zum Baby-Machen übergelaufen, und habt mich Arme, Gehirnlose im Kampf allein gelassen. Es ist eine Schande. Man hätte eher so einer wie mir das Wiegenschaukeln überlassen können. Es ist kriminell, wenn Ihr, Lucy Stone und Antoinette Brown, das tun.«

Elizabeth liebte ihre Kinder sehr, schrieb aber 1857 an Susan: »Du musst für eine Woche oder zwei hierherkommen und wir werden Wunder schaffen. Mut behalten, Susan – dies ist mein letztes Baby und es wird im Januar zwei Jahre alt. Noch zwei Jahre – dann wird sich manches zeigen.« Doch 1859 kam ungewollt ihr siebtes Kind, der fünfte Junge, hinzu. Sie war schon 44, doch bei ihr kamen die Kinder erstaunlich mühelos zur Welt. Meist verkürzten sich die Wochen auf Tage oder gar Stunden. Doch das Aufziehen war eine große Belastung und mit dem Mann keine unbegrenzte Freude. Er kehrte selten von Geschäftsreisen heim, tat nichts, was Haushalt und Kindererziehung betraf – außer gerade für die Familienvergrößerung zu sorgen. Elizabeth war immer dafür, über sexuelle Fragen offen und ehrlich zu reden, auch über die Leidenschaft von Frauen, die nach dem Moralkodex damals ohne sexuelle Lust sein sollten. Sie forderte auch hier Gleichheit und Änderungen im Ehe- und Scheidungsrecht.

* * *

Der Name von noch einer Frau kam in die Wörterbücher – und steht noch heute in ihnen. Als Susan und Elizabeth sich auf der Straße trafen, war die Nachbarin dabei. Amelia Bloomer war wohl die erste in den USA, die eine eigene Publikation herausgab, die sie selbst schrieb, druckte und versendete. Ihr Hauptinteresse galt dem Alkoholmissbrauch, doch war auch sie beim Treffen in Seneca Falls dabei, obwohl sie die Resolution nicht unterschrieb. Da sie mit ihrer Nachbarin Elizabeth und dann mit Susan befreundet war, druckte sie Notizen aus deren Bewegung in ihrer kleinen Zeitschrift, *The Lily* (Die Lilie), die anfangs etwa 300 Leserinnen erreichte.

Eines Tages bekam Elizabeth Besuch von einer Frau, deren Anblick Amelia Bloomer in Staunen versetzte. Frauen trugen damals breite Reifröcke, die die Beine verschwinden ließen. Bei anständigen Frauen durfte man gar nicht sehen, dass sie Beine besaßen; man vermied sogar das Wort. Auf ungepflasterten Straßen fegten solche Röcke den ganzen Dreck (samt Pferdeäpfeln) mit, der meterlange Stoff war teuer, es war schwierig, durch Türen zu navigieren und die engen Korsetts bedrängten innere Organe und führten zur Ohnmachten. Elizabeth schimpfte:

»Für uns gewöhnliche, alltägliche, arbeitende Typen, die waschen und bügeln, backen und brauen, sowohl Wasser wie fette Babys die Treppen hoch und runter tragen, Kartoffeln, Äpfel und Milchtöpfe aus dem Keller holen, die eigenen Besorgungen durch Schlamm oder Schnee erledigen, Wege freischaufeln und im Garten arbeiten, ist diese Meterware zu viel – man könnte genauso gut mit Ketten und Eisenkugel arbeiten.«

Nun kam eine Frau mit einem auf Knielänge verkürzten Rock
und einer unter dem Rock getragenen, knöchellangen Pluderhose,
ein wenig orientalisch im Aussehen, auf manchen Abbildungen recht
schön. Die Beine blieben anständig bekleidet, wenngleich man nun
erkennen durfte, dass die Dame davon zwei hatte. Elizabeth zog die
Schlussfolgerung:

»Zuzuschauen, wie meine Cousine, mit einer Lampe in der einen
Hand und einem Baby in der anderen mühelos und anmutig die Treppe aufstieg, während ich, mit fließendem Gewand, mich beschwer-
lich hochzog, wobei Lampe oder Baby undenkbar waren, überzeugte
mich bedenkenlos, dass eine Reform der Damenbekleidung dringend
nötig war, und ich habe prompt auch so ein Kostüm angezogen.«

Bald machten Stanton, Anthony und Stone wie andere Mutige
begeistert mit. Durch Amelia Bloomers Zeitschrift wurde die neue
Kleidung bekannt, sie bot auch Anweisungen und Schnittmuster. Eine
prominente Schauspielerin sah darin äußerst attraktiv aus.

Dennoch begann sofort der Spott, vor allem wohl, weil diese Kleidung einen neuen Anspruch auf Gleichheit darstellte. Wieder einmal
lehnte sich der *New York Herald* weit aus dem Fenster: »… der Versuch,
Pantalons einzuführen … wird nicht gelingen. Jene, die es versucht
haben, werden höchstwahrscheinlich ihre Karriere bald im Irrenhaus
beenden oder vielleicht im Staatsgefängnis.«

Pfarrer ließen Frauen mit Pantalons nicht zum Gottesdienst; Studentinnen wurden vom Professor gewarnt, dass sie »nur eine von vielen Manifestationen jenes wilden Geistes des Sozialismus und Agrar-
Radikalismus sind, die jetzt in unserem Land so allgegenwärtig sind.«
Auf der Straße lästerten Männer und freche Jungen. Als Elizabeths
Mann wieder kandidierte, hieß es: »Manche gute Demokraten sagten, sie würden nicht für einen Mann stimmen, dessen Frau Bloomers trug«. Denn inzwischen hießen die Pantalons Bloomers, nach
Amelia, die sie nicht erfunden, aber doch bekannt gemacht hatte. Die
spöttischen Diskussionen ließen alle anderen Fragen zurückdrängen,
der Ärger stieg, und nach etwa drei Jahren gab Elizabeth auf, wie
dann auch Lucy Stone, die Grimké-Schwestern, Ernestine Rose, Susan Anthony.

Eine neue Mode, etwas bequemer als der Reifrock, ermöglichte einen gewissen Kompromiss, und als 1861 der Bürgerkrieg begann, verdrängten ernstere Fragen den Spott. Das Wort *Bloomers* benutzt man immer noch für bauschige, am Knie gebundene Damenhosen, solche für Sport und Freizeit oder – meist bei älteren Damen – als wärmende Unterbekleidung.

13.
Rabbinertochter und
Star am Rednerpult

Ernestine Rose (1810–1892)

Auch Ernestine Rose hatte es schwer mit dem Vater. Fast alle der bisher Geschilderten hatten eine protestantische oder Quäker-Herkunft, die Vorfahren stammten aus Großbritannien. Oder sie waren Nachkommen von Afrikanern. Ernestines Vater war ein polnischer Rabbiner. Anders als die meisten Juden in Polen hatte er ein Vermögen und war erzreaktionär. In der Heimatstadt Pyotokow Trybunalski, südlich von Lodz, war der Vater derart fromm und streng, dass er sein Einzelkind zwang, mit ihm zu fasten. Mit fünf Jahren fragte sie schon, wie ein gerechter Gott so etwas Hartherziges verlangen konnte. Seine Antwort: »Ein junges Mädchen muss nicht den Sinn ihres Glaubens verstehen, sondern diesen nur akzeptieren und sich danach richten.« Ihr reichte diese Erklärung niemals!

Ihre Mutter war früh verstorben. Als sie 16 wurde, ließ der Vater sie mit einem jungen Mann verkuppeln, mit dem sie nichts verband. Entsetzt bat sie den Vater um Gnade. Umsonst. Den »Verlobten« bettelte sie förmlich an, die erzwungene Bindung zu lösen. Er lachte – sie war nicht nur jung und hübsch, sie war reich, auch mit dem Vermögen der Mutter.

Nein, nein, nein, beschloss Ernestine. Statt sich an dem örtlichen jüdischen Rat zu wenden, bei dem ihr Vater Einfluss besaß, mietete sie einen Pferdeschlitten mit Fahrer und zog durch ein fürchterliches Winterunwetter zum entfernten Zivilgericht, wo sie so überzeugend auftrat, dass sie nicht nur die Verlobung annullieren konnte, sondern

auch einen Teil des mütterlichen Vermögens zugewiesen bekam.
Doch das dauerte. Als sie zu Hause wieder ankam, erfuhr sie, dass ihr
Vater mittlerweile eine Sechzehnjährige geheiratet hatte. So konnte
das nicht weitergehen! Sie verzichtete auf das Geld und zog in die
Großstadt Berlin.

Doch wieder gab es Ärger: Nach dem Gesetz brauchten jüdische
Zuwanderer, um Aufenthalt- und Arbeitserlaubnis zu bekommen,
preußische Sponsoren. Ernestine, nie scheu, schrieb direkt an Friedrich Wilhelm III., der für sie eine Ausnahme genehmigte. Bald erfand
sie eine Art Zimmer-Deodorant, dem Kölnisch Wasser wohl ähnlich,
und baute damit eine Existenz auf.

Zwei Jahre später wollte sie nach England; dabei kenterte das
Schiff. Sie überlebte, verlor aber den ganzen Besitz. In London gab
sie Unterricht in Deutsch und Hebräisch und konnte sich mit dem
Duftwasser wieder langsam hocharbeiten. Dann lernte sie Robert
Owen kennen, den »utopischen Sozialisten«, der auch die genossen-
schaftlich konzipierte Kolonie »New Harmony« in Indiana gegründet
hatte (wo Fanny Wright mit dessen Sohn eng befreundet war). Ernestine beeindruckte den alten Owen derart, dass er sie in einem Saal
vor rund zweitausend Menschen reden ließ. Trotz Problemen mit der
neuen Sprache gelang ihr das so gut, dass sie danach regelmäßig auftrat. Endlich hatte sie ihr Fach gefunden, sie konnte wunderbar reden!
Owen nannte sie bald »meine Tochter«, mit ihm gründete sie einen
»Verband aller Klassen und aller Nationen«, um gegen Diskriminierung und Ausländerhass zu wirken.

In London fand sie nicht nur den Ersatzvater Owen, sondern auch
den jüngeren William Rose, einen Juwelier, Goldschmied und über-
zeugten Sozialisten. Er wurde ihr Ehemann, fürs Leben.

Die beiden hielt es nicht mehr in England. Nach einer langen Seereise, diesmal ohne Schwierigkeiten, mieteten sie in New York ein
Häuschen, das auch als kleines Geschäft diente und für ihre »Duftno-
te« wie für seine Schmuck- und Uhrenreparatur Platz bot.

Mit einem Kleinhändlerdasein war Ernestine aber nicht zufrieden.
Im Parlament von New York gab es den Gesetzentwurf, der die Eigentumsrechte von Ehefrauen verbessern sollte. Obwohl kein Jahr in der

neuen Heimat, wurde sie gleich aktiv und sammelte Namen unter einer Petition. Gemeinsam konnte sie mit Elizabeth Cady Stanton, Lucretia Mott und Susan B. Anthony endlich ein Gesetz durchboxen, das einen ersten Schritt bedeutete, obwohl Ernestine darauf hinwies, dass es nur Frauen half, die Vermögen in die Ehe einbrachten; was Ehefrauen danach verdienten, gehörte jedoch weiterhin dem Mann!

Ernestine – oder Mrs. Rose, wie die neuen Freundinnen sie meist nannten (das war etwa wie Siezen) – wurde noch aktiver. Überall trat sie mit ihrem leichtem Akzent (und einem kleinen Lispeln) für das ein, was sie so bewegte: ein Ende der Sklaverei, Gleichheit für Frauen, freie, öffentliche Schulen und religiöse Toleranz – alles äußerst kontroverse Themen. Sie hielt oft drei und mehr Reden auf einem Tag, sprach in 23 der damals 25 Bundesstaaten, auch in den Sklaverei-Staaten im Süden, und hielt mit ihrer Meinung nie zurück, auch wenn sie auf große Feindschaft traf. In einem Südstaat sagte ein Sklavenhalter, wenn sie ein Mann wäre, hätte er sie »geteert und gefedert«– eine häufige Behandlung von Menschen mit unerwünschten Meinungen. Nach einem mutigen Vortrag gegen die Sklaverei im südlichen Charleston (Virginia) musste sie in Angst um ihr Leben aus der Stadt fliehen.

Doch die kleine, zart aussehende Mrs. Rose, das braune Haar vorn gelockt und hinten zurückgekämmt, unauffällig in grauen, braunen oder schwarzen Kleidern mit etwas Spitze und einer goldenen Brosche, hielt weiterhin Vorträge, die klar im Inhalt waren, viele Fakten boten, aber auch viel Witz und humorigen Spott. Sie wurden immer mehr geschätzt; manche sprachen gar von der »Königin des Rednerpults«!

Ernestine Rose kam den anderen aktiven Frauen näher, vor allem Susan B. Anthony nach einer gemeinsamen Vortragsreise, und war bei fast allen Kongressen für Frauenrechte dabei, oft in führenden Positionen. So auch in Cincinnati, wo sie das Grab der drei Jahre zuvor einsam verstorbenen Fanny Wright mit tiefen Emotionen besuchte. Etwas einigte die beiden – eine recht kantige Frage. Mehrere Aktivistinnen (vor allem Elizabeth Cady Stanton) hatten sich von den etablierten Kirchen entfernt, die gegen Abolitionismus und Frauengleichheit waren. Mit den beiden Kirchen, die in diesen Fragen einen menschlicheren Standpunkt vertraten, denen der Quäker und den Unitarier, blieben manche verbunden. Doch Ernestine Rose sagte sich von aller Religion ab, ein recht waghalsiger Schritt. Sie bekannte sich zu jener Kleinzahl von Heiden, die damals anfingen, sich in einigen Großstädten zu treffen. Sie gab auch zuweilen Sprüche von sich, die gute, fromme Seelen entsetzten:

»Sagen Sie mir, dass die Bibel gegen unsere Rechte ist? Dann sage ich, dass sich unsere Forderungen nicht aus einem Buch herleiten, von dem niemand weiß, wann es geschrieben wurde oder von wem. Sagen Sie mir das, was Petrus oder Paulus zu dem Thema sagen? Dann antworte ich wieder, dass sich unsere Forderungen nicht von den Meinungen von irgendjemanden herleiten, nicht einmal die von Paulus oder Petrus ... Bücher und Meinungen, egal wo sie herstammen, sind, wenn sie zu Menschenrechten in Opposition stehen, nichts als tote Buchstaben.«

Oder für viele noch erschreckender: »Es ist ein interessanter und beweisbarer Fakt, dass alle Kinder Atheisten sind und, wäre die Religion nicht in ihre Köpfe hineingesetzt, sie würden so bleiben.«

Als Rose 1854 zur Präsidentin des Nationalen Frauenrechtskonvents gewählt wurde, gab es Proteste, weil sie Atheistin war. Es war Susan B. Anthony, die sagte: »Jede Religion – oder gar keine – soll das gleiche Recht auf dem Podium haben.« Und sie setzte sich durch.

Ein Jahr später kam es zum Eklat in der Stadt Bangor (Maine), wo sie das Wort gegen die Sklaverei erheben sollte. In einer Lokalzeitung bezeichnete ein Pfarrer ihre Reden als die schlimmste Blasphemie: »Ohne Zögern stellen wir fest, dass wir kein Objekt kennen, das Ablehnung, Verabscheuung und Ekel mehr verdient als eine weibliche Atheistin. Im Vergleich zu ihr halten wir die niedrigste Hure in einem schlimmen Bordell als anständiger.«

Ernestine empfahl dem Pfarrer in einer anderen Zeitung, erst einmal die Reden zu lesen, die er so denunzierte, um sich wenigstens an die Fakten zu halten. Da war die kleine Stadt in heller Aufregung. Man blieb aber bei der Einladung, der Saal war übervoll und die Folge war ein Gewinn für die Sache des Abolitionismus – und für die Redefreiheit.

Wenn sie auch nicht fromm war und sich gegen traditionelle Ansichten über Frauen in der jüdischen Religion positionierte, so reagierte sie schnell gegen anti-jüdische Angriffe. Sogar der Chefredakteur des *Boston Investigator*, einer Freidenker-Zeitung, bezeichnete Juden als »störendes Volk« und äußerte die Hoffnung, sie »würden in Amerika nicht zahlreicher werden«. Ernestine antwortete:

»… Die Natur der Juden wird durch die gleichen Gesetze bestimmt wie die der allgemeinen Menschennatur … In England, Frankreich, Deutschland und dem Rest von Europa (außer in Spanien) haben sie trotz grausamer Behandlung und tödlicher Verfolgung weitergelebt, sich verbreitet und die schlimmste Boshaftigkeit und Bigotterie überlebt, und ihretwegen ist Europa nicht schlechter geworden … Sind die Juden in Boston so viel schlimmer, dass ihre Ausbreitung auch von uns Freidenkern befürchtet wird? … Lassen Sie uns Ungläubige … die schon bestehenden Vorurteile gegen die Juden – oder gegen sonst eine Glaubensgruppe – nicht noch vermehren. – Im Sinne der Gerechtigkeit, Ernestine Rose.«

Mit Susan B. Anthony verstand sie sich wohl am besten; die anderen bewunderten sie, lernten viel von ihr, doch entstanden kaum engere Beziehungen. Bei einigen muss man befürchten, dass wieder anti-jüdische Vorurteile eine Rolle spielten wie auch Vorurteile gegen alle Einwanderer. In den 1850er Jahren entstand eine politische Partei, die ultra-nationalistisch war und gegen Immigranten auftrat, vor allem gegen katholische, die wegen der Hungersnot in Irland und der verlorenen deutsche Revolution von 1848 in den USA in großer Zahl Zuflucht suchten. Diese Partei war halb geheim, ihre Mitglieder sollten zu allen Fragen »Ich weiß nicht« antworten, also wurde sie als die »Know nothing«-Partei bekannt. Sie ähnelte Hassgruppen wie der heutigen Teeparty-Bewegung in den USA oder anti-muslimischen Parteien in Europa. Auch damals wurden manche sonst anständige Menschen infiziert. Vielleicht zielte das auch gerade auf die eingewanderte Ernestine, die zwar nicht katholisch war, sondern – wohl noch schlimmer – Jüdin und Atheistin.

Während des Bürgerkrieges 1861 – 1865 und kurz danach blieb sie sehr aktiv, doch neuralgische und rheumatische Schmerzen wurden immer schlimmer, und so beschlossen sie und ihr Mann, in der Hoffnung auf ein günstigeres Klima nach England oder Europa zu reisen. Susan B. Anthony organisierte eine Abschiedsfeier; fast alle waren dabei und es wurde Geld gesammelt, denn Ernestine forderte nie Honorare für ihre Reden; obwohl sie und ihr Mann bescheiden (und ohne Haushaltsgehilfe) lebten, besaßen sie sehr wenig.

Die stürmische Seereise wurde von Seekrankheit vermiest, doch, so miserabel es ihr ging, sie behielt ihre scharfe Feder, etwa wenn sie die Familie schilderte, mit der sie eine Kabine teilen mussten, und die eine Katze, einen Hund, zwei Papageien und acht andere Vögel mithatte:

»Sie war sehr freigebig von Natur, denn sie gab uns den vollen Genuss des Parfüms und der Musik der Menagerie, begleitet von einem langen, lauten Gebet zweimal am Tage … Sie waren auch sehr loyal … und verbreiteten Bewunderung und Genuss über die Tugenden solcher Herrscher wie Louis Napoleon, den Zar von Russland und Königin Victoria.« Als Ernestine und William kritisch nachfragten, wurden sie fast über Bord geworfen.

Trotz der Stürme schrieb sie gegen »totale Windstille«; Ruhezustand, ob physisch, geistig oder moralisch, sei konservativ und antifortschrittlich. »Darin gibt es keine Gesundheit, keine Hoffnung, kein Leben!«

Endlich in London angekommen, schrieb Ernestine, dass die Engländer zwar stolz behaupten, über ihrem Reich gehe die Sonne nie unter. »Wir könnten mit gleichem Recht sagen, dass über London die Sonne niemals klar aufgeht.« Sie war über die Armut und die Lücke zwischen arm und reich entsetzt und schrieb davon, wie die oberste Klasse Wein trinke, die mittlere Bier und die ärmste Gin, und wie jede Klasse auf die niedrigere mit Verachtung herabschaue, aber auf die höheren mit sklavenhafter Unterwürfigkeit hinaufblicke.

In Paris, wo sie vier Jahrzehnte zuvor Zeugin der glorreichen Julirevolution gewesen war, sah sie nun überall Soldaten und Spitzel, die jedes Gespräch belauschten. Ihre polnische Heimat, vom Zaren beherrscht, durfte sie nie besuchen.

Später, mit verbesserter Gesundheit, wurde sie sogar aktiv im briti-

schen Kampf um das Frauenwahlrecht. Einmal traf sie den alten Mitkämpfer Robert Owen, nun 86 Jahre alt und in seinen späten Jahren
zum Spiritualisten geworden. Sie schrieb: »Es ist unnötig zu sagen,
dass seine Bemühungen, mich davon zu überzeugen, den gleichen Erfolg hatten wie meine Bemühungen, ihn davon abzubringen.«

Vor der Abreise aus den USA hatte sie ihre Grundansichten erklärt und sich bemüht, einige Gefühle zu glätten, denn sie wusste, für
manche galt sie als rechthaberisch:

»Ich habe versucht, so gut es meine Kräfte und Fähigkeiten erlaubten, der Sache des Fortschritts und der Menschlichkeit zu dienen, und
jenes zu unterstützen, was mir die Wahrheit schien; die menschliche
Natur vor jener Verleumdung zu verteidigen, die aus dem Aberglau-
ben gespeist wird; die Rechte der Menschen ohne Unterschied von
Geschlecht, Heimatland oder Farbe zu fordern – also im Allgemeinen
meine sämtlichen Bemühungen auf die Erhebung der Unwissenden,
der Armen und der Unterdrückten zu richten. Bei dem Wenigen, was
ich zu leisten vermochte, folgte ich keinem Hintergedanken, hatte ich
keinen persönlichen Vorteil zu erreichen und wenn ich, beim Ausdruck meiner Meinung, gegenüber Freund und Feind streng war,
dann deshalb, weil ich bei Prinzipien keine Kompromisse kenne.«

Sie starb mit 82 Jahren, friedlich, doch verwitwet und recht allein,
und wurde auf dem Highgate-Friedhof beigesetzt – unweit des Grabes
von Karl Marx, der neun Jahre zuvor gestorben war.

Einmal nannten Susan B. Anthony and Elizabeth Cady Stanton
die Hauptimpulse für den Kampf, der in Seneca Falls begonnen hatte.
Es waren der Kampf gegen die Sklaverei, die Reformbewegung zu
Fraueneigentumsfragen und, was sie noch davor nannten, »die radi-
kalen Ideen von Frances Wright und Ernestine Rose zu Religion und
Demokratie«.

14.
Eine Schauspielerin als Spionin

Pauline Cushman (1833–1893)

»Die Spionin muss hängen!« Das Urteil war eindeutig!

Frauen zu hängen, auch mitten im blutigsten Krieg der US-Geschichte, war etwas Außerordentliches, etwas besonders Tragisches. Wie kam es zu diesem Drama? Recht passend war, dass das Drama auf einer Bühne begann. Die Schauspielerin, trotz eines männlichen Kostüms offensichtlich weiblich und hübsch, trat nach vorn, ein Glas in der Hand und sprach – zum Erstaunen aller im Saal, fast aller jedenfalls – einen Toast aus: »Es lebe Jefferson Davis und die Konföderierten Staaten«, rief sie aus. »Möge der Süden immer seine Ehre behalten wie auch seine Rechte!« Es folgte ein kurzes, erstauntes Schweigen, dann sowohl frenetischer Beifall wie lautes Buh-Rufen und empörtes Schreien. Jefferson Davis war Präsident der »Konföderierten Staaten« des Südens, der Staaten der Sklaverei, aber das Theater befand sich in Louisville im Bundesstaat Kentucky, und Kentucky, obwohl es dort immer noch Sklaverei gab, war in der »Union« der Vereinigten Staaten geblieben. Er war nämlich einer der fünf »Grenzstaaten«, also doch noch Sklaverei, aber kein Austritt aus den USA! Hier in der Großstadt Louisville herrschten dazu geteilte, äußerst gespannte Ansichten. In Kentucky wurden beide Präsidenten geboren, Jefferson Davis wie Abraham Lincoln, doch offiziell stand der Bundesstaat auf Lincolns Seite. Nun kam es zu einer öffentlichen, provokativen Ehrung des Feindes. Nach diesem Auftritt wurde Pauline Cushman binnen Stunden des Theater verwiesen wie auch aus ihrer Schauspielertruppe entlassen.

Einige Herren im Saal meinten zu wissen, was sich hinter diesem Eklat verbarg. Es waren gefangen genommene Offiziere aus den Südstaaten, denen es erlaubt wurde, so seltsam das erscheinen mag, sich in Louisville ohne Waffen frei zu bewegen. Zwei von ihnen boten Pauline, als sie erfuhren, dass sie aus dem südlichen New Orleans stammte, 300 Dollar, wenn sie auf diese Art auftreten würde. Sie hatte daraufhin um kurze Bedenkzeit gebeten – dann zugestimmt und danach gehandelt!

Was kaum jemand wusste: Trotz ihrer südlichen Abstammung leidenschaftlich gegen die Sklaverei eingestellt, hatte Pauline einem Oberst der Nordstaaten von dem Angebot erzählt und mit ihm vereinbart: Sie würde zustimmen, den Toast aussprechen und sich mit den Südstaatlern enger anfreunden, um sie über Militärstärken, Taktiken, vielleicht auch über Strategien der Südarmeen auszuhorchen. Dafür musste sie in Kauf nehmen, dass sie von allen Sklaverei-Gegnern in der Stadt als Verräterin angesehen würde.

* * *

Nun muss ich aber erst weiter ausholen. Der Streit zwischen »Sklavenstaaten« und »sklavenfreien Staaten« spitzte sich in den 1850er Jahren immer mehr zu. Die Sklavenstaaten wollten ihr System unbedingt in die neuen, von Indianern »bereinigten« Territorien im Westen ausdehnen, zumal Baumwolle, ihre Haupternte, den Boden schnell erschöpft. Und sie wollten ihre Macht im ganzen Lande weiter festigen. Strikt dagegen waren die nördlichen Farmer, die eigene Äcker frei bewirtschaften wollten, auch Eisenbahn-»Barone« und Unternehmer, die sich weiter ausdehnen wollten. Hinzu kamen die AbolitionistInnen, welche die brutale Sklaverei gänzlich beenden wollten, und vor allem jene Afro-Amerikaner, die schon frei waren. Die Sklaven selbst konnten kaum ihre Wünsche äußern. Um jeden neuen Bundesstaat – ob »frei« oder »Sklavenhalter« – wurde gefeilscht und gekämpft.

Stark an die Gefühle in beiden Lagern rührte 1852 ein Roman, der im Nu zum Bestseller des Jahrhunderts wurde, nur noch von der Bibel übertroffen. Harriet Beecher Stowe (1811 – 1896), die Schwester des berühmten Pfarrers und Abolitionisten Henry Ward Beecher, erzählt

darin vom Leben und brutalen Mord des gutmütigen, auf Nächstenliebe bedachten Sklaven Onkel Tom, der anderen Sklaven vorgesetzt
ist, und von der Flucht der Sklavin Eliza mit ihrem kleinen Sohn, der
von ihr getrennt verkauft werden soll, über den erst halb zugefrorenen
Ohio-Fluss. Eigentlich ist es ein sehr christliches Buch, von manchen
als Sonntagspredigt in Romanform kritisiert, von anderen als Frauen-
duselei. Andere ärgerten sich über viele Stereotype von Schwarzen.
Leugnen konnte jedoch keiner, dass »*Onkel Toms Hütte*« ein starker,
emotionaler Angriff gegen die Sklaverei war!

Das Werk rief eine ganze boshafte »Anti-Tom-Literatur« hervor,
welche die Sklaverei rechtfertigte, sowie unzählige Dramatisierungen,
oft nicht allzu niveauvolle. In erstaunlichem Maß bewirkte das Buch
eine Polarisierung im Lande; im Süden wurde es als »Propaganda der
Abolitionisten« verboten. Und trotz seines Appells an christliche Liebe
und Vergebung – noch heute von sehr vielen, besonders Schwarzen,
abgelehnt – war das Buch eine solch wirksame Waffe gegen die Sklavenhalter, dass Präsident Lincoln der Autorin gesagt haben soll: »Sie
sind also die kleine Dame, die diesen großen Krieg gestartet hat!« (Eine
Fußnote dazu: viel Material für das Buch entnahm Stowe den Schriften
der Grimké-Schwestern, die uns ja weiter oben schon begegnet sind.)

Sieben Jahre danach, 1859, versuchte John Brown, einer der ent-
schlossensten Gegner der Sklaverei, gemeinsam mit einundzwanzig
Schwarzen und Weißen ein Militärarsenal in Virginia zu »befreien«,
um eine Sklavenrevolte auszulösen. Browns Plan musste fehlschla-
gen; nach 36 Stunden Kampf waren zwölf der Männer (auch zwei
von Browns Söhnen) tot und fast alle Überlebenden gefangen. Brown
und sechs Mitkämpfer wurden gehängt.

Die Presse, auch im Norden, erklärte Brown und seinen Plan für
verrückt, doch Henry David Thoreau (dessen Freundschaft mit Margaret Fuller ich früher erwähnt habe), schrieb nun, sehr mutig: »Vor
etwa 1.800 Jahren wurde Christus gekreuzigt. Heute früh wurde Cap-
tain Brown gehängt. Er ist nicht mehr der ›Alte Brown‹, er ist ein
Engel des Lichts.« Und Harriet Tubman, die schwarze Ex-Sklavin und
Fluchthelferin, lobte: »Er bewirkte mehr durch sein Sterben als einhundert Männer durch ihr Leben«.

Browns Kampf und sein Tod trugen dazu bei, die US-Amerikaner noch weiter zu polarisieren; und nun näherte sich, so wie er es noch unter dem Galgen prophezeit hatte, unaufhaltsam der Bürgerkrieg. Kaum ein Jahr später, im November 1860, wurde Abraham Lincoln als stärkster von vier Kandidaten zum Präsidenten gewählt. Er gehörte der jungen Republikanischen Partei an, die eine Verbreitung der Sklaverei in den neuen Territorien der USA ablehnte. Die Emotionen kochten immer höher. Schließlich traten elf Südstaaten aus den USA aus und gründeten die Konföderierten Staaten von Amerika, deren Wirtschaftssystem sich weiterhin auf die Sklaverei stützte. Im April 1861 kam es zu einer Schießerei in der Hafenstadt Charleston (South Carolina) und die ausscheidenden Staaten begannen den Bürgerkrieg, der viele Familien auseinanderriss und, ehe er vier Jahre später zu Ende ging, 620.000 Menschen das Leben kostete.

* * *

Pauline Cushman – ihr Künstlername, eigentlich hieß sie Harriet Wood – kam als junges Mädchen in den Norden, nachdem ihr Vater mit einem Geschäft in New Orleans gescheitert war. Mit ihren sechs Brüdern zog sie durch die Wälder, jagte, ritt, fuhr Kanu. Mit 17 Jahren zog sie als auffallend hübsche junge Frau nach New York und stürzte sich ins Theaterleben. Sie heiratete einen Musiker einer Theatergruppe, der, als der Krieg ausbrach, in die Nordarmee kam und bald an einer der vielen gefährlichen Fieberkrankheiten starb. Dann zog sie mit dem Stück »Sieben Schwestern« durchs Land, auch nach Louisville, wo sie im März 1863 so überraschend die 300 Dollar annahm, den Süden lobpreiste und vermeintlich die Seiten wechselte.

Nach einiger Zeit des für ihre Sache nützlichen Umgangs mit den nun sehr freundlich gesonnenen Südstaatenoffizieren bot sie an, noch weiter in diesem Sinne zu arbeiten. Darauf sagte ihr der zuständige Oberst der Nordstaaten: »Fräulein Cushman, all das, was Sie bis jetzt getan haben, ist so gut wie nichts im Vergleich mit dem Dienst, der Ihnen jetzt möglich ist, um Ihrem Land zu helfen. Ich habe vieles über Ihren Mut, ihre Hingabe und ihre Fähigkeiten gehört, doch das, was ich jetzt von Ihnen erhoffe, fordert eine Schnelligkeit des Intellekts, eine körperliche Kraft, schnellen Witz und den Mut eines Soldaten, der schon tausendfach auf die Probe gestellt wurde.«

Er bat sie nämlich, direkt in den Süden zu gehen und über den Zustand der dortigen Streitkräfte zu berichten. Würde sie dabei enttarnt, könnte das zu einem Todesurteil führen. Sie sollte also keine Notizen oder Zeichnungen bei sich tragen.

Pauline fand jemanden, der sie über die undeutliche Frontlinie in die Südgebiete führte, wo sie erklärte, dass sie ihren Bruder suche, der als Offizier für den Süden kämpfe. Das traf wirklich zu, nur hatten sie seit Jahren jede Verbindung miteinander abgebrochen. Also änderte sich ihr Leben völlig.

Ein Hauptmann verliebte sich in sie, ließ eine Uniform für sie schneidern und wollte sie sogar zu seiner Assistentin machen. Sie zog mit in die von den Südtruppen beherrschten Gebiete von Tennessee, durfte an Zusammenkünften teilnehmen und machte auch beim Billardspielen mit. Die Männer offenbarten ihr stolz die militärischen Aufgaben, die sie zu meistern hatten, und sie hielt überall Augen und Ohren offen.

Einmal hatte sie ihre Ohren leider nicht richtig genutzt – bei der Warnung des Obersten. In Tennessee stand eine große Offensive der Nordarmee bevor, und Pauline zeichnete die Festungen der Südtruppen auf, die sie stoppen sollten. Als sie damit wieder zur Nordseite wechseln wollte, fiel sie einem Misstrauischen auf, der sie verhaftete. Sie wurde zum Hauptquartier begleitet, versuchte aber zu fliehen, wodurch die Sache noch viel ernster wurde: In ihrem Stiefel fand man Zeichnungen versteckt. Der Offizier, der sie zum General bringen ließ, warnte sie: »Falls Sie Ihre Treue zum Süden beweisen, dürfen Sie den Schutz von General Forrest erwarten. Leider muss ich aber feststellen, dass das unmöglich scheint. Ich sage daher: Bereiten Sie sich auf das Schlimmste vor, denn gehängt werden ist nicht angenehm.«

General Nathan Forrest (einer der schlimmsten Rassisten der Südstaatenarmee, der schwarze Kriegsgefangene ermorden ließ und nach dem Krieg den Ku Klux Klan mitgründete und leitete) stellte nun Pauline vor ein Militärgericht. Zehn Tage lang wartete sie, dann kam das Verdikt: »Schuldig: Hängen!«

Inzwischen erkrankte sie – und stellte sich noch etwas kranker als sie wirklich war. Sie bekam dadurch einen Aufschub – einen kurzen, doch gerade lang genug. Denn drei Tage vor der geplanten Hinrichtung griffen die Nordtruppen an. Die Südtruppen flüchteten und nahmen Pauline nicht mit; sie war also gerettet.

Im Norden wurde sie auf der Stelle zur Nationalheldin. Die *New York Times* schrieb: »Nur wenige haben mehr gelitten oder für die Sache der Union mehr geleistet als … Pauline Cushman.« Ein hoher General (und späterer Präsident) ernannte sie zur Honorar-Majorin; fortan ließ sie sich als »Major Cushman« adressieren.

Ihre Kenntnisse der Lage in Tennessee waren zunächst nützlich, doch war sie nun viel zu bekannt, um weiter als Spionin zu wirken. Sie reiste durch das Land, trat in der südlichen Uniform auf und erzählte von ihren Abenteuern. Nach einigen Nachkriegsjahren ging das jedoch nicht mehr, wieder versuchte sie es also als Schauspielerin. Mit den Jahren ging auch das nicht länger; ihr zweiter Ehemann starb nach einem Jahr und ihre dritte, letzte Ehe war auch nicht von Dauer. Ihre Kinder waren früh verstorben. Fast völlig vergessen, versuchte Pauline, immer ärmer geworden, sich als Näherin und Reinigungsfrau durchzuschlagen. Schmerzhaftes Rheuma und Arthritis führten zur Opiumsucht und 1893, gebrochen und einsam, nahm sie eine tödliche Überdosis. Ein allzu später Trost: Veteranen der Nordarmee betteten sie im Offiziersteil des Nationalen Friedhofs von San Francisco mit militärischen Ehren zur letzten Ruhe und übersäten die Grabstätte mit Tausenden von weißen Blumen. Der einfache Grabstein enthielt außer ihrem Namen nur die Inschrift, dass sie als Spionin für den Norden kämpfte – immer noch eine große, gewichtige Ehrung.

Auch im Bürgerkrieg: Harriet Tubman …

Noch eine Frau – der Leserschaft bereits bekannt – war mitunter für die Nordstaaten als Spionin tätig. Natürlich musste Harriet Tubman, die so viele Sklaven – wie sich selbst – in die Freiheit geführt hatte, gegen die Südstaaten sein. Dennoch, wie viele Schwarze, hegte sie gewisse Zweifel, denn Abraham Lincoln ließ anfangs verlauten, für ihn sei es kein Krieg gegen die Sklaverei, sondern vorrangig einer zur

Rettung der Republik. Auf Bitte des Gouverneurs von Massachusetts ging Harriet dennoch auf eine befreite Insel in South Carolina, um die Beziehungen zwischen den Nordsoldaten und den früheren Sklaven zu verbessern und um als freiwillige, unbezahlte Krankenschwester, verletzte oder kranke Soldaten und geflüchtete Sklaven zu pflegen. Sie trotzte dabei der Furcht vor den grassierenden Pocken und fand sogar, mit von der Mutter gelernten Kräutermischungen, Mittel gegen die gefürchtete Ruhr.

Endlich, unter dem Druck der Sklavereigegner, oder vielleicht eher aus militärischen Notwendigkeiten, erklärte Lincoln in seiner berühmten Emanzipations-Proklamation, dass ab dem 1. Januar 1863 alle Sklaven in den rebellierenden Gebieten frei wären. Er ließ auch zu, dass Schwarze freiwillig in der Armee dienen durften, nicht mehr nur als Arbeiter im Tross, sondern als Kämpfer. Dadurch entstanden viele Regimenter mit insgesamt mehreren hunderttausend schwarzen Freiwilligen. Auch Harriet bot nun ihren Dienst als Kundschafterin an. Die kleine schwarze Frau konnte unbemerkt im Süden herumwandern, mit SklavInnen reden, die oft über kriegswichtige Informationen verfügten, und diese an den befreundeten General weitergeben. Das war äußerst wertvoll, und bald erhielt Harriet Tubman das Kommando über alle Aufklärungsoperationen des Südens.

Eine Mission war geradezu spektakulär. Dank ihrer Erfahrung mit Flüssen konnte sie den kriegswichtigen Combahee River in South Carolina auskundschaften und erfahren, wo im Fluss die Minen lagen. Sie führte drei Boote mit dreihundert schwarzen Soldaten den Fluss hinauf, sie wichen den Minen aus und eroberten ohne einen Schuss ein Lager der überrumpelten Südsoldaten. Nachdem sie die Militärbauten zerstört hatten, fuhren die Boote, kurz bevor größere Südeinheiten heraneilen konnten, wieder zurück. Dabei hatten die Sklaven der Gegend das Pfeifen der Dampfschiffe als Zeichen zur Flucht begriffen; die Soldaten des Nordens nahmen sie hastig an Bord. Harriet erzählte später: »Manche Frauen kamen mit Zwillingen, die ihnen am Hals hingen; mir kam es vor, als ob ich im Leben nie so viele Zwillinge gesehen hätte; alle trugen Säcke auf den Schultern, Körbe auf dem Kopf, und zogen Kinder hinterher; Schweine quiekten, Hühner gackerten, Kinder schrien.« Insgesamt konnten 756 SklavInnen befreit werden; nicht einer starb bei der gesamten Operation. Viele der befreiten Männer meldeten sich sofort zum Kampf gegen die Sklaverei. Kein Wunder, dass Harriet oft »General Moses« genannt wurde!

Ein Problem hatte Harriet mit ihrem langen Kleid. In einem Brief schilderte sie, wie sie »mit zwei Schweinchen einer Frau im Arm, die selbst ihr Kind trug, rannte. Auf einmal trat ich auf meinen Rock und fiel der Länge nach hin. Der Rock wurde mir fast völlig abgerissen.« Deshalb fragte sie nach, ob sie nicht eins von den praktischen Kleidungsstücken für Frauen bekommen könnte, die man Bloomers nannte. Doch leider war dieser Bekleidungsstil inzwischen durch Hohn und Spott aufgegeben worden.

Harriet kämpfte zwei Jahre in der Armee und diente danach wieder als Krankenschwester. Sie war auch beim äußerst verlustreichen Angriff auf Fort Wagner dabei, wo sich schwarze Truppen, trotz hoher Verluste, auszeichneten. Sie schilderte das so: »Und dann sahen wir Blitze – das waren die Gewehre, und dann hörten wir Donner und das waren die Kanonen, und dann hörten wir Regen fallen und das waren die Tropfen von Blut, und als wir losgingen, um die Früchte zu holen, waren es tote Männer, die wir ernteten.«

* * *

Dass der Sieg des Nordens keinesfalls die Lösung der Probleme der schwarzen AmerikanerInnen mit sich brachte, musste Harriet Tubman leider bald bemerken – und zwar schon gleich nach dem Sieg, als sie nach New York zurückkehrte, diesmal mit der echten, schienengebundenen Eisenbahn. Obwohl sie im Norden war und ihre Entlassungspapiere und das Veteranenticket vorzeigte, lehnte es der Schaffner ab, eine Farbige im Passagierwaggon mitfahren zu lassen. Als sie protestierte, nahmen sie vier Männer mit Gewalt fest und sperrten sie für die restliche lange Reise in den Gepäckwagen. Die Freunde, die sie am Bahnhof abholten, waren über ihr Aussehen schockiert. Harriet erklärte verbittert: »Bei den vielen Jahren des Kämpfens bekam ich keinen einzigen Kratzer von einem Gewehr oder Schwert der Rebellen. Ich musste warten, bis ich nach Hause fuhr, um mir die erste Kriegswunde zuzuziehen!«

Der fortschrittliche, humanistische Geist, der während des Krieges gegen die Sklaverei teilweise zum Durchbruch kam, schwächte sich schnell ab. Das wurde deutlich, als die Regierung der kleinen, schwarzen Heldin ihren Lohn von 1.800 Dollar nicht zahlen wollte, der ihr durch den Dienst bei der Armee zustand. Rechtsanwälte monierten das und prominente Freunde protestierten, darunter der nun führende schwarze Journalist Frederick Douglass, der ihr schrieb: »Das meiste, was ich getan habe ... geschah in der Öffentlichkeit, und ich habe bei allem viel Unterstützung erhalten. Dagegen hast Du im Stillen gearbeitet ... Nur der nächtliche Himmel und die stillen Sterne waren Zeugen Deines Freiheitskampfes und Deines Mutes. Von John Brown abgesehen ... kenne ich keinen, der freiwillig so viele Gefahren und Entbehrungen auf sich genommen hat, um unseren versklavten Mitmenschen zu helfen.« Doch ihr helfen konnte auch er nicht.

Harriet, die sich in ihrem Heim in Auburn (New York) nicht nur um ihre Familie kümmerte, sondern auch um viele befreite Sklaven, blieb sehr arm, ständig von Schulden geplagt. Sie heiratete einen Ex-Soldaten, doch der starb bald an TBC. Dafür erhielt sie klägliche 8 Dollar monatlich als Witwenrente. Eine Schriftstellerin half ihr, ihre Erinnerungen zu veröffentlichen und mit dem Eigenverkauf ein wenig zu verdienen. Sie hielt Vorträge, nun auch für die Rechte der Frauen – besonders der schwarzen Frauen. Sogar Königin Victoria schickte nach dem Lesen ihrer Biographie einen Schal und eine Gedenkmedaille. Doch wurde ihr der Sold noch immer vorenthalten. Erst 1897, nach 32 Jahren, beschloss der Kongress, der nun fast 80-Jährigen 25 Dollar im Monat zu zahlen – bis einige Abgeordnete aus den Südstaaten, meist Nachfolger der Sklavenbesitzer, auch diese kärgliche Rente auf 20 Dollar reduzierten.

Harriet Tubman, noch sehr arm, fast völlig vergessen, starb 1913 mit vermutlich 92 Jahren. Wenigstens in der Kleinstadt Auburn bekam sie eine militärische Ehrung, die Flaggen hingen auf Halbmast und eine bronzene Tafel wurde am Gerichtsgebäude befestigt.

... und Sojourner Truth

Auch die schwarze Abolitionistin Sojourner Truth nahm am Krieg teil,
erst recht nach Lincolns Emanzipations-Proklamation. Sie setzte sich
besonders für die neuen schwarzen Freiwilligen ein, die bei der Gefangennahme besondere Misshandlung oder Tod durch die Südtruppen zu befürchten hatten. Auch ihr Enkel wurde gefangen genommen, überlebte aber.

Als Anerkennung erhielt sie in Washington eine Stelle beim offiziellen Verband zur Unterstützung befreiter Sklaven, obwohl sie in
ihrem Leben nie Lesen oder Schreiben gelernt hatte. (Sie meinte: »Solche kleinen Dinge wie Buchstaben lese ich nicht, ich lese Menschen
und Nationen.«) Sie arbeitete auch in einem Krankenhaus für schwarze Soldaten. Ein Höhepunkt ereignete sich für sie im Oktober 1864,
als sie zum persönlichen Treffen mit Präsident Lincoln eingeladen war
und dabei mit ihm auf einem Ölgemälde verewigt wurde.

Das Leben in Washington war nicht leicht für eine Dunkelhäutige.
Die Sklaverei war dort erst im zweiten Kriegsjahr abgeschafft worden,
die Diskriminierung dauerte weiter an. In der Straßenbahn wurde
Sojourner so oft aus den Waggons für Damen heraus und in die für
Raucher hinein geschickt, dass sie selbst zu rauchen begann: »Lieber
schlucke ich den eigenen Rauch als den von anderen«, meinte sie, und
blieb lange Jahre dabei.

Trotz der Abschaffung der Sklaverei mussten die schwarzen Amerikaner und Amerikanerinnen in ihrem Leben noch sehr viel mehr als
Zigarrenrauch schlucken.

15.
Nur Skandalnudeln?

Victoria Woodhull (1838–1927)
Tennessee Claflin (1844–1923)

Eine erstaunliche Frau, vielleicht die erstaunlichste der ganzen US-Geschichte! Vielleicht auch die skandalöseste! Sie und ihre Schwester ärgerten nicht nur prüde Hüter der öffentlichen Moral wie Anthony Comstock, der überall »Obszönität« witterte und sie mehrmals verhaften ließ, sondern auch den Spitzenkarikaturisten Thomas Nast, der Victoria als »Frau Satan« darstellte. Auch etliche führende Frauenrechtlerinnen und sogar manche Kommunisten waren empört, und aus dem fernen London meldete sich gar Karl Marx zu Wort! Waren die beiden Heldinnen, ihrer Zeit weit voraus, oder nur Scharlatane? Oder etwas von beiden?

Ihre Kindheit und Jugend waren nicht vielversprechend. Ihr Vater, immer der Polizei einen Sprung voraus, zog mit der Frau und sieben Kindern durch den mittleren Westen: als dubioser Heilpraktiker und Verkäufer von selbstgebastelten »Heilmitteln« (»hilft garantiert gegen den Krebs«), als Schausteller der Künste seiner Töchter, die u. a. als mystische Handauflegerinnen und Seherinnen – und wer weiß, als was noch – gefragt waren. Einmal klagte man ihn als Brandstifter an (um Versicherungsgeld zu erschleichen). Schneller Ortswechsel war für Familie Claflin die Regel.

Schon die Mutter, angeblich eine Analphabetin, konnte hinter die Wirklichkeit in eine geheimnisvolle andere Welt schauen, besonders wirkungsvoll natürlich gegen Bares. Vielleicht waren solche Fähigkeiten ja erblich.

Victoria, nach der jungen englischen Königin benannt, war wohl das klügste der Kinder. Nicht allzu klug jedoch war es – vielleicht aus Verzweiflung über ihren brutalen Vater –, dass sie mit fünfzehn Jahren den viel älteren Canning Woodhull heiratete. Dieser gab sich ebenfalls als »Doktor« aus und stellte sich bald als Alkoholiker und Frauenjäger heraus, der seine junge Braut ständig betrog. Trotzdem bekamen sie eine Tochter namens Zulu (später zu Zula geändert) und einen Sohn, der wegen eines Sturzes oder, wie die Mutter meinte, wegen des Alkoholmissbrauchs des Vaters, geistig behindert blieb.

Schon früh besaß Victoria seltsame Eigenschaften. Mit zehn Jahren entstand die geistige Verbindung mit einer seltsamen Figur in einer Toga, die sie gelegentlich »besuchte« und sich später als kein geringerer vorstellte als der große Redner und Staatsmann Demosthenes von Athen, geboren 384 v. u. Z. und, zumindest offiziell, 322 v. u. Z. gestorben. Aber wer weiß das so genau? Von ihm vernahm Victoria den Rat, nach New York zu ziehen, um später »Landesherrscherin« zu werden.

1866 folgte sie diesem vielversprechenden Ruf. Bald gelang es der klugen Victoria, einen Salon aufzumachen, in dem einige kluge Köpfe gern zusammenkamen. Ihr Vater schaffte es auch, Aufträge für den »Kommodore« Cornelius Vanderbilt zu arrangieren, für Victoria als Seherin und, weit wichtiger, für ihre sechs Jahre jüngere Schwester Tennessee Claflin (»Tennie« genannt) als Handauflegerin und Masseuse. Vanderbilt, Besitzer von riesigen Eisenbahnlinien und wohl der reichste Mann der USA, war schon 74, hatte seine Frau verloren, war kränkelnd, einsam und auch geistig etwas gealtert. Nun schätzte er Tennies Behandlungen, die sich bald ausweiteten; gern nahm er das »kleine Spätzchen« auf sein Knie, das ihm die Zeitung vorlas, kecke Witze erzählte und ihn am Backenbart zupfte. Nicht nur ihre Hände besaßen wohl eine magnetische Wirkung; bald und oft lagen sie nachts im Bett. Das jedenfalls berichtete die Dienerschaft und die Klatschmäuler trugen es weiter. Sein Arzt stellte zumindest fest, die Behandlung tue ihm gut.

Der dankbare Vanderbilt gab Tennie und Victoria wichtige Tipps über die Börse sowie Finanzhilfe, wodurch es ihnen gelang, die erste weibliche Maklerfirma zu gründen – eine wahre Sensation – und genügend Wohlstand zu erreichen, um ein imposantes Townhouse zu mieten. Das beeindruckte die Zeitungen; eine nannte sie die »bezaubernden Maklerinnen der Wall Street«.

Die Schwestern fielen gern auf. Einmal fuhren sie zum berühmten Delmonico-Restaurant nahe der Wall Street, um zu essen. Doch hieß es damals dort, nach 18 Uhr dürften Damen nur in männlicher Begleitung Plätze bekommen. Also rief Tennie ihren Kutscher herein, der dann mit ihnen dinierte. Damals etwas Unerhörtes!

Sie hatten jedoch Höheres im Sinn. Im April 1870 erklärte Victoria Woodhull der Presse, dass sie, allen Umständen zum Trotz, an den Bundeswahlen von 1872 teilnehmen wolle – und zwar mit einer großen, einer einmaligen Überraschung:

»Während andere meines Geschlechts einen Kreuzzug gegen Gesetze führen, die die Frauen des Landes einschränken, habe ich meine persönliche Unabhängigkeit behauptet. Während andere für bessere Zeiten beten, tat ich etwas dafür. Während andere für die Gleichheit von Frauen und Männern argumentieren, habe ich sie unter den Praxisbeweis gestellt, indem ich eine erfolgreiche Geschäftsfrau wurde. Während andere zu zeigen versuchen, dass es keinen vernünftigen Grund gibt, warum Frauen in sozialer und politischer Hinsicht als dem Mann untergeordnet behandelt werden sollten, habe ich unerschrocken die Arena der Politik und der Wirtschaft betreten und die Rechte ausgeübt, die ich bereits besaß. Deshalb beanspruche ich für mich das Recht, für die vom Wahlrecht ausgeschlossenen Frauen des Landes zu sprechen. Im festen Glauben, dass die landläufigen Vorurteile gegen Frauen im öffentlichen Leben bald verschwinden werden, kündige ich hiermit meine Kandidatur für die Präsidentschaft an.«

Einen Monat später gründeten Woodhull und ihre Schwester eine Wochenschrift, die sie *Woodhull & Claflin's Weekly* nannten. Darin boten sie ein seltsames Gemisch; einerseits Marktanalysen und Finanzhinweise, die wegen Vanderbilts Kenntnissen keinesfalls wertlos waren. Daneben die Folgen eines Romans der französischen Autorin George Sand sowie Artikel, in denen alles Mögliche erklärt oder gefordert wurde: Frauenrechte, kürzere Röcke, sexuelle Aufklärung, Vegetarismus und sogar die freie Liebe. Auch die Legalisierung der Prostitution. Immer wieder boten sie vieles über ihr Spezialgebiet, den Spiritismus, der gerade große Mode feierte. Und schließlich Artikel über den Sozialismus, auch von Karl Marx, ja, sogar das Kommunistische Manifest! Doch davon später mehr.

Manches von all dem schrieb Victorias zweiter Ehemann, James H. Blood, einst Oberst im Bürgerkrieg. Anderes stammte von ihrem neuen Mentor, dem etwas exzentrischen Denker und Autor Stephen Pearl Andrews, der hintereinander Abolitionist, Utopie-Suchender, Anarchist und Spiritualist war – und außerdem Fürsprecher seiner Universalsprache, genannt Alawato, einer Vorläuferin des späteren Esperanto. Auf dem Gebiet der Sprachen war er gewiss ein Meister; er hatte zweiunddreißig verschiedene gelernt!

Frauenrechte spielten für Woodhull immer eine Hauptrolle, auch das Wahlrecht für Frauen. Im Januar 1871 gelang es ihr, dafür vor dem Rechtsausschuss des Repräsentantenhauses zu reden. Für eine Frau war das eine Sensation. Woodhull bestand darauf, dass nach der US-Verfassung wie auch nach deren neuen Änderungen, auch Frauen Staatsbürgerinnen seien und damit das Wahlrecht hätten. Ihr Auftritt, wenn auch ohne politischen Erfolg, war so wichtig, dass der große Frauenwahlrechtsverband, National Woman Suffrage Association (NWSA), der gerade in Washington eine Konferenz abhielt, deren Beginn um einen Tag verschob, damit die Delegierten Woodhull vor dem Kongressausschuss hören könnten. Danach luden sie sie ein, an der Konferenz teilzunehmen und danach an einem Treffen in New York. Susan B. Anthony, Elizabeth Cady Stanton, Lucretia Mott und die meisten Teilnehmerinnen waren von ihrem dynamischen, kompromisslosen Auftritt praktisch elektrifiziert. Auf einmal war sie wohl die bekannteste Kämpferin für Frauenrechte im ganzen Lande.

Doch bald bekam dieser Ruf Risse. Ihre Kritik der Ehe, die sie als oft eisernes, unfaires Korsett für die Frau schilderte, gefiel wohl Elizabeth Cady Stanton, die sich stets für gerechtere Scheidungsgesetze einsetzte, nicht aber so sehr Susan B. Anthony, die für feste Ehebündnisse einstand (obgleich sie selbst nie heiratete). Besonders Anthony war besorgt, dass die energische, charismatische Woodhull die Organisation unter ihre Kontrolle bringen könnte, um sie dann dazu zu benutzen, ihre publikumswirksame, jedoch hoffnungslose Kandidatur zu fördern. Dabei wirkte Woodhulls häufige Betonung der »freien Liebe« in ihrer Wochenschrift damals erschreckend für die meisten Menschen – wenn nicht gar abstoßend.

Schockiert war auch Lucy Stone, die in ihrer eher konservativ gewordenen, rivalisierenden Organisation (AWSA) für das Wahlrecht an führender Stelle stand. Sie stellte fest: »Wir glauben an die Ehe fürs Leben und missbilligen das ganze lose, schädliche Gerede zugunsten leichter Scheidungen.« Sie warnte: »Lassen Sie sich nicht täuschen – freie Liebe bedeutet freie Wollust.« An eine Freundin schrieb sie: »… was Frau Woodhull betrifft, ist mein einziger Wunsch, dass bei unserem Treffen weder von ihr noch von ihren Ideen auch nur gehört wird.«

Gegen Woodhull war auch Harriet Beecher Stowe, deren »Onkel Toms Hütte« sich zwar scharf gegen die Sklaverei richtete, doch weniger aufs Kämpfen setzte als vielmehr auf christliche Nächstenliebe. Ihr Bruder Henry Ward Beecher, der bekannteste Pfarrer von New York, wenn nicht im gesamten Lande, polemisierte lebhaft gegen Woodhulls Beziehung zur Moral – oder das Fehlen derselben. Nun machten noch Gerüchte die Runde, dass Victoria in ihrem schönen Townhouse nicht nur mit ihrem Ehemann lebte, sondern auch noch mit dem alkoholkranken früheren Ehemann sowie zumindest einem Liebhaber.

In New York war ständig von ihr die Rede. Als sie im November 1871 über ihre recht ungewöhnlichen Ansichten reden sollte, kamen 3.000 Neugierige, mehr als in den riesigen Saal hineinpassten. Sie hielt eine Rede, die wohl gemeinsam mit dem sprachbegabten und ihr sehr nahestehenden Mitarbeiter Stephen Pearl Andrews geschrieben wurde:

»Als ich die Hellseherei praktizierte, kamen zu mir, bittend um Rat, Hunderte, ja Tausende von trostlosen Männern wie Frauen mit gebrochenen Herzen. … Die Horrorgeschichten von Unrecht, angetanenem und ausgehaltenem, die dabei in meine Ohren geschüttet wurden, erweckten in mir erstmalig das Verständnis von der Hohlheit und Faulheit der Gesellschaft und zwangen mich … diese Frage zu stellen: Ob es nicht besser wäre, den Ehebund zu lösen? Mit der Zeit wurde ich völlig davon überzeugt, dass Ehegesetze genau das Gegenteil von dem erreichen, wofür sie angeblich erlassen wurden … Frauen müssen von der Position aufsteigen, nur Dienerinnen der Lüste von Männern zu sein, um dann ihre Ebenbürtigen zu werden … Mir ist es egal, wodurch die dominante Macht des einen Geschlechts über das andere in einen Handel mit Sex resultiert, und sie zum Unterwerfen gegen die Instinkte der Liebe zwingt. Denn wo Hass oder Ekel präsent sind, ob in den vergoldeten Palästen der Fifth Avenue oder den niedrigsten Milieus der Greene Street, bedeutet das Prostitution, und alle Gesetze, die tausend Gesetzgeber erlassen mögen, können das nicht ändern.«

Plötzlich und dramatisch kam dann ein provozierender Zwischenruf, ausgerechnet von einer anderen Claflin-Tochter, ihrer eifersüchtigen, auch drogensüchtigen Schwester Utica: Ob Victoria auch selbst die freie Liebe praktiziere?

Da tobte es wild im gesamten Saal, eine Antwort wurde gefordert! Schließlich warf Victoria die Rede zu Boden, riss wütend eine weiße Rose von ihrem Hals, und rief:

»Ja, ich bin eine freie Liebende! Ich habe ein unveräußerliches, verfassungsmäßiges und natürliches Recht, den zu lieben, den ich mag, ihn für eine so lange oder so kurze Zeit zu lieben, wie ich es kann, und wenn ich es will, diese Liebe täglich zu wechseln! Und dieses Recht können weder Sie noch irgendein Gesetz, das Sie erlassen, abändern!«

Da – in jenem prüden Zeitalter – war der Teufel erst richtig los!

Victorias Hoffnung, dass eine der zwei Frauenorganisationen als Basis für ihren Wahlkampf wirken könnte, wurde damit zunichte, also gründeten die Schwestern am 11. Mai 1872, zusammen mit einigen dissidenten Mitgliedern der sozialistischen Bewegung eine eigene Organisation, die Equal Rights Party (Partei für Gleiche Rechte).

Ein Zeitungsartikel im *Cincinnati Commercial* schilderte ihren Auftritt vor dem recht wohlständigen Publikum wie folgt: »Als ich mich dem Ort näherte, hörte ich die Stimme von Frau Woodhull, und als ich eintrat, sah ich sie vorn auf der Bühne … leidenschaftlich vor einem vollen Saal von Männern und Frauen deklamierend, die sich schon in einem hohen Zustand der Aufregung befanden. Die Szene war wirklich dramatisch, und für solche, die damit sympathisierten, zweifellos ›fesselnd‹, ›herrlich‹, ›erhaben‹. Frau Woodhull, wie sie da stand, in einfachem Schwarz gekleidet, mit gerötetem Gesicht, glänzenden Augen, erhobenem Arm und zitternd durch das Feuer der eigenen Rhapsodie … schien einige Augenblicke lang wie eine Besessene, und die Eloquenz die von ihren Lippen floss, fegte auf eine Art durch die Seelen der Menge, die sie immer wieder dazu brachte, in tumultartige Begeisterung auszubrechen. … Als ihre Deklamation endete, sprang das Publikum auf und jubelte, bis es atemlos war, jubelte mit einer Aufregung und Kraft, welche die vielen Vorbeiziehenden am Broadway sicher ins Staunen brachte.«

Im Parteiprogramm standen das Recht der Frauen, frei zu wählen, zu arbeiten und zu lieben; die Verstaatlichung des Bodens; Preise, die sich auf Kosten gründeten, die übermäßige Profite minimierten; gleichmäßigere Teilung von Einkünften der Arbeiter und des Kapitals; Abschaffung von überhöhten Zinsraten sowie Rede- und Pressefreiheit.

Natürlich wurde Victoria als Kandidatin für das höchste Amt auserkoren, und für die Vizepräsidentschaft Frederick Douglass, der, neben den Rechten der Sklaven und nunmehr der befreiten Schwarzen, sich immer auch für die Rechte der Frauen eingesetzt hatte. Das war sicher eine gute Idee, nur hatte man Douglass nicht dazu befragt. Da nicht einmal das Erscheinen auf der Wahlliste dieser kleinen neuen Partei gesichert war, zumal Woodhull das geforderte Alter von 35 Jahren noch nicht ganz erreicht hatte, bevorzugte Douglass den Kandidaten der Demokratischen Partei, den recht fortschrittlichen Herausgeber der *Tribune*, Horace Greeley. Die Hoffnung der beiden Schwestern, Kämpfe für die Frauen und für die Schwarzen in ihrer Partei durch jemanden wie Douglass zu vereinigen, wie auch die »Befreiung der Arbeiterschaft«, die Einschränkung von Superprofiten (auch jene von Vanderbilt) und das Abschaffen der Todesstrafe, schlugen also fehl. Doch allein der Versuch, einen Schwarzen zu nominieren, brachte wohl neben den männlichen auch noch rassistische Vorurteile gegen sie ins Spiel. Elizabeth Cady Stanton hielt lange zu Woodhull, Susan B. Anthony stellte sich aber nun scharf gegen sie.

Victoria Woodhull wurde sogar einer deutschen Leserschaft bekannt, und zwar in der äußerst populären Zeitschrift *Die Gartenlaube*. Für diese schrieb der Autor Otto von Corvin, der in der Revolution von 1848/49 gekämpft hatte und lange in den USA lebte, eine längere Biographie, die gelegentlich leichte Spuren der Sympathie für Victoria zeigte, um sie kurz darauf wieder vernichtend zu kritisieren. Hier sind zwei Proben (in der originalen Rechtschreibung):

»Victoria ist jetzt vierunddreißig Jahre alt, und wenn auch keineswegs schön, so ist sie doch äußerlich eine mehr angenehme als unangenehme Erscheinung. Sie ist von mittlerer Größe, weder zu stark noch zu mager, leicht und elastisch in all' ihren Bewegungen, wahrscheinlich in Folge ihrer körperlichen Uebungen. Sie kann reiten wie ein Indianer, klettern wie ein Turner, schwimmen, rudern, Billard spielen und tanzen und ist, was sich bei den Amerikanern nicht sehr häufig findet, eine sehr ausdauernde Fußgängerin…«

Zuvor fand sich neben anderen sarkastischen Bemerkungen Folgendes: »Der Närrinnen und Humbugs giebt es nun unter den Emancipations-Priesterinnen eine große Menge, und zur Erbauung der Leser der *Gartenlaube* will ich hier die Biographie von Victoria Woodhull geben, welche als Candidatin für die Präsidentschaft der Vereinigten Staaten auftritt und jetzt Haupt der Banquiersfirma ›Woodhull, Claflin und Compagnie‹ und gegenwärtig der größte Humbug Amerikas ist, was in der That etwas sagen will…«

In den USA ging man nun viel härter gegen diese Ehebrecherin vor, aber nicht allein wegen ihrer Sexualpraktiken. Gewisse Skandale, in »*Woodhull & Claflin's Weekly*« aufgedeckt, spielten ebenfalls eine Rolle, also blies man wirklich zur Hatz. Die Familie wurde aus dem schönen Haus exmittiert, sie musste mehrere Wochen lang auf dem Boden im Büro schlafen. Die Miete für das Büro wurde so hoch geschraubt, dass sie auch dort weg mussten. Wegen Schulden wurden sie angeklagt. Der alte Vanderbilt hatte inzwischen eine Kusine geheiratet, die schnell darauf achtete, dass Tennessee nicht mehr auf den Knien des Alten saß, oder überhaupt in die Nähe kam. Die Schwestern und der Ehemann Blood, von so vielen Seiten angegriffen, mussten die Herausgabe der Wochenschrift vorläufig einstellen.

Nun aber schlug Victoria hart zurück!

Der Pfarrer Henry Ward Beecher predigte ja immer feste Treue in der Ehe und lehnte so etwas wie freie Liebe strengstens ab, was eine klare Spitze gegen Woodhull war. Nun erfuhr sie, ausgerechnet (wenn auch im Vertrauen) von Elizabeth Cady Stanton, dass gerade Beecher eine Affäre mit der Frau eines seiner eifrigsten Schäflein hatte. Als Beecher Victorias Bitte ausschlug, sich für sie in ihrer Not einzusetzen, brachte sie die Wochenschrift noch einmal heraus – die Geldquelle dafür ist unbekannt –, um darin den Seitensprung des großen Moralpredigers mit vielen Einzelheiten publik zu machen. Schon am ersten Abend bezahlte man bis zu vierzig Dollar für eine einzige Kopie der nun heißbegehrten Schrift.

Das war am 2. November 1872. Doch binnen zweier Tage zeigte sich, wer die stärkeren Geschütze besaß! Es betrat nämlich Anthony Comstock die Szene, ein Führer im Christlichen Verband junger Männer (YMCA), der über die USA hinaus als Kreuzritter gegen »anstößige, laszive und obszöne« Drucksachen berüchtigt war. Jahre später prahlte er: »In den 41 Jahren, in denen ich hier war, habe ich genügend Personen verurteilen lassen, um bei einem Passagierzug mit 61 Waggons 60 Waggons voll zu bekommen und einen fast voll. Ich habe 160 Tonnen von obszöner Literatur vernichtet.« Zu letzteren gehörten mitunter Lehrbücher über die Anatomie, zu ersteren wohl etwa fünfzehn in den Selbstmord Getriebene. Das letztere gelang Comstock diesmal bei Woodhull, Claflin und Blood nicht, doch konnte er sie wegen »Obszönität« für einen Monat einsperren lassen, ehe sie auf Kaution freikamen. Hinzu kam eine Klage wegen Verleumdung; die Zeitung hatte einen Prominenten wegen der Verführung von Minderjährigen angeprangert. Am 4. November 1872 kamen die drei hinter Gitter. (Sechs Monate später wurden sie freigesprochen, man las mitunter Passagen aus der Bibel vor, die erotischer waren als diejenigen über Pfarrer Beecher, und ihre »Verleumdung« des Prominenten bewies sich als allzu stichhaltig.)

Doch gerade am 5. November 1872 fanden die Wahlen statt, bei denen sich Victoria nicht nur als Kandidatin behaupten wollte (wenn auch kaum auf irgendwelchen Wahllisten), sondern vorhatte, provokativ wählen zu gehen, obwohl sie als Frau offiziell nicht dazu berechtigt war.

Gerade das hat auch Susan B. Anthony an jenem Tag getan, zusammen mit einer Gruppe von Frauen, die ihren Weg zur Wahlurne mit juristischen Drohungen gegen unsichere Wahlbeamte durchsetzten. Sie wurde danach verhaftet und später in einem sensationellen Prozess zu einer Strafe von 100 Dollar verurteilt, die sie demonstrativ und erfolgreich zu zahlen ablehnte. Nun, gerade diesen wirksamen Schritt konnten Woodhull und Claflin nicht tun; denn sie waren am Wahltag im Gefängnis.

Sobald sie frei kamen, gaben die Schwestern trotzig wieder eine Ausgabe der Wochenschrift heraus. Und wieder setzte Comstock einen Haftbefehl durch. Zwei Wochen lang blieb Woodhull versteckt. Nun fand ein von ihr angekündigter Vortrag statt, wie immer in einem übervollen Saal. Doch dort wimmelte es vor Polizisten, die sie bei ihrem Eintreffen, auf jeden Fall aber vor ihrem Auftritt erwischen sollten. Das Netz war dicht gezogen, doch kaum einer bemerkte die kleine, mit einem Häubchen bedeckte Quäkerin, die sich unauffällig in den Saal und zur Bühne hin bewegte und sich dann dramatisch als Victoria Woodhull entpuppte. Diesmal konnte sie unter großem Beifall leidenschaftliche Sätze über Presse- und Redefreiheit äußern, ehe sie von der Polizei unter Buh-Rufen und Pfeifen von der Bühne weggeführt wurde.

Insgesamt wurde Woodhull, oft gemeinsam mit ihrer Schwester Tennie und manchmal mit ihrem Ehemann (von dem sie sich dann allerdings scheiden ließ) mehrmals verhaftet. Obwohl es nie gelang, sie zu Haftstrafen zu verurteilen, sollen Strafgelder und Summen, die bei Zahlung von Kautionen verloren gingen, etwa 500.000 Dollar erreicht haben. Die Regierung ließ ihre Druckerpresse, persönliche Papiere und auch Konten konfiszieren. Per Post erhielt sie häufige Todesdrohungen und Erpressungsversuche.

Ein besonders kontroverser Aspekt des politischen Lebens der Schwestern war ihre Beziehung zur Internationalen Arbeiterassoziation (auch: Erste Internationale), der sie sich nach den heldenhaften Kämpfen der Pariser Kommune im März 1871 anschlossen. Das war die von Karl Marx und Friedrich Engels mitbegründete Organisation,

die in den USA schon 30 Ortssektionen mit 50.000 Mitgliedern hatte.
Ein Großteil davon waren Einwanderer – Franzosen, Tschechen, Iren
und vor allem Deutsche, doch die Sektion Nr. 12 von Woodhull und
die Nr. 9 von Claflin waren englischsprachig, mit meist in den USA
geborenen Mitgliedern. In der Zeitschrift der Schwestern wurden
manche Briefe und Texte von Marx abgedruckt, darunter, von ihrem
Mentor Andrews übersetzt, sogar das Kommunistische Manifest, das
nun erstmalig in den USA erschien. Durch Andrews' Einfluss näher-
ten sich die zwei Schwestern einigen marxistischen Ideen an.

Doch bald kam es zum Krach. Marx wie auch dessen langjähri-
ger Briefpartner und Freund Friedrich Adolph Sorge, ein führender
Kommunist in den USA, der auch an den Kämpfen von 1848/49
in Deutschland teilgenommen hatte, fürchteten, dass Woodhull und
Claflin ihre Sektionen der Internationale nur dazu nutzen würden, um
ihre neue, eigene Partei zu unterstützen, also ihre Kandidatur. Damit
hatten sie wohl auch Recht.

Wäre das von Nachteil gewesen? Marx schrieb: »Am 15. Oktober
1871 wurde im Journal von Woodhull (eine Bankiersfrau, Freie-Liebe-
Anhängerin und allgemeiner Humbug) und Claflin (ihre Schwester
in der gleichen allgemeinen Linie) ein ›Aufruf der Sektion Nr. 12‹
veröffentlicht.« Der Appell, den Marx anführte, wurde an englischsprachige Amerikaner gerichtet und forderte »für Männer und Frauen
zugleich« sowohl »politische Gleichheit ... die persönliche Teilnahme
von jedermann an der Vorbereitung, Verwaltung und Exekution der
Gesetze« wie auch »soziale Freiheit, das ist absolute Immunität von
ungebührlicher Einmischung in alle Angelegenheiten von ausschließlich persönlicher Bedeutung, wie religiöser Glaube, die sexuelle Beziehung, Kleidungsgewohnheiten usw.« Außerdem forderten sie schon
jetzt eine »weltumfassende Regierung«.

Dieser Appell, betonte Marx im Mai 1872, von »allerlei Hum-
bug-Leuten aus den Mittelschichten, Freie-Liebe-Leuten, Spiritisten,
Shaker-Spiritisten, usw., verursachte die Spaltung und dann die Forderung durch Sektion 1 (Deutsche) ... dass Sektion 12 ausgeschlossen
und dass keine Sektion zur Mitgliedschaft zugelassen werde, wenn sie
nicht mindestens aus zwei Dritteln Arbeitern besteht.«

Die Differenzen waren deutlich: Die Anhänger von Marx und Sorge wollten vor allem eine Organisation von Arbeitern, die eng mit den damals neu entstehenden Gewerkschaften verbunden war. Den größten Rückhalt hatten diese unter den deutschen Einwanderern, die größtenteils nach der 1848er-Revolution geflüchtet waren, und unter einigen anderen Nationalitäten, doch unter den länger in den USA Beheimateten waren sie nur wenig verankert.

Die Leute um Woodhull und Claflin waren tatsächlich ein Gemisch, mit Wurzeln bei den früheren Abolitionisten, den Wahlrechtlerinnen, den Spiritisten und allerlei eigensinnigen Weltverbesserern. Solche Leute passten gewiss schwerlich in die Internationale Arbeiterassoziation, die im September 1872 beschloss, ihren Sitz von London in die USA zu verlegen. Manche Historiker meinen, die Marxisten hätten die Frauenbewegung völlig unterschätzt wie auch die mögliche Rolle der befreiten Sklaven. Gewiss lebten die schwarzen Amerikaner weitgehend in den Südstaaten, doch traten sie auch in manchen nördlichen Städten, mit mal mehr, mal weniger Erfolg Vorurteilen von weißen Arbeitern entgegen. Aus heutiger Sicht erscheinen manche Positionen und Aktivitäten der Schwestern – trotz deren Exzentrizitäten – wegweisend, wie auch das folgende Ereignis:

Am ersten Jahrestag der Pariser Kommune nahm Woodhulls Gruppe, mitten in ihrer Wahlkampagne, aktiv an der Organisation einer großen Parade in New York teil. Sie hatte einen riesigen Erfolg; eine Viertelmillion schauten begeistert zu. Unter den Marschierenden war zum Beispiel ein Block von kämpferischen Iren, die die Freiheit ihres Landes forderten. Gleich an der Spitze, in feinen Uniformen und auch mit Waffen, marschierte eine Milizeinheit von Schwarzen, die »Skidmore Guards«, was eine echte Sensation darstellte. Und diese Einheit von befreiten Sklaven erklärte ausgerechnet Tennessee Claflin zu ihrer Kommandantin und gab ihr dazu eine feine Uniform! Man könnte das als einen gewissen Höhepunkt ihres Lebens ansehen.

Die Beziehungen zu der marxistischen Gruppe um Sorge gingen also dem Ende zu. Auch die Erste Arbeiterinternationale gedieh nicht im amerikanischen Klima und wurde 1876 aufgelöst, wenn auch nicht ohne Traditionen zu hinterlassen, die weiter wirksam blieben.

Kann man das auch von der Bewegung um Woodhull und Claflin sagen? Die Zeitschrift, deren Beiträge größtenteils von James H. Blood verfasst wurden, erschien noch bis 1876, als Woodhull und Blood sich scheiden ließen. Sie hatte zuletzt an Schärfe verloren und neigte sich in religiöse Richtungen. Woodhull konnte noch für einige Zeit als äußerst erfolgreiche Rednerin mit ihrer Schwester durchs Land ziehen. Ihre Betonung des Rechts von Frauen, sich ihres Sexuallebens bewusst zu sein und es auch zu genießen, zog stets ein Publikum an, trotz aller prüden Auffassungen und Denunziationen von den Kirchenkanzeln herunter, wo man erst recht verärgert war, weil diese »gefährlichen« Ansichten von einer so guten Rednerin in anständiger, ja zurückhaltender Kleidung und eben solchen Manieren vorgetragen wurden.

Dann kam eine plötzliche Zäsur. Der alte »Kommodore« Vanderbilt starb 1877. Sein Sohn William, der sich den Löwenanteil des Vermächtnisses gegenüber seinen vielen Schwestern aneignen wollte, fürchtete, dass ein Erscheinen von Woodhull oder Claflin vor einem Gericht mehr als peinlich sein könnte. Es scheint sicher, dass er ihnen daher finanziell entgegenkam – unter der Bedingung, dass sie rasch nach England verschwänden. Und das taten sie.

Weder ihre Aktivität noch ihre Attraktivität ließen dort nach. Bei einer Rede in London begeisterte Victoria einen reichen Bankier, der sie, trotz seiner Familie und den Skandalgeschichten aus den USA, heiratete. Tennie überbot das noch. Sie heiratete einen noch reicheren Warenhändler, dem der Titel eines Baronets verliehen wurde, nachdem er ein Heim für Künstler gestiftet hatte. Also wurde sie adlig!

Woodhull erklärte sich 1884 und 1892 zwar wieder zur Kandidatin für das Präsidentenamt und hielt wieder einmal Vorträge in den USA, diesmal als Mrs. Martin; doch spielten sie und ihre Schwester keine politische Rolle mehr. Victoria half den Frauen in ihrer englischen Umgebung mit Farmtechniken und im Ersten Weltkrieg organisierte sie Näherinnen für die Soldatenhilfe. Tennessee, d.h. Baronin Cook, setzte sich dafür ein, dass auch die Kunden von Prostituierten registriert werden sollten, sowie für die Rechte unehelicher Kinder. Während des Krieges rief sie zu einer weiblichen Armee von 150.000 bewaffneten »Amazonen« auf. Beide starben dann friedlich in England.

Eigenwillige, ungewöhnliche Frauen waren sie. Noch offen bleibt: Standen sie eher für »Humbug« oder waren sie Vorkämpferinnen für die Rechte der Frauen auf politischem, moralischem und auch sexuellem Gebiet? Auch in den USA sind ihre Namen nur wenigen bekannt. Doch überlegte Otto von Corvin in der *Gartenlaube*:

»Da unser ganzer Staat auf die Familie, die Ehe, gegründet ist, so liegt es auf der Hand, dass eine radicale Aenderung im Staats- und gesellschaftlichen Leben stattfinden müßte, wenn je die Principien der Mrs. Woodhull zur allgemeinen Geltung kämen. Ich bin selbstverständlich weit entfernt, als ein Advocat dieser Theorien oder der Mrs. Woodhull auftreten zu wollen, die ich, was ihre Person anbetrifft, für einen Erz-Humbug halte, wie ihn eben nur die eigenthümlichen Verhältnisse Amerikas hervorbringen und dulden können; allein diese Theorien enthalten eine Saat, die im Laufe der Zeit ganz gewiß Früchte tragen wird, und insofern sind sie und deren Trägerin der Aufmerksamkeit denkender Menschen wohl würdig.«

Und Elizabeth Cady Stanton, die Victoria näher stand als die meisten, schrieb:

»Victoria Woodhull hat mehr für die Frauen getan, als jede andere von uns es gekonnt hätte. Sie hat den Männern getrotzt und sie herausgefordert, und wurde dafür mit Schmähungen überschüttet, die eine Frau erschaudern lassen. Sie hat es riskiert, mit jener Art von Schande gebrandmarkt zu werden, die jede andere von uns, die man doch immer willensstark genannt hat, gelähmt hätte. Sie sprang mitten hinein in die Brombeersträucher, die für uns zu hoch waren, um zu sehen, was sich dahinter verbirgt; ohne Rücksicht auf ihr Leben hat sie den Weg in das verschlossene und dornige Gefilde geöffnet, mit einem festen Glauben, dass ehrenwerte Prinzipien letzten Endes über konspirative Verleumdung siegen werden. Sie wird so berühmt sein, wie sie berüchtigt war und von unwissenden und feigen Männern und Frauen ehrlos gemacht. In den Annalen der Emanzipation wird der Name Victoria Woodhull als der einer Befreierin verzeichnet sein.«

16.
Die Mutter und ihre wilden Weiber

Mary »Mother« Jones (ca. 1830–1930)

Ein Schreckgespenst war diese Alte für jeden Bergwerksmanager. Gerade bei Streiks war sie das reinste Gift! Da war jedes Mittel recht, sie fernzuhalten!

Für die Bergleute dagegen, von Pennsylvania bis Colorado, war sie »Mother Jones«! Das waren ihre »Jungen«, die sie bis an ihr Lebensende – mit etwa 100 Jahren – anfeuerte und liebte.

Einmal sprach ein lokaler Manager mit ihr am Telefon, ohne zu wissen, wem er da sein Leid klagte:

»O Gott«, sagte er, »diese Mother Jones ist wirklich ein gefährliches Weibsstück.«

»Warum verhaften Sie sie nicht?« fragte sie, ohne sich zu verraten.

»O Gott, das könnte ich nicht. Dann würde ich mir ihren Mob von Weibern mit Besen und Mops an den Hals holen! Das Gefängnis ist nicht groß genug, um sie alle drin zu halten. Sie würden einem das Leben ›ausmoppen‹.«

Dabei sah diese gefährliche Agitatorin so harmlos aus. Eine ältere Dame, mit blumengeschmücktem Häubchen, altmodischer dunkler Jacke, etwas Spitze am Hals und einem langen, weiten Rock, auch nachdem diese Mode längst vorbei war. Doch wenn die Schläger der Firmen mit Feuerwaffen alle Wege zu den bestreikten Bergwerken absperrten, konnte die alte Dame den langen Rock hochraffen und durch eiskalte Bergbäche waten. Auf einmal war sie dann dort, wo sie kaum einer erwartet hatte.

Ihre frühen Jahre endeten tragisch. In Irland geboren, wo ihre
Vorfahren immer gegen die englischen Besetzer gekämpft hatten,
kam Mary Harris als Kind nach Amerika. Sie wurde Lehrerin, dann
Näherin: »Ich zog das Nähen dem Herumkommandieren von kleinen
Kindern vor«, schrieb sie in ihrer Autobiographie. Sie heiratete den
Eisengießer George Jones, der in den neu entstehenden Gewerkschaf-
ten aktiv war, bis 1867 eine fürchterliche Epidemie von Gelbfieber ihn
und vier Kinder – eins nach dem anderen – aus dem Leben nahm.

Sie versuchte, mit einem kleinen Geschäft in Chicago als Näherin
von Kleidern durchzukommen – und merkte dabei, wie ihre reichen
Kundinnen in unglaublichem Luxus schwelgten, während sie zugleich
arbeitslose und hungernde Familien an ihrem Fenster vorbeiziehen
sah.

1871 brannte dann Chicago nieder – eine der größten Katas-
trophen in der US-Geschichte. Große Teile der Innenstadt wurden
vernichtet; aber die Stadt erholte sich und wurde durch die Fleisch-
verpackung und den Bau von neuen Erntemaschinen zum größten
Industriezentrum des Landes. Doch die Arbeitsbedingungen wurden
immer schrecklicher; zugleich nahmen die Kämpfe gegen sie zu – später werden Upton Sinclair in *The Jungle* und, durch den weltbekannten
Roman inspiriert, Bertolt Brecht in *Die heilige Johanna der Schlachthöfe*
über diese Verhältnisse erzählen. Mary Jones trat in die neue große
Kampforganisation »Ritter der Arbeit« ein. Ein riesiger Eisenbahner-
streik von 1877 – man beschimpfte die Teilnehmer als Anarchisten,
Kommunarden, Terroristen – und die Hinrichtung von vier Anarchisten nach Massenstreiks und Demonstrationen sowie einer Polizeipro-
vokation am Haymarket Square in Chicago 1886 – worauf der 1. Mai
als Arbeiterkampftag zurückgeht – prägten Mary Jones entscheidend.
Etliche Jahre später, im Juni 1905, würde sie die Industrial Workers of
the World (IWW) mitgründen, deren Mitglieder auch als »Wobblies«
bekannt wurden. Doch nun zog sie erst einmal von einem Bergbau-
gebiet zum nächsten, immer aktiv gegen die ungeheuer schlechten,
gefährlichen Grubenbedingungen. Ihr Ruf verbreitete sich rasch. Sie
selbst erzählte:

»Etwa 1891 war ich unten in Virginia. Da gab es einen Streik in den Dietz-Gruben und die Jungen hatten nach mir gerufen. Als ich in Norton aus dem Zug stieg, kam ein Kerl zu mir gelaufen und fragte, ob ich Mother Jones wäre.

›Ja, ich bin Mother Jones.‹

Er sah fürchterlich erschrocken aus. ›Der Superintendent sagte mir, dass, wenn du hierher kommst, er dir das Gehirn auspusten wird. Er sagte, er will dich hierzulande gar nicht sehen.‹

›Sag dem Superintendenten, dass ich ja sowieso nicht komme, um ihn zu sehen. Ich komme, um die Bergleute zu sehen.‹«

Bei einem schwächelnden Streik in Pennsylvania ließ eine ärmliche Bergmannsfamilie sie bei sich übernachten. Ganz früh wurde sie geweckt:

»›Mother, bist du wach?‹ – ›Ja, ich bin wach.‹ – ›Dann musst du aufstehen. Der Sheriff ist gekommen, um uns hinauszuschmeißen, weil wir dich untergebracht haben. Das Haus gehört der Firma.‹

Die Familie sammelte sämtliche Habseligkeiten, was nicht viele waren, nahm die Heiligenbilder von der Wand, steckte alles in einen Handwagen und zog wie alle Nachbarn zur Versammlung. Der Anblick des Wagens mit den wenigen Möbelstücken, den Heiligenbildern und den Kindern, und wie der Vater und die Mutter und ich nebenher durch die Straßen liefen, krempelte die ganze Situation um. Die Männer wurden so wütend, dass sie beschlossen, es am gleichen Tag abzulehnen, in die Gruben zu fahren …

Die Firma holte dann Streikbrecher. Ich sagte den Männern, sie sollten einmal bei den Kindern bleiben und es den Frauen überlassen, mit den Streikbrechern fertig zu werden. Ich organisierte eine Armee von Hausfrauen. Zu einem bestimmten Tag sollten sie ihre Mops und Besen mitbringen und als ›Armee‹ gegen die Streikbrecher da oben vorgehen. Der Manager, der Sheriff und die Firmenleute erfuhren von unseren Plänen und waren alle an dem Tag da, als die Frauen mit Mops, Besen und Wassereimern erschienen.

Ich beschloss, nicht selber hinzugehen, denn ich wusste, mich würden sie verhaften und das könnte der Armee das Genick brechen. Dafür wählte ich als Führerin eine Irin, die ganz eigenartig aussah. Sie hatte verschlafen, also sagte ihr Mann, sie solle sich beeilen, um zu der Armee zu gehen. Sie griff einen roten Unterrock und zog ihn über das dicke, baumwollene Nachthemd. Sie trug einen schwarzen und einen weißen Strumpf und hatte einen kleinen roten Schal mit Fransen über das wilde rote Haar gezogen. Ihr Gesicht war rot und ihre Augen wütend. Als ich sie sah, hatte ich das Gefühl, sie könnte für ein richtiges Spektakel sorgen.

Ich sagte: ›Du führst die Armee bis Drip Mouth. Nimm deine Blechpfanne und den Hammer. … Habt vor niemandem Angst!‹

Sie führte dann die Frauen den Berg hinauf … und als die Maultiere mit den Streikbrechern und den Kohlen heraufkamen, begann sie zu hämmern und brüllen, und die ganze Armee stimmte mit ein. Der Sheriff klopfte sie an die Schulter.

›Meine liebe Dame‹, sagte er, ›denke an die Maultiere. Erschrecke sie nicht.‹

Sie nahm die alte Blechpfanne, schlug ihn damit und sagte, ›Zum Teufel mit dir und den Maultieren.‹

Er fiel hin und in den Bach, die Maultiere begannen zu rebellieren, bockten und traten die Streikbrecher und zogen weg zu ihren Ställen. Die Streikbrecher rannten den Berg hinunter, gefolgt von der Frauenarmee mit ihren Mops, Eimern und Besen.«

In einer ihrer Anekdoten ging es um einen Richter, der das Fluchen eines Bergmanns übel nahm; damals waren Worte wie »Hölle« und »verdammt« im höflichen Gespräch noch absolut tabu.

»Er flucht mit jedem zweiten Wort«, beschwerte sich der Richter.

»Herr Richter, so beten ignorante Arbeiterleute wie wir.«

»Beten auch Sie auf dieser Art?«

»Ja, Herr Richter, wenn ich schnell eine Antwort haben will.«

Wenn es gegen das Hungern der Bergleute ging, konnte Mother Jones hart sein – doch wenn es um die Schwachen ging, war ihr Herz sehr weich. Bei einem Textilstreik 1903 in Pennsylvania erfuhr sie, dass mindestens 10.000 der 75.000 Streikenden Kinder waren. Täglich traf sie welche im Gewerkschaftsbüro, ihnen fehlten oft Daumen, mehrere Fingern, einigen ganze Hände. Manche, die keine zehn Jahre alt waren, waren mager und gingen gebeugt. Das erlaubte Mindestalter betrug zwölf Jahre, doch logen viele Mütter: Wenn die Väter in den Gruben starben oder zu Krüppeln wurden, galt es, sich irgendwie vor dem Hunger zu retten.

In Philadelphia organisierte Mother Jones eine Kundgebung gegen die Kinderarbeit, sie zeigte vor dem Rathaus Kinder mit fehlenden Fingern und Händen und sagte, Philadelphias große Villen würden auf den gebrochenen Knochen, bebenden Herzen und eingezogenen Köpfen dieser Kinder gebaut. Ihre Leben würden geopfert, um Reichtum für andere zu schaffen. Als Mother Jones die Journalisten fragte, warum sie über so etwas nicht berichten, gestanden diese, das dürften sie nicht, denn die Fabrikbesitzer besäßen Anteile an den Zeitungen.

»Nun, ich habe Anteil an den Kindern« war ihre Antwort.

Als es in der Frage eines strengeren Gesetzes ruhig wurde, meinte Mother Jones, es müsse wieder mobilisiert werden. Damals fuhr man die berühmte Freiheitsglocke von Philadelphia im Land herum, um sie von großen Mengen bewundern zu lassen. Die Kinder im Textilstreik kämpften auch um ein bisschen Freiheit. Da bot es sich an, dass sie auch auf Tournee gingen. Also zog Mother Jones, unterstützt von einigen Streikenden – samt Erlaubnis von deren Eltern – mit einer Gruppe durchs Land. Jedes Kind trug Messer, Gabel, Blechteller und Tasse bei sich. Ein Junge hatte eine Trommel, ein anderer eine Querpfeife. Die Banner lauteten: »Wir wollen Zeit zum Spielen« und »Der Wohlstand ist gekommen. Wo ist unserer?«

Es gefiel den Kindern außerordentlich. Sie badeten in Bächen und Flüssen, Farmer spendeten Obst und Gemüse, deren Frauen brachten Kleidung und etwas Geld. Durch die Städte ließ man sie umsonst mit der Straßenbahn fahren.

In Princeton sprachen sie bei einer großen Versammlung mit vielen Studenten und Professoren. Mother Jones sagte schonungslos, die Reichen würden diesen Kindern auch die elementarste Bildung rauben, damit sie ihre Söhne und Töchter in die Universitäten schicken könnten. Sie würden die Hände und Füße von Kleinkindern benutzen, um ihren Frauen Autos zu schenken und ihren Töchtern Schäferhunde, mit denen sie auf Französisch plaudern durften. Sie stellte

Kinder vor, die kaum lesen oder schreiben konnten, weil sie täglich zehn Stunden in den Textilwerken schufteten. »Hier haben Sie ein Lehrbuch in Sachen Ökonomie«, sagte sie und wies auf einen Jungen von zehn Jahren, der durch das Tragen von 75 Pfund schweren Garnbündeln bereits gebückt war. Er bekam dafür drei Dollar in der Woche, seine vierzehnjährige Schwester sechs Dollar. Zehn Stunden täglich arbeiteten sie in einem Teppichwerk, während die Kinder der Reichen eine höhere Bildung genießen konnten.

Als ihnen verboten wurde, in New York eine Kundgebung abzuhalten, sprach Mother Jones mit dem Oberbürgermeister. Er verteidigte das Verbot: sie seien keine Bürger von New York.

»Oh, das kann ich gleich klären«, meinte Jones. »Erlauben Sie mir, daran zu erinnern, was vor einem Jahr geschah: Ein Stück königliche Faulheit, die sich Prinz Heinrich nannte, kam aus Deutschland hierher. Der US-Kongress stimmte zu, 45.000 Dollar auszugeben, um dem Kerl drei Wochen lang den Magen zu füllen und ihn zu unterhalten. Seine Hoheit bekam vier Millionen Dollar Dividenden von dem Blut der Arbeiter dieses Landes. War er Staatsbürger? ... Man berichtete, dass Sie und alle Offiziellen von New York ihn empfingen. War er ein New Yorker Bürger? ... Nun, Herr Bürgermeister, dies sind die kleinen Staatsbürger der Nation und produzieren auch seinen Wohlstand. Sind wir nicht berechtigt, in die Stadt zu kommen?«

Diesmal hat es gewirkt. Mit Trommeln und Pfeifen marschierte die kleine Gruppe die 4. Avenue entlang, von der Polizei begleitet; bei ihrer großen Kundgebung bekamen sie recht viel Spendengelder und Einladungen, in Wohnungen zu übernachten. Am nächsten Tag gingen sie zum Rummelplatz von Coney Island – es sollte ein Tag werden, wie sie ihn noch nie erlebt hatten.

Mother Jones hatte beschlossen, mit den Kindern den US-Präsidenten Theodore Roosevelt in seinem luxuriösen Heim an der Küste zu besuchen und ihn aufzufordern, ein Gesetz zu initiieren, das die Ausbeutung der Kinder verbietet. Sie schrieb:

»Ich dachte, dass Präsident Roosevelt diese Fabrikkinder sehen und sie mit den eigenen Kindern, die den Sommer am Strand von Oyster Bay verbringen, vergleichen könnte.«

Doch als sie dorthin marschierten, lehnte es der Präsident ab, sie zu treffen. Er antwortete auch nicht auf Mother Jones' Briefe.

»Das Problem ist, keiner in Washington interessiert sich dafür. Ich sah, wie unsere Abgeordneten in einer Stunde drei Gesetzen zustimmten, die den Eisenbahnbesitzern zur Hilfe kommen, doch wenn die Arbeiter um Hilfe für die Kinder rufen, da hören sie nicht zu … Einmal fragte ich einen Mann im Gefängnis, wieso er dort gelandet war und er sagte, er hätte ein Paar Schuhe gestohlen. Ich sagte ihm, hätte er eine Eisenbahnlinie gestohlen, dann wäre er US-Senator geworden. … Dennoch hat unser Marsch gewirkt. Wir haben die Aufmerksamkeit des Landes auf das Verbrechen der Kinderarbeit gelenkt. Und obwohl der Streik der Textilarbeiter in Kensington verloren ging und die Kinder wieder in die Fabriken mussten, erließ das Parlament von Pennsylvania nach nicht allzu langen Zeit doch noch ein Kinderarbeitsgesetz, das Tausende von Kindern aus den Betrieben nach Hause schickte und Tausenden, ehe sie vierzehn Jahre alt waren, die Fabrikarbeit verbot«.

Mother Jones hatte zu vielen Fragen eine feste Meinung. Zum Beispiel war sie gegen das Alkoholverbot, das viele Frauenorganisationen verlangten (und das von 1919 bis 1933 in Kraft trat). Sie meinte, die Unternehmer wollten nur mehr aus den Arbeitern pressen, und sagte spitz, die Meute von »Pfarrern und verdammten Ziegen« kriegt einen Anfall, wenn ein Arbeiter eine Flasche Bier kauft, hat aber nichts dagegen, wenn diese und deren Frauen und Kinder unter dem Fluch der niedrigen Löhne und erdrückenden Arbeitsstunden schuften.

Auch über den langen Kampf um das Frauenwahlrecht begeisterte sie sich keineswegs:

»Bei einem Essen vor fünfhundert Frauen wurde ich als Rednerin geladen. Die meisten waren verrückt nach dem Wahlrecht. Sie meinten, das Wahlrecht für Frauen würde den Himmel auf Erde bringen.

›Sie müssen auf den Straßen um Redefreiheit kämpfen‹, sagte ich ihnen.

›Wie können wir das‹, rief eine Frau, ›wenn wir nicht wählen dürfen?‹

›Ich hatte niemals das Stimmrecht‹, sagte ich, ›und habe trotzdem
überall Spektakel gemacht. Dazu braucht man kein Wahlrecht. Man
braucht eine Überzeugung und eine laute Stimme! … Ich bin nicht
gegen irgendetwas, was die Freiheit für meine Klasse bringen wird‹,
sagte ich. ›Doch will ich mit Ihnen, ernsthaften Frauen, die für das
Wahlrecht kämpfen, offen sprechen. Im Bundesstaat Colorado haben
die Frauen seit zwei Generationen das Wahlrecht. Doch leben dort
arbeitende Männer und Frauen wie in der Sklaverei. Der Bundesstaat
lebt in der Sklaverei, dem Colorado Fuel and Iron Company und seinen Filialen unterworfen … Manche Bergwerksbesitzer meinen, hätte es kein Frauenwahlrecht gegeben, dann hätten sich die Bergleute
längst durchgesetzt.‹«

Dann riet sie: »Wofür ihr auch kämpft, seid nicht damenhaft! Gott
der Allmächtige schuf Frauen, die Diebesbande der Rockefellers schuf
die Damen. Ich habe gerade sechzehn Monate lang an einem bitteren
Krieg in Colorado teilgenommen. Gegen bewaffnete Söldner stand
ich, eine alte Frau, ohne Wahlrecht, doch mit nichts als einer Hutnadel
habe ich sie erschreckt.«

Im Jahre 1919 nahm Mother Jones, weit über 80, an einem großen Stahlstreik teil, mit dem Hunderttausende gegen zwölfstündige
Schichten – manchmal zwei hintereinander – und andere Härten
kämpften. Der Streik ging verloren, zum Teil wegen des (geschürten)
Hasses auf Einwanderer, vor allem aber wegen der erdrückenden Me-
dienpropaganda, wie Mother Jones schilderte: »Die Presse kroch den
Stahlkonzerngöttern zu Füßen. … Einschüchterung beherrschte die
Kirchen, die Schulen, die Theater. Die Herrschaft der Stahlfirmen war
absolut … unter dem Befehl des Stahltrusts wurde das Publikum täglich mit Geschichten von Revolution gefüttert, vom Bolschewismus
und vom russischen Gold, das den Streik unterstützen soll.«

Bei einem Bergarbeitertreffen in Colorado betonte sie, wie wichtig
es war, sich nicht spalten zu lassen: »Brüder, ihr englischsprachige
Bergleute im nördlichen Kohlenrevier, habt euren südlichen Brüdern
– die zu 70 Prozent nicht Englisch sprechen – versprochen, dass ihr
sie bis zum Schluss unterstutzen würdet. Nun verlangt man, dass ihr
sie verratet und einen getrennten Vertrag machen. … Euer Gegner

versucht, euch zu besiegen, indem er euch auseinandertreibt, indem er Unterschiede zieht zwischen Norden und Süden, zwischen Amerikanern und Ausländern. Ihr seid alle Bergleute mit gleichem Ziel und dem gleichen Boss. Die eiserne Ferse schmerzt jedes Fleisch gleichermaßen. Leiden, Hunger und das Wohl eurer Kinder binden enger als eine gleiche Sprache ... Wenn meine Klasse den Kampf um Gerechtigkeit führt ..., kenne ich weder Osten noch Westen, Norden noch Süden. Wenn ich das Glück habe, zu erleben, dass die Ketten der Industrie von jedem Arbeiterkind in Amerika entfernt werden ... – wenn aber dann noch ein schwarzes Kind in Afrika gefesselt bleibt, dann fahre ich dorthin.«

Nach ihrer Rede standen alle Delegierten auf und bekundeten ihre Zustimmung; die Mehrheit beschloss, dem Nationalvorsitzenden der Gewerkschaft nicht zu gehorchen, sondern den südlichen Bergleuten beizustehen.

Bei einem Treffen von Gewerkschaften aus Nord- und Südamerika 1921 in Mexiko schockierte Mother Jones manche, als sie sagte, dass »dieses Treffen einen neuen Tag bedeutet, einen Tag, an dem die Arbeiter der ganzen Welt keine Grenzen mehr kennen als die zwischen den Ausbeutern und den Ausgebeuteten. Sowjetrussland hatte es gewagt, die alte Ordnung herauszufordern, hatte die Erde jenen gegeben, die sie bearbeiteten, und die Kapitalisten der Welt zitterten in ihren Streikbrecher-Schuhen.«

Einmal war sie Zeugin vor einem Kongressausschuss. Ein Abgeordneter fragte, wo sie wohne. »Ich wohne in den Vereinigten Staaten, weiß aber nicht genau wo. Meine Adresse ist immer dort, wo ein Kampf gegen Unterdrückung stattfindet. Manchmal bin ich in Washington, dann in Pennsylvania, Arizona, Texas, Minnesota, Colorado. Meine Adresse ist wie meine Schuhe: sie reist mit mir mit.«

Zugleich behielt sie immer ein gewisses Misstrauen: »Viele unserer modernen Arbeiterführer sind weit von dem Dornenweg jener früheren Kreuzritter gewandert. In den frühen Jahren des Arbeiterkampfes konnte man niemals Führer finden, die willig mit den Aristokraten speisten; ihre Frauen stolzierten auch nicht wie diamantenbedeckte Pfauen herum und ließen sich von gedemütigten, katzbuckelnden

Farbigen bedienen. Die Frauen jener Führer nahmen Wäsche an, um
auszukommen. Ihre Kinder pflückten und verkauften Waldbeeren.
Die Frauen teilten das Heldentum, die Nöte ihrer Männer. Gegenüber den Mängeln unserer eigenen Leute bin ich nicht blind. Mir ist
nicht unbekannt, dass Führer verraten, sich kaufen lassen und falsch
spielen. Doch dieses Wissen verdeckt nicht die Tatsache, dass meine
Klasse, die Arbeiterklasse, ausgebeutet wird, und dass sie jedes Mal,
wenn sie sich für humanere, zivilisiertere Bedingungen für ihre Kinder und ihre Kindeskinder einsetzt, mit dem Aushungern bekämpft
wird, mit Waffen wie mit käuflichen Gerichten.«

Eine Mother-Jones-Geschichte gefällt mir so sehr, dass ich sie hier
in ihren Worten wiedergebe.

»Die Bergleute in Greensburg, Pennsylvania, streikten für höhere
Löhne. Was sie bekamen war erbärmlich. … Eines Tages stand eine
Gruppe von verärgerten Frauen vor dem Grubeneingang, wo sie die
Streikbrecher ausbuhten, die das Brot von den Mündern ihrer Kin-
dern nahmen. Dann kam der Sheriff und verhaftete sie alle wegen
›Hausfriedensbruchs‹ …

Ich sagte ihnen, wenn ihr Fall vor Gericht kommt, sollten sie ihre
Babys und Kleinkinder mitnehmen. Das taten sie, und als der Richter
sie dazu verurteilte, dreißig Dollar zu zahlen oder dreißig Tage in Haft
abzusitzen, begannen die Babys derart laut zu schreien, dass man den
alten Richter kaum hören konnte. Er zog ein böses Gesicht und fragte,
ob die Frauen nicht jemanden hätten, bei denen sie die Babys lassen
könnten.

Ich flüsterte den Frauen zu, sie sollten sagen, dass Bergmannsfrau-
en keine Nannys haben; dass Gott den Müttern die Babys gegeben
hätte und er ihnen jetzt dafür die Verantwortung gegeben habe …

Die Frauen wurden per Interstadtbahn zur etwa zehn Meilen entfernten Haftanstalt gebracht. Zwei Polizisten sollten ein Flüchten verhindern. Es stiegen auch einige Streikbrecher ein. Sobald die Bahn
wieder fuhr, knöpften sich die Frauen die Streikbrecher vor. Die zwei
Polizisten waren zu nervös, um etwas zu unternehmen. Die Streikbrecher, schon arg zerkratzt, baten den Zugführer anzuhalten und sie

aussteigen zu lassen, doch er sagte, es wäre verboten, irgendwo anders als an den Bahnhöfen zu halten. Das gab den Frauen noch mehr Zeit, sich den Kerlen zu widmen. Als sie endlich aussteigen durften, sahen die Streikbrecher aus, als ob sie in einem Tigerkäfig geschlafen hätten.

Als die Frauen ankamen, fuhren sie singend in Polizeiwagen durch die Stadt. Eine große Menschenmenge folgte den Wagen und sang mit. Und als die Frauen mit den Babys auf dem Arm vor der Haftanstalt ausstiegen, riefen ihnen die Menschen begeistert zu. Die Polizisten übergaben sie an den Sheriff und sahen sehr erleichtert aus.

Der Sheriff sagte zu mir: ›Mother, mir wäre lieber, sie hätten mir einhundert Männer gebracht, statt dieser Frauen. Frauen sind rabiat!‹

›Ich habe sie Ihnen nicht gebracht, Sheriff‹, sagte ich. ›Das war der Richter der Bergwerksgesellschaft, der sie Ihnen als Geschenk schickte.‹

Der Sheriff nahm sie mit nach oben, in einen Raum, und ließ mich lange mit ihnen allein. Ich sagte: ›Singt doch die ganze Nacht hindurch. Ihr könnt euch einander abwechseln, wenn ihr müde oder heiser werdet. Schlaft am Tage und singt die ganze Nacht hindurch und hört für niemanden auf. Sagt, dass ihr für die Babys singt. Ich werde Obst und Milch für die Kleinen besorgen. Ihr sollt nur singen und singen.‹

Die Frau des Sheriffs war eine reizbare kleine Katze. Sie ging mehrmals zu ihnen hoch und versuchte, sie dazu zu bringen, mit dem Singen aufzuhören, denn sie konnte nicht schlafen. Dann ließ mich der Sheriff bitten, sie zu stoppen.

›Ich kann sie nicht stoppen‹, sagte ich. ›Sie singen für ihre Kleinen. Telefonieren Sie doch mit dem Richter, damit er sie frei lässt.‹

Klagen kamen nun dutzendweise von nahen Hotels, Pensionen und Privathäusern. ›Diese Frauen heulen wie die Katzen‹, sagte mir ein Hotelbesitzer. ›So darf man nicht von Frauen sprechen, die patriotische Lieder singen sowie Schlaflieder für ihre Kleinen‹, sagte ich.

Nach fünf Tagen endlich, in denen alle in der Ortschaft wach gehalten wurden, entschied sich der Richter für ihre Freilassung. Er war ein engstirniges, reizbares, wütend aussehendes altes Tier und hasste es, dies zu tun, doch keiner konnte diese Frauen zum Schweigen bringen!«

Man weiß nicht genau, wie alt Mother Jones wurde. Sie behauptete, am 1. Mai 1830 geboren zu sein. Da sie am 30. November 1930 verstarb, wäre sie also 100 Jahre alt geworden. Andere meinen, sie hätte
sich ein paar Jahre älter gemacht. Wie dem auch sei: Zwanzigtausend
Menschen kamen zur Trauerfeier. Der Country- und Folksänger Tom
Russell verewigte sie mit dem Lied »The Most Dangerous Woman
In America«, und noch heute wird sie geehrt – sogar eine Zeitschrift
nennt sich *Mother Jones*.

Ihre Autobiographie endet mit den Worten: »Trotz Unterdrücker,
trotz falscher Führer, trotz mangelnder Einsicht der Arbeiter in ihre
echten Bedürfnisse, geht die Sache der Arbeiter weiter. Langsam werden ihre Arbeitsstunden kürzer, was Freizeit zum Lesen und Denken
bietet. Langsam steigt ihr Lebensstandard … und wird die Sache des
Arbeiters zur Sache aller. Sein Sohn wird aus dem Bergwerk geholt,
seine Tochter aus dem Werk. Langsam wird es denen, die den Reichtum der Welt schaffen, auch ermöglicht, daran teilzuhaben. Die Zukunft liegt in den starken, rauen Händen der Arbeiter.«

17.
Darf man darüber reden?

Margaret Sanger (1879 – 1966)

»Sie sind verhaftet!« – Diese Worte bekamen mehrere Frauen in diesem Buch zu hören. Margaret Sanger hörte sie recht oft, diesmal aber ausgerechnet in einer Klinik, gemeinsam mit ihrer Schwester und einer Dolmetscherin. Sie musste daraufhin dreißig Tage hinter Gittern verbringen. Auch wenn das nicht außerordentlich lang erscheinen mag: Ihre Verhaftung wie auch deren Umstände waren für viele Menschen – insbesondere für Frauen – von großer Bedeutung.

Geboren als Margaret Higgins im Norden des Staates New York, begleiteten tragische Umstände ihre Jugend – was leider keine Seltenheit war. Ihre Familie war arm und irisch-katholisch, der Vater, ein überzeugter Atheist, glaubte sogar an Frauenrechte, doch auch solche Einsichten nutzten damals oft wenig. In 22 Jahren wurde Margarets Mutter 18 Mal schwanger, elf Kinder brachte sie lebend zur Welt. Mit 50 Jahren starb sie. Die unmittelbaren Ursachen hießen Tuberkulose und Gebärmutterhalskrebs, doch geschwächt war ihr Körper durch die fast ununterbrochenen Schwangerschaften und die Kinder.

Margaret, gut in der Schule, genoss zunächst eine höhere Bildung. Allerdings konnte sie diese zunächst nicht weiterverfolgen, da sie die Mutter in deren letzten Jahren und die jüngeren Geschwister pflegen musste. Erst nach dem Tod der Mutter machte sie eine Ausbildung zur Krankenschwester und heiratete mit 23 Jahren den Architekten William Sanger. Sie bekamen drei Kinder und zogen, nachdem das von ihm entworfene Haus abbrannte, nach Greenwich Village, das Bohème-Viertel von New York. Sie lernte berühmte Menschen kennen, so die Anarchistin Emma Goldman und Sozialistinnen und Sozialisten wie John Reed, Upton Sinclair und Elizabeth Gurley Flynn. Sie selbst trat der damals starken Sozialistischen Partei bei. Als die Kinder größer wurden, arbeitete sie als Krankenschwester. Manches prägte sich unauslöschlich ein:

»… immer öfter kamen Bitten um Hilfe von der Lower East Side, als ob ich dorthin durch eine magnetische Kraft, die außerhalb meiner Kontrolle lag, angezogen worden wäre. Ich hasste die Misere und die Hoffnungslosigkeit der Armen und erlebte niemals die Befriedigung, mit ihnen zu arbeiten, die manche noble Frauen dabei gefunden haben. Meine Sorge um meine Patientinnen änderte völlig meine früheren Ansichten im Krankenhaus. Ich konnte erkennen, dass vieles um sie schlecht stand, was aber nicht in der physiologischen oder medizinischen Diagnose erwähnt wurde. Eine Frau bei der Niederkunft war nicht lediglich eine Frau bei der Niederkunft. Meine breitere Sicht schloss eine Sicht des Hintergrunds ein, über ihr Potenzial als Mensch, von der Art der Kinder, die sie gebar und was aus ihnen werden würde.«

Eines Tages, im Juli 1912, geschah in einer Mietskaserne Folgendes: »Meine Patientin war eine kleine, zarte russische Jüdin, etwa 28 Jahre alt, mit jenen besonderen Gesichtszügen, die dem Leiden wie bei einer Madonna Ausdruck verleihen. Die enge Dreizimmerwohnung war in traurigem, chaotischem Zustand. Als Jake Sachs, ein LKW-Fahrer, kaum älter als seine Frau, nach Hause kam, fand er die drei Kinder in Tränen und sie bewusstlos von den Auswirkungen einer eigens vorgenommenen Abtreibung. Nachdem der Arzt sie behandelt hatte, fragte ihn die kleine Sadie inständig, was zu tun wäre, damit sich das nicht wiederholt … Seine Antwort war: ›Sagen Sie Jake, er soll auf dem Dach schlafen.‹«

Drei Monate später wurde Margaret Sanger wieder zur Wohnung dieser Frau gerufen. Die Frau lag diesmal wegen eines erneuten Abtreibungsversuchs bereits im Koma. Zehn Minuten später war sie tot.

Sanger schrieb: »Ich warf meine Krankenschwestertasche in die Ecke und schwor … ich würde niemals wieder einen Fall übernehmen, bis ich es möglich gemacht hätte, dass Arbeiterfrauen in Amerika das Wissen haben, Geburten zu kontrollieren.«

Darüber recherchierte und schrieb sie, zunächst in der sozialistischen Presse unter dem Titel »Was jedes Mädchen wissen sollte«. Ein Jahr später kam »Was jede Mutter wissen sollte« hinzu. Sie gründete eine eigene Monatsschrift mit dem Titel *The Woman Rebel* (etwa: *Die Rebellin*), die sich unter der Losung »No Gods and No Masters« (»Keine Götter und keine Herren«) für die Verhütung einsetzte und behauptete, jede Frau solle »die absolute Herrin des eigenen Körpers« sein. Trotz mutiger Vorgängerinnen war das 1914 immer noch umstürzlerisch! Für manche in den USA ist es das sogar noch heute.

Immer noch galt das Comstock-Gesetz gegen Obszönität und Pornographie, auf dessen Grundlage man zweiundvierzig Jahre zuvor Woodhull und ihre Schwester Tennessee Claflin eingesperrt hatte. Noch lebte gar der alte Anthony Comstock, den Emma Goldman den Führer der »moralischen Eunuchen« nannte. Alles bezüglich Verhütung galt als Pornographie, also belangte man Sanger wegen der Verbreitung von solcher Information auf dem Postweg. Unter falschem Namen floh sie vor der Verhaftung nach England, doch sobald das Schiff internationales Gewässer erreicht hatte, ließ sie per Kabel-Mitteilung 100.000 Kopien ihrer Schrift *»Family Limitation«* verteilen. Dafür wurde ihr Mann verhaftet; ein Postbeamter, der als Spitzel arbeitete, zeigte ihn an. William Sanger musste 30 Tage absitzen.

Als Margaret 1916 zurückkehrte, war die Anklage noch aktuell, doch war ihr Fall nun weit und breit bekannt. Man beklagte fehlende Pressefreiheit und der berühmteste Anwalt der USA, Clarence Darrow, bot seine unentgeltliche Hilfe an. Sie begegnete einer Welle von Sympathie, noch verstärkt durch den plötzlichen Tod ihrer fünfjährigen Tochter infolge einer Lungenentzündung. Man zog es also vor, die Anklage fallen zu lassen.

Sanger setzte ihren Kampf fort, überzeugt davon, dass nur, wenn Frauen selbst entscheiden könnten, wann sie Kinder haben, sie sowohl sexuelle Beziehungen ohne Ängste genießen als auch eine gleiche Position in der Gesellschaft erreichen könnten. Hierzu erhielt sie Tausende von Briefen. Und auch böse Anschuldigungen. Sie ließ sich jedoch nicht erweichen: »Das Wissen um Wahrheiten über den Sex, offen und einfach dargestellt, kann unmöglich gesunden, normalen jungen Köpfen schaden. Verheimlichung, Unterdrückung, vergebliche Versuche, das Unverschleierbare zu verschleiern – all dies verursacht Schäden, ist nur selten erfolgreich und macht jene, die sich damit begnügen, nur lächerlich. Was mich betrifft, so habe ich volles Vertrauen in die Reinheit, die Offenheit und die Perspektiven der jüngeren Generation.«

Auf ihrer Flucht 1914/15 erfuhr sie in den vom Krieg verschonten Niederlanden von einem in den USA kaum bekannten Verhütungsmittel, dem Pessar, das viele Vorteile gegenüber den bisherigen Mitteln besaß. Dort hatte sich die Zahl der Todesfälle während der Schwangerschaft, also durch Abtreibungsversuche, bald halbiert. Dieses Wissen wie auch anwendbare Modelle brachte sie mit in die USA, um sie in der neuen Klinik für Familienplanung und Geburtenkontrolle, die sie 1916 mit ihrer Schwester in Brooklyn eröffnet hatte, einzusetzen. Zahlreiche Frauen – zumeist in der Nähe wohnende italienische und jüdische Immigrantinnen – stellten sich gleich in die Schlange, um Hilfe zu bekommen.

Nach neun Tagen kamen die genannten harten Worte, mit denen sie verhaftet wurde. Ein Gesetz in New York verbot ausdrücklich die Verteilung von Verhütungsmitteln. Ihre Schwester kam als erste ins Gefängnis, wo sie einen Hungerstreik begann. Als Margaret vor Gericht kam, erklärte man sie auch schnell für schuldig, doch der etwas unglückliche Richter fragte dann, ob sie versprechen würde, mit den Untaten aufzuhören, wenn er sie sehr milde verurteile. Sie antwortete, »So wie das Gesetz jetzt lautet, kann ich es nicht respektieren«, und kam für dreißig Tage in Haft.

Ein Jahr später, 1918, gelang ein Durchbruch. Ein anderer Richter entschied, dass Ärzte in New York doch Verhütungsmittel verschreiben dürften. Das förderte Bemühungen in anderen Bundesstaaten und, ebenfalls wichtig, ermunterte zu neuen Geldspenden. Denn das war nur ein erster bescheidener Schritt.

Nach dem Ersten Weltkrieg steigerte Sanger ihre Bemühungen, »die Welt mit einem Geh-zum-Teufel-Blick in den Augen zu konfrontieren, eine Idee zu haben, gegen die Konvention zu reden und zu handeln.«

Ihre erste Klinik hatte sie nur mit Ärztinnen gegründet. Nunmehr organisierte sie ein Hospital in Harlem ausschließlich mit afroamerikanischem Personal. Sie bekam dabei von einigen führenden schwarzen Persönlichkeiten Unterstützung. 1921 gründete sie die Amerikanische Liga für Geburtenkontrolle (American Birth Control League) und daraufhin das Nationalkomitee zur Beförderung von Bundesgesetzen für die Geburtenkontrolle. So offiziell die Namen auch klangen, so waren doch viele der Tätigkeiten gesetzwidrig; mindestens acht Mal wurde Margaret verhaftet. Sie kam wegen der Unterstützung von prominenten Intellektuellen, großen Frauenklubs und mehreren Kirchen – allerdings nicht der Katholischen Kirche, die stets gegen solche Bemühungen polemisierte – meistens glimpflich davon. In Boston, wo diese Kirche besonders stark war, drohte der Oberbürgermeister, sie verhaften zu lassen, falls sie über solche Themen öffentlich spräche. Also ließ sie ihre Rede von einem geachteten Harvard-Professor, den man kaum zu verhaften wagte, verlesen, während sie selbst mit zugeklebtem Mund stumm auf der Bühne stand.

Sanger reiste viel und war mit Prominenten Engländern wie Bertrand Russell, dem Schriftsteller H. G. Wells und dem Sexualforscher Havelock Ellis eng befreundet. 1929 organisierte sie in Genf einen ersten Weltkongress über Familienplanung und Bevölkerungsfragen und bemühte sich um ähnliche Bewegungen in China und, mit mehr Erfolg, in Indien und Japan.

1920 ließ sie sich von ihrem Mann scheiden und heiratete 1922 einen reichen Erdölunternehmer, der sie finanziell unterstützen konnte und auch an ihrer Arbeit teilhatte. Mit den mittlerweile geschwächten Sozialisten verband sie nichts mehr, auch nicht mit den neu auf die Bühne getretenen Kommunisten. Zusammen mit ihrem Ehemann ließ sie viele Pessare illegal einschmuggeln, meist aus den Niederlanden und dem Deutschland der Weimarer Zeit, bis sie beschlossen, auch dieser Einschränkung zu trotzen. So ließen sie 1932 einen Hersteller aus Japan ein einziges Päckchen von Pessaren per Post an einen befreundeten Arzt in New York schicken. Erwartungsgemäß konfiszierte die Zollbehörde das Päckchen. Als der folgende Fall vor ein hohes Revisionsgericht kam, trug er die kuriose Bezeichnung »Die Vereinigten Staaten gegen ein Päckchen japanischer Pessare«. Anwälte und Richter hatten nun bis 1936 mit der Pessarfrage zu tun, doch am Ende siegte

das japanische Päckchen! Für die Comstock-Bigotten war das eine große Niederlage, für Sangers Sache ein wichtiger Sieg. Darauf beschloss
nun auch die Ärztekammer: Mediziner und auch Hochschuldozenten
durften nunmehr legal über Verhütung reden!

Jeder Bundesstaat hat aber seine eigenen Gesetze – teilweise recht
eigenwillige. Erst 1965 erklärte der Oberste Gerichtshof, dass man in
Connecticut Ehepaaren nicht mehr die Benutzung von Verhütungsmitteln verbieten dürfte; das Verbot blieb für Unverheiratete noch bis
1972 bestehen. Man darf jedoch vermuten, dass auch vor dieser Zeit
solcherlei Gesetze nicht immer streng befolgt wurden.

1960 erlebte Margaret Sanger die erstaunliche Erfindung und Ausbreitung der »Pille«, welche die Verhütungsfrage äußerst vereinfachte,
auch wenn sie in manchen Kreisen noch immer nicht als abgeschlos-
sen gilt. Doch weil Sanger 1966 mit 87 Jahren – friedlich – verstarb,
erlebte sie nicht mehr die historische Entscheidung des Obersten Ge-
richtshofs von 1973, der das Recht auf Abtreibung im ganzen Lande
für verfassungsmäßig erklärte. Dadurch wurden die oft tödlichen Abtreibungsversuche von Schwangeren bzw. ungebildeten, unsauberen
Pfuscherinnen auf ein Minimum reduzierte.

Trotzdem wollen religiöse Fundamentalisten und auch Politiker –
nicht nur vom äußersten rechten Flügel der Republikaner – diesen Beschluss rückgängig machen. Bei diesem Streit wurden auch kontroverse
Seiten von Margaret Sangers Ansichten entdeckt. Die Anhänger neuer
Verbote, die sich Right-to-Lifers nennen, also Recht-auf-Leben-Anhän-
ger, wollen nicht das Leben von ungewollt schwangeren Mädchen und
Frauen retten, sondern lieber das der gerade entstandenen Embryonen.
Und ironischerweise beziehen sie sich ab und zu auf Margaret Sanger,
die in der Tat einige Male gegen die Abtreibung argumentierte, die, so
meinte sie, mit wirksamer, legaler Verhütung völlig unnötig wäre.

Einige Abtreibungsgegner entdeckten noch eine zweite kontroverse Seite bei Margaret Sanger. In ihren späteren Jahren, als sie mit
keinesfalls fortschrittlichen Geschäftsleuten zunehmend zusammen-
kam, ließ sich Sanger von Eugenikern beeinflussen. Diese wollten die
Geburtenkontrolle dazu nutzen, dass sich jene Menschen, die sie als
nicht allzu »wünschenswert« einstuften, weniger fortpflanzten – oder

gar nicht. Damit, behaupteten sie, könnte die Menschenrasse verbessert werden.

Wohin derart gefährliche Gedanken führen, ist allzu offensichtlich. Die Fundamentalisten, die das Recht auf Abtreibung ständig attackieren, zitierten solche Worte von Sanger gerade gegenüber Afroamerikanerinnen, um zu behaupten, dass diejenigen, welche die Selbstbestimmung der Frau über ihre Kinderzahl fordern, besonders die Mutterschaft von schwarzen Frauen vermindern wollen. Weil es ungewollte Sterilisierungen von Schwarzen, Puertorikanerinnen und Indianerinnen schon gegeben hat, trafen manche solche Worte hart.

Sanger hat die Nazi-Euthanasie uneingeschränkt attackiert, doch bleibt sie eine kontroverse Figur. Hätte sie länger gelebt, welchen Weg wäre Margaret Sanger gegangen? Gloria Steinem, eine bedeutende Feministin, hegt darüber keine Zweifel:

»Man kann sich gut vorstellen wie Sanger auf diese heutige Lobby reagiert hätte, die gegen den freien Willen der Frauen ist, gegen die Abtreibung, gegen sexuelle Aufklärung an Schulen und auch gegen staatlich finanzierte Verhütungsprogramme, die ja Abtreibungen seltener nötig machen würden; eine Lobby, die die Erlaubnis der Eltern für eine Abtreibung verlangt, die Entscheidungsmöglichkeiten für ärmere Frauen begrenzt, weil man ihnen Geld für ärztliche Hilfe verweigert, und die die Bezahlung der US-Schulden an die UNO davon abhängig macht, ob eine Anti-Abtreibungsbestimmung erlassen wird ... Man kann sich Sangers Reaktion auf die ... Brandanschläge auf Kliniken vorstellen, manchmal auf dieselben, die sie gründete, und zu den Morden an sechs Mitgliedern des Klinikpersonals, den versuchten Morden an fünfzehn weiteren, und Angriffen auf 114 mehr ... Sanger ging durch ihre Vorbildwirkung voran. Zu ihrem tapferen und freudvollen Leben gehörten erfüllende Arbeit, drei Kinder, zwei Ehemänner, viele Liebhaber und ein internationales Netz von FreundInnen und KollegInnen. ... Mit Wort und Tat war sie Pionierin in der radikalsten, humansten, politisch am meisten umwälzenden Bewegung des Jahrhunderts.«

Über ihr stürmisches Leben darf noch immer gestritten werden.

18.
Für Brot und Rosen

Elizabeth Gurley Flynn (1890–1964)

»Das Mädchen ist eine typische irische Schönheit, mit den blauen Augen, dem glänzend schwarzen Haar und dem zarten rosigen Teint der Rasse, aus der sie hervorgegangen ist. Sie ist noch eine Schülerin ... aber sie hat die Reife, die Denkfähigkeit und die vollendete Ausdrucksweise einer Fünfundzwanzigjährigen ...« Das schrieb 1906 der berühmte Schriftsteller Theodore Dreiser über eine 16-Jährige, die er »eine Jeanne d'Arc des Ostens« nannte.

Diese Schöne, Kluge mit dem warmen Herzen landete trotzdem – oder gerade wegen ihrer Eigenschaften – oft im Gefängnis; einmal wurde sie zu einer viel längeren Strafe als Victoria Woodhull, Margaret Sanger oder Mother Jones verurteilt. Wie kam es dazu?

Elizabeth Gurley Flynn war gewiss auch eine Agitatorin. Sie hatte etwas von Mother Jones, die sie sehr verehrte; bei ihrer ersten Begegnung bei einer Kundgebung erschütterten sie die Schilderungen über das Leben von Bergmannsfamilien derart, dass sie in Ohnmacht fiel. Die alte Mother Jones sagte: »Gebt dem armen Mädchen ein Glas Wasser«, und fuhr mit der Rede fort.

Auch Elizabeth hielt auf Straßentreffen Reden, noch ehe sie sechzehn war. Ihr Thema: »Was wird der Sozialismus den Frauen bringen?« Schon als Kind nahmen sie ihre politisch bewussten Eltern zu linken Versammlungen mit; früh las sie die »Bibel« der englischen Frauenrechtlerinnen, *Die Verteidigung der Rechte der Frau* von Mary Wollstonecraft (1792), auch August Bebels *Die Frau und der Sozialismus* (1878) und *Looking Backward* (1888), den sozialistischen Bestseller von Edward Bellamy.

Bei einer Rede am Broadway nahe dem Times Square wurde sie erstmalig – nur kurz – verhaftet. Die *New York Times* spottete über »die schreckliche sozialistische Rednerin Miss Flynn, die erst in zwei Jahren aus der Schule kommt und deren Röcke noch nicht über die Schuhe reichen. Sie will uns erzählen, was wir denken sollen, nämlich das, was sie denkt.«

Das war ein Irrtum. Das Reden, oder vielmehr die Sache, für die sie eintrat, war ihr so wichtig, dass sie nach der 10. Klasse die Schule verließ. Später schrieb sie: »Ich meinte, der Sozialismus liege nur um die Ecke und ich wollte, so schnell ich konnte, in den Kampf ziehen.«

Ein Experte brachte ihr bei, wie man, damals noch ohne Technik und ohne heiser zu werden, gehört wird. Und überall wollte man sie hören – in New York und bald auch darüber hinaus. Sie redete nicht nur vom kommenden Sozialismus, sondern auch über Alltagsfragen, setzte sich – ähnlich wie Susan B. Anthony – für das Frauenwahlrecht ein und forderte das Recht auf Familienplanung, wovon sie in Margaret Sangers Haus in Greenwich Village gehört hatte.

Zwei Themen interessierten sie besonders: Zum einen die Rechte von unzähligen schikanierten Menschen in Fabriken und »Schwitzbuden«, insbesondere von Frauen, gleich ob weiß oder schwarz, »altamerikanisch« oder gerade dem Einwandererschiff entstiegen; zum anderen das Recht auf Redefreiheit. Das waren auch Hauptthemen eines neuen, kämpferischen Arbeiterverbandes namens Industrial Workers of the World (IWW), deren Miglieder meist »Wobblies« genannt wurden und teils sozialistisch, teils anarchistisch geprägt waren. Bald war Elizabeth mit Herz und Seele dabei.

Vielleicht mit einem Quäntchen zu viel Herz. Als sie den Wobblies-Organisator Jack Jones beim IWW-Kongress kennen lernte, bat dieser sie, im Mesabi-Gebiet von Minnesota, im Land des immensen Eisenerztagebaus, zu reden. Die Vortragsreise war sehr erfolgreich – und mündete in der Ehe zwischen der 17-jährigen Elizabeth und Jones, der über 30 war. Ein IWW-Freund witzelte: »Elizabeth hat sich in den Westen und in die Bergarbeiter verliebt. Den ersten, den sie kennen lernte, hat sie geheiratet.« Sie nahm diese Worte übel, doch sie sollten sich als allzu wahr herausstellen.

Auch als junge Ehefrau bekam Elizabeth viele Einladungen. Sie liebte es herumzureisen; sie sprach zu Bergarbeitern in der vom Kupferschmelzen verpesteten Stadt Butte (Montana), unterstützte Holzfäller und Wanderarbeiter gegen betrügerische Arbeitsvermittler in Missoula und zog schließlich nach Spokane (Washington), wo der IWW-Kampf um die Redefreiheit tobte. Dabei stieg ein IWW-Mann auf einem belebten Platz auf eine Leiter, um dieses Recht zu fordern – oft las er nur aus der Unabhängigkeitserklärung vor. Doch was er da genau las, interessierte die Polizei gar nicht, er wurde einfach kurzerhand verhaftet. Da stieg der nächste auf die Leiter, und nach dessen Verhaftung wieder der nächste. Jeder Güterwagen brachte mehr IWW-Wanderarbeiter in die Stadt, an Rednern mangelte es nicht. Bald waren die Gefängnisse übervoll, die Bedingungen darin grausam, etliche Insassen kamen ins Krankenhaus, einige starben, doch die eingesperrten Wobblies kämpften weiter, so laut sie nur konnten. Auch Elizabeth wurde verhaftet. Ohne sich einschüchtern zu lassen, schrieb sie in Artikeln, dass es nur männliche Wächter in dem Frauengefängnis gab und dass die Leitung eine Art Bordell-System zuließ. Politisch fast wirksamer drinnen als draußen, wurde Elizabeth freigesprochen. Schließlich, trotz brutalster Behandlung, siegten die Redefreiheitskämpfer der IWW in 26 Städten. Elizabeth aber wurde schließlich durch ihre Schwangerschaft gezwungen, schnellstens zur Mutter und den Schwestern in New York zurückzukehren, wo sie sehr bald Sohn Fred zur Welt brachte.

Mit dessen Vater, der sie nach einigen glücklichen Monaten praktisch abgeschrieben hatte, verband Elizabeth nun nichts mehr; also machte sie einfach mit ihm Schluss. Ihr Vater sagte zu ihr: »Du musst doch dem Mann einen Grund dafür nennen!« Ihre Antwort, für sie ausreichend, war: »Ich liebe ihn nicht mehr. Außerdem ist er langweilig!« Dass er so geworden war, bestätigten später auch andere. Beide ließen sich also scheiden.

Sohn Fred, der in einer Wohnung mit Mutter, Oma und zwei Tanten aufwuchs, prahlte später damit, dass er für die Redefreiheit schon »gesessen« habe, noch ehe er geboren worden war. Und er fügte hinzu, in einer Familie mit vier Frauen müsse er ohnehin täglich um das Rederecht kämpfen.

Flynn blieb eine Zeitlang mit dem Söhnchen in New York. Dann zog es sie wieder fort – in einen der dramatischsten Kämpfe der US-Geschichte.

Ich schilderte schon weiter oben, wie Bauerntöchter in Neuenglands Textilwerken schufteten. Später ließ man lieber Eingewanderte, mit Versprechungen von Wohlstand aus Europa angelockt, 56 Stunden in der Woche arbeiten. Als das Parlament von Massachusetts beschloss, dass Frauen und Kinder unter 18 nicht länger als 54 Wochenstunden arbeiten durften – ein kleiner Fortschritt –, beschleunigten die Wollwebereien in der Stadt Lawrence die Maschinen und drohten außerdem damit, auch zwei Stunden weniger Lohn zu zahlen.

Bis dahin hatten die zumeist »ungelernten Kräfte« nur sechs oder sieben Dollar die Woche erhalten; vieles ging gleich für miese Wohnungen drauf. Es war ein Hungerlohn! Ein Drittel der Beschäftigten, oft Mädchen von 14 bis 18 Jahren, starb noch vor dem 25. Lebensjahr! Die Menschen lebten von Brot, Bohnen und Melasse; auch dafür mussten alle in der Familie arbeiten, sogar Hochschwangere. Manche Babys kamen in den Betrieben zur Welt.

Bei den ersten Lohnschecks Anfang 1912 merkten zuerst die polnischen Frauen, dass sie wegen der Stundenverkürzung noch weniger Geld bekamen. Das bedeutete drei Brote weniger die Woche. Wütend stellten sie ihre Maschinen ab, zogen durch die Straßen und riefen »Löhne gekürzt! Löhne gekürzt!« Bald folgten ihnen 14.000 in die Januarkälte hinaus; am Ende waren es etwa 25.000. Die Kirchenglocken von Lawrence läuteten Alarm.

Die kleinen, exklusiven Facharbeiterverbände mit besser verdienenden englischsprachigen Männern machten anfangs überhaupt nicht mit. Also wandten sich die Streikenden an die kämpferischen Wobblies vom IWW. Schnell kam der dynamische Joseph Ettor, 27, ein Italiener, der neben Englisch und seiner Muttersprache fließend Polnisch sprach und Ungarisch wie Jiddisch verstand.

Das war wertvoll, denn die Unternehmer heuerten Arbeiterinnen und Arbeiter mit vielen unterschiedlichen Nationalitäten an, die Englisch kaum kannten, um einem gemeinsamen Widerstand entgegenzuwirken. In Lawrence arbeiteten fast 7.000 Italiener, 6.000 Deutsche,

5.000 Französisch-Kanadier, auch Polen, Litauer, Syrer; Gesprochen wurde mitunter außerdem Russisch, Jiddisch, Griechisch, Lettisch, Türkisch und andere Sprachen aus insgesamt etwa 25 Herkunftsländern. Würden sie jemals zusammenfinden?

Ettor regte sofort an, ein Streikkomitee mit zwei VertreterInnen pro Sprache zu bilden, das den gesamten Streik leiten sollte. Gefordert wurden 15 Prozent mehr Lohn für die 54 Stunden, das Doppelte für Überstunden und keinerlei Strafen gegen Streikende.

Die Journalistin Mary Heaton Vorse, die die Ereignisse von Lawrence fürs Leben prägten, hielt fest:

»Es war eine neue Art von Streik. Das massenhafte Laufen der Streikposten (»picketing«) hat es in keiner Stadt in Neuengland je gegeben. Zehntausende bildeten Streikposten. Es war eben dieser Esprit der Arbeiterinnen, der denen Oben so gefährlich schien. Sie waren zuversichtlich, fröhlich, entspannt, und sie sangen. Immer marschierten sie, immer sangen sie. Die grauen, müden Massen, die sonst ewig in die Werkhallen hinein und wieder hinaus zogen, waren nun aufgewacht, sie machten die Münder zum Singen auf; die verschiedenen Nationalitäten hatten, wenn sie zusammen sangen, eine gemeinsame Sprache.«

Der erschrockene Bürgermeister ließ die Miliz kommen, um die Betriebe zu »schützen«. Schlägertypen wurden von einer Detektivfirma angeheuert, die sich als Streikende ausgaben und Fenster zerschlugen, Trams umkippten, Menschen schlugen. Die Presse warnte vor der »Gewalt der Streikenden!« Diese hatten dagegen beschlossen, friedlich zu bleiben, doch als die Milizen eisiges Wasser gegen sie schleuderten, antworteten sie mit Eisklumpen. Dafür wurden 36 Männer verhaftet und zu einem Jahr Gefängnis verurteilt!

Die Polizei fand bald an drei Stellen Dynamit, auch in einem Geschäft, in dem Ettor seine Post abholte. Die *New York Times* meinte, »die Streikenden beweisen einen bestialischen Mangel an Menschlichkeit«. Die IWW stellten jedoch fest, dass eine Zeitung Einzelheiten veröffentlicht hatte, noch ehe das Dynamit gefunden wurde. Es kam heraus, dass es ein örtlicher Bestatter deponiert hatte, nachdem ihm der Präsident der größten Wollweberei 500 Dollar gegeben hatte. Er musste nur ein kleines Strafgeld zahlen; den Präsidenten verschonte man ganz.

Einmal, als die Polizei die Streikenden auseinander jagte, fiel die junge Arbeiterin Anna Lo Pizzo tot zu Boden, zweifellos von einer Polizeikugel getroffen. Doch Ettor und ein zweiter IWW-Organisator, ein italienischer Dichter, wurden als Anstifter verhaftet, obwohl sie sich zu der Zeit drei Meilen entfernt mit deutschen Arbeitern trafen. Man wollte den Streik führerlos machen und damit abwürgen. Der Kriegszustand wurde erklärt, Versammlungen verboten, mehr Miliz geholt – darunter aristokratische Studenten von der Harvard-Universität.

Doch nun traf der charismatische Bill Haywood ein, der führende Mann unter den IWW, und mit ihm Elizabeth Gurley Flynn und andere. Tausende begrüßten sie am Bahnhof.

Es gab so viel zu tun! Die 21-jährige Elizabeth half, Suppenküchen zu organisieren und die Lebensmittelverteilung sicherzustellen. Medizinische Hilfe musste ermöglicht und die Verhafteten besucht werden. Führende Wobblies reisten in viele Städte, um Solidaritätsspenden zu sammeln, damit streikende Familien ein paar Dollar wöchentlich bekämen. Elizabeth musste reden, immer und immer wieder reden, um Mut und Hoffnung zu machen und – trotz aller Sprachschwierigkeiten – den Frauen dieses ihnen fremde Land zu erklären. Sie schrieb später:

»Wir unterhielten uns mit den Streikenden über die geeinte große Gewerkschaft, der alle angehören sollten, gelernte und ungelernte Arbeiter, in Amerika und im Ausland Geborene, Arbeiter aller Farben, aller Religionen, Männer und Frauen. Wir erklärten ihnen, wie die Unternehmer alle Unterschiede ausnutzen, um die Arbeiter zu spalten und gegeneinander auszuspielen. Wir sprachen über Nationalitäten, die sich in ihren Heimatländern seit Jahrhunderten feindlich gegenüberstanden, wie Griechen, Türken und Armenier. Hier aber marschierten sie Arm in Arm in der gleichen Streikpostenkette. Es gab Slawen und Italiener, Franzosen und Deutsche, Engländer und Iren. Wir machten ihnen klar: ›Zusammen arbeitet ihr ja für den Unternehmer. Ihr könnt auch zusammenstehen, um für euch selbst zu kämpfen!‹ Hier ging es um mehr als um eine Gewerkschaft. Es war ein Kreuzzug für ein einiges Volk – auch für ›Brot und Rosen‹.«

Die Worte »Brot und Rosen« auf den Plakaten inspirierten zu einem Gedicht, einem Lied, ja, sie gaben dem ganzen Streik einen Namen, der noch heute nachhallt. Es war eine Forderung, als Arbeitende, aber auch als Frauen respektiert zu werden.

Die Journalistin Vorse schrieb: »Wenn Elisabeth redete, wurde die Aufregung der Streikenden geradezu sichtbar. Sie stand dort oben, mit ihren blauen irischen Augen, ihr Gesicht magnolienweiß und ihre Wolke von schwarzem Haar, das … Bild einer führenden jugendlichen Revolutionärin … es war, als ob eine Flamme auf den Zuhörer übersprang, etwas Bewegendes und Mächtiges, ein Gefühl, dass die Befreiung des Menschen möglich ist.«

Friedlich wollten sie bleiben, nun wieder fiel das schwer. Als die Polizei die Frauen wieder mit eisigem Wasser bespritzten, nahmen einige einen Polizisten fest, zogen ihm die Kleider aus und warfen ihn in den seichten Fluss. Der Staatsanwalt klagte: »Ein Polizist kann mit zehn Männern fertig werden. Doch für eine Frau braucht man zehn Polizisten!«

Dennoch wurden die Entbehrungen immer härter, vor allem für die Kinder. Man übernahm daraufhin eine Methode aus Streiks in Italien und Frankreich: Wenn es die Eltern erlaubten, würden die ärmsten Kinder vorübergehend zu Patenfamilien in andere Städte geschickt. Elizabeth half mit, als die erste Gruppe nach New York fuhr. Eine Begleiterin war die später berühmte Margaret Sanger, die entsetzt berichtete: »Von 119 Kindern trugen nur vier Unterwäsche … Ihre Kleidung bestand fast nur aus Lumpen … ihre Mäntel einfach zerrissen … und das in der bittersten Kälte des Winters.« Schöne Wolle aus Lawrence trugen sie nicht!

In New York begrüßten sie Tausende. Ärzte prüften ihre Gesundheit, dann zogen sie, begleitet von der »Internationale« und der »Marseillaise«, in ihre vorläufigen neuen Heime. Ihr Staunen über ihre Umgebung war groß, die Liebe für sie immens, manche fragten, ob sie ihre Familien nachholen dürften.

Dann kamen wieder 92 Kinder nach New York, die mit Bannern

entlang der Fifth Avenue zu den Patenheimen zogen. Natürlich spottete ein Teil der Presse, doch wurden die Fotos und Berichte für die We-
bereifirmen immer peinlicher. Irgendwas mussten sie unternehmen.
Was sie dann taten, war fatal, wenn auch typisch. Es geschah, als 150
Kinder nach Philadelphia fahren sollten und wurde von einer Begleiterin, einer Lehrerin, so geschildert:

»Die Kinder hatten sich mit den Eltern auf dem Bahnhof versam-
melt. Als sie gerade den Zug besteigen wollten, wurden sie plötzlich
von der Polizei umringt. Die Miliz umstellte den Bahnhof und ließ
niemanden hinein. Die Polizei schlug mit Knüppeln auf die Kinder
ein und entriss sie ihren Eltern. Es kam zu wilden Szenen brutaler
Ausschreitungen und völliger Verwirrung. Fünfunddreißig zu Tode
geängstigte Frauen und Kinder wurden verhaftet und von brüllenden
und um sich schlagenden Polizisten auf einen Wagen gestoßen. Man
schlug so lange auf sie ein, bis sie keinen Widerstand mehr leisteten,
und brachte sie ins Polizeirevier. Dort wurden die Frauen wegen ›Ver-
nachlässigung‹ und ›ungenügender elterlicher Aufsicht‹ angeklagt und
zehn erschrockene Kinder in das Waisenhaus von Lawrence gebracht
… Mitglieder des Komitees aus Philadelphia wurden verhaftet und
erhielten Geldstrafen.«

Das war ein böser Fehler! Empörung ergriff das Land. Der einzige
Abgeordnete der Sozialisten im Kongress ließ Zeugen auftreten, die
über Bedingungen in den Betrieben berichteten, in denen arbeitende
Kinder fünf oder zehn Cent bezahlen mussten, um Trinkwasser zu
bekommen. Es empörte sich sogar die Ehefrau des Präsidenten, die
First Lady!

Um weitere negative Schlagzeilen zu verhindern, stimmte der
größte Wollbetrieb zähneknirschend zu, die Löhne zu erhöhen; andere Firmen folgten. Die Kinder, nun mit schöner, warmer Kleidung,
mit Spielzeug und sogar bunten Haarbändchen für die Mädchen,
konnten nach Hause zurückkehren.

Noch drohte den zwei IWW-Führern eine harte Strafe. Haywood
warnte: »Macht die Gefängnistore auf, sonst machen wir die Werktore
wieder zu!« Auch er wurde verhaftet. Elizabeth führte in New York
25.000 Protestierende die Fifth Avenue hinauf. Ein Geschäftsmann

gestand, dass er, als der Plan mit dem Dynamit ausgeheckt wurde, in den Büroräumen der Wollfirma war. Doch bevor er als Zeuge auftreten konnte, nahm er sich das Leben. Die Proteste steigerten sich. 15.000 streikten einen Tag lang in Lawrence. In Schweden und Frankreich wollten Arbeiter Wollwaren aus den USA boykottieren, in drei Wahlbezirke in Italien wurden einer der inhaftierten Führer für Parlamentswahlen nominiert. Der Bürgermeister von Lawrence versuchte eine Gegenbewegung aufzubauen – »gegen böse Anarchisten, für Gott und die Fahne«. Doch vergeblich, und nach sechs Monaten Haft und einem langen Prozess kamen die Männer frei. Der Kampf von Lawrence für »Brot und Rosen« ging in die Geschichte ein.

Elizabeth setzte sich in den folgenden Jahren immer wieder für die Freilassung von zu Unrecht Verurteilten ein. Zwei Fälle wurden weltberühmt.

1915 klagte man den aus Schweden stammenden Gewerkschafter und Dichter Joe Hill wegen eines Raubmords in Salt Lake City an. Beweise für seine Unschuld häuften sich immer mehr – bis in die Gegenwart hinein wurden welche gefunden. Doch die Kupferbosse hassten ihn, weil er am großen Streik gegen sie teilgenommen hatte und weil IWW-Mitglieder im ganzen Land ihn besonders liebten, denn er dichtete wunderbar scharfe, witzige Kampflieder, oft zu einprägsamen alten Kirchenmelodien. Viele Tausende, Prominente, sogar der König von Schweden und am Ende der Präsident der USA, traten für sein Leben ein. Elizabeth Gurley Flynn, sehr aktiv dabei, besuchte ihn im Gefängnis. Von ihr beeindruckt, widmet er ihr eins seiner humorigen Gedichte – sein letztes: »The Rebel Girl«. Darin heißt es, reimlos übersetzt:

> Das ist das Rebellenmädchen, für die Arbeiter eine teure Perle.
> Dem Rebellenjungen gibt sie Mut, Stolz und Freude
> Oh wie schön, mit dem Rebellenmädchen die Freiheit zu erkämpfen
> Denn die einzige wahrhaft noble Dame
> ist das Rebellenmädchen«.

Trotz der großen Proteste wurde Joe Hill mit fünf Gewehrkugeln hingerichtet. Noch heute sind seine letzten Worte berühmt: »Trauert nicht um mich. Organisiert euch!«

Elizabeth, das »Rebel Girl«, tat ihr Bestes. Mit 165 IWW-Mitgliedern wurde sie 1917 wegen der Opposition zur US-Beteiligung am Ersten Weltkrieg angeklagt; viele wurden zu zwanzig Jahren Haft verurteilt. Haywood, schon sehr krank, benutzte eine kurze Freilassung auf Kaution, um in die junge Sowjetunion zu flüchten, wo er seine letzten acht Jahre verlebte. Die Urne mit der Hälfte seiner Asche befindet sich – neben anderen einst Geehrten – noch heute an der Kremlmauer.

1920 wurden die zwei italienischen Anarchisten Nicola Sacco und Bartolemeo Vanzetti wegen Raubmordes verhaftet und zum Tode verurteilt. Richter wie Geschworene stützten sich bei ihrem Urteil auf die verbreiteten Vorurteile gegen Anarchisten, gegen Italiener, ja, gegen alle Einwanderer, die nicht einmal richtig Englisch sprachen. Der lange Kampf, sie vor der Hinrichtung zu retten, an dem Elizabeth aktiv beteiligt war, bewegte Hunderttausende in den USA, ja, auf allen Kontinenten von Buenos Aires über Johannesburg bis Sydney. Es gab Demonstrationen in fast allen Städten Deutschlands, in Berlin befestigten Bauarbeiter ein 60 Meter langes Transparent mitten in der Innenstadt an einem Gebäude, hysterisch trieben in Halle berittene Polizisten Tausende auseinander. Doch am 22. August 1927 wurden Sacco und Vanzetti in Boston auf dem elektrischen Stuhl hingerichtet. Allein im Berliner Lustgarten kamen 150.000 zur Trauerfeier zusammen. Einige der größten Dichter, Musiker, Künstler, Dramatiker und Filmemacher haben diese Ereignisse und die bewegenden Briefe der beiden aus dem Gefängnis verewigt.

Das alles ging Elizabeth besonders nahe, denn sie lebte jahrelang mit einem bekannten italienischen Anarchisten, Carlos Tresca, den sie als Mitkämpfer in Lawrence kennen gelernt hatte und der Sacco und Vanzetti gut kannte, zusammen. Nach dieser tragischen Episode stellte sie jedoch fest: Auch wenn sie kämpfende Anarchisten ehrte, die von einer bessern Welt träumten, so war deren Handlungsweise nicht die beste. Auch deshalb trennte sie sich von Tresca. Ihr Gesundheitszustand – zum Teil wohl auch der schmerzhaften Trennung geschuldet – erzwang eine achtjährige Ruhezeit. Als sie 1936 wieder aktiv wurde, trat sie der Kommunistischen Partei bei.

Während der 1930er Jahre konnte diese Partei enorm an Bedeutung gewinnen; etliche der prominentesten Künstler und Schriftsteller traten ihr bei oder standen ihr nahe. Die Gründe dafür: Sie
mied ihre früheren radikalen, revolutionären Phrasen und suchte
Vorbilder in der Geschichte der USA, auch aus den Bereichen Musik, Tanz und Kunst. Wohl noch wichtiger: Sie machte Front gegen
die faschistische Bedrohung durch Mussolini und Hitler; sehr viele
der freiwilligen Kämpfer gegen deren Verbündeten Francisco Franco im Spanienkrieg waren Kommunisten. Sie war es auch, die die
bisher unorganisierten Arbeiter in kämpferische neue Gewerkschaften führte, vor allem jene – meist mit europäischen Wurzeln –, die
am Fließband in den neuen Industrien Autos, Reifen, Funkgeräte,
Kühlschränke und andere Haushaltsgeräte herstellten, aber auch
Seeleute, Bergleute, Stahlarbeiter und Textilarbeiterinnen – wie jene
in Lawrence. Sie setzte sich maßgeblich für Altersrente, Arbeitslo-
senversicherung und das Recht auf gewerkschaftliche Tätigkeit ein
und unterstützte, fast allein, die Versuche der schwarzen US-Amerikaner, zu ihren Rechten zu kommen. Das bekannteste Beispiel ist die
jahrelange, am Ende erfolgreiche Verteidigung der neun schwarzen
»Scottsboro-Boys«, die wegen einer verlogenen Vergewaltigungsan-
klage gegen zwei junge Prostituierte hingerichtet werden sollten. All
das erklärt, warum es Elizabeth, wie viele andere auch, zu den Kommunisten zog.

Doch die vielen Organisationen, die Kommunisten gegründet hatten oder in denen sie von Bedeutung waren, waren wie vom Schlag
getroffen, als im August 1939 die Sowjetunion mit Hitlerdeutschland
einen Pakt schloss. Alle Erklärungen, dass die Westmächte in Spanien bewiesen hätten, dass sie eher für Hitler und gegen die Sowjetunion waren, die sich daher zu dem Nichtangriffspakt getrieben sah,
um nicht von allen attackiert zu werden, nutzten nichts.

Das traf auch Elizabeth. Schon 1920 hatte sie an der Gründung
einer wichtigen Organisation mitgewirkt, die sich für zu Unrecht Angeklagte einsetzte. Die American Civil Liberties Union (Amerikanische Bürgerrechtsunion), kurz ACLU, existiert noch heute. Bis 1940
gehörte Elizabeth immer zum Vorstand; nach dem »Hitler-Stalin-

Pakt« verlangten die anderen, dass sie aus ihrer Partei austrete. Da sie das ablehnte, schloss man sie, eine Mitbegründerin, aus der ACLU aus.

Es änderte sich vieles nach 1941, als die USA und die UdSSR auf einmal gemeinsam gegen Hitlerdeutschland kämpften. Da sie nun Alliierte waren, sah auch Präsident Roosevelt Angriffe gegen die Verbündeten als unpatriotisch an – zumal die Sowjetunion eine ungleich größere Kriegslast trug und dadurch amerikanische Leben schonte. Elizabeth setzte sich in den Kriegsjahren besonders für Frauenrechte ein – wie etwa mit Forderungen nach Kitas für die Kinder von Arbeitenden – und kandidierte 1942 auch für den Kongress (und bekam 50.000 Stimmen).

Doch kaum war der Krieg gewonnen, da begann der Kalte Krieg. Die Sowjetunion – und mit ihr die Kommunisten im eigenen Land – sah man nun als Feinde und sogar Verräter an. Im Juli 1948 wurden zwölf führende Männer der Partei verhaftet – wegen des »Lehrens und Befürwortens des Umsturzes der US-Regierung mittels Gewalt«. Fast alle bekamen fünf Jahre Haft. Von neun Obersten Richtern stimmten sieben dem Urteil zu; nur zwei befanden, damit wäre die Redefreiheit verletzt.

Elizabeth führte einen Kampf gegen diese Urteile; sie hielt Reden und sammelte Geld. Doch mit dem Koreakrieg und der Anklage gegen Julius und Ethel Rosenberg wegen »Atom-Spionage« wurde die Atmosphäre noch hysterischer. Das neue McCarran-Gesetz verlangte die Registrierung aller Kommunisten oder Sympathisanten als »ausländische Agenten« und sah »im Notfall« Konzentrationslager vor. Angst und Duckmäusertum breiteten sich aus. Elizabeths Post und Telefon wurden überwacht: und wo sie frühstückte, wurde auch die Kellnerin »eingesetzt«.

Im Juni 1951 wurde eine zweite Gruppe von Kommunisten verhaftet – und diesmal auch Elizabeth. Der Prozess, in dem sie ihre eigene Anwältin war, dauerte neun schwierige Monate. Sogar der Richter war von ihrem Auftreten beeindruckt; ihre Eröffnungsrede vor Gericht gilt als eine der größten amerikanischen Reden überhaupt. Hier einige Auszüge:

»Wir stehen hier vor Ihnen als Angeklagte unter dem Smith-Gesetz. Wir werden Ihnen beweisen, dass wir keine Verschwörer sind. Wir sind angeregt und geeint durch gemeinsame Ideale und Inspirationen, durch den Mut unserer Überzeugung, unseres Vertrauens in das Volk und in die Zukunft, und die Bereitschaft, Opfer zu bringen für eine bessere Welt, die, wie wir überzeugt sind, noch geboren wird.

Unser Land ist ein reiches und herrliches Land, dazu völlig fähig, eine Fülle für alle zu produzieren, seine Jugend auszubilden und sich um seine Alten zu kümmern. Wir glauben, das könnte es unter dem Sozialismus erreichen …

Ich habe gesehen, wie große Wälder abgeholzt und das entblößte Land mit geschwärzten Stumpfen verlassen wurde, wie meilenweit die Muttererde weggeblasen und weggewaschen wurde und wie fruchtbare Felder zu Wüsten gemacht wurden.

Ich habe Textilarbeiterinnen gesehen, die schöne wollene Kleidung webten, aber aus Mangel an derselben selbst zitterten, und Kohlebergarbeiter, die in kalten Hütten in Firmenortschaften wohnten, und wie Stahlstädte zu bewaffneten Lagern wurden. Ich sah, wie Männer auf schwarze Listen kamen, von Stadt zur Stadt getrieben, und ihren Namen ändern mussten, weil sie es wagten, eine Gewerkschaft zu organisieren. Ich habe die Schlussfolgerung gezogen, dass der Sozialismus nicht durch eine plötzliche Explosion der Gewalt zu erreichen war, sondern durch dauerhafte politische Aktivität der Arbeitenden und des Volkes. Daher, um an politischen Aktivitäten teilzunehmen, bei dem Versuch, den Sozialismus zu erreichen, trat ich in die Kommunistische Partei ein. Indem ich das tat, schloss ich mich wieder der Arbeiterbewegung an und hörte auf, das zu sein, was ich nun als anarchistisch ansehe.

Ich war zudem seit 1945 Vorsitzende des Frauenkomitees der Kommunistischen Partei, welches, wie hier bewiesen wird, den Kampf für die gleichen Rechte für die Frauen führt – in Fabriken, Gewerkschaften und allen Organisationen, wenn nötig auch in der eigenen Partei. Mit meiner Genossin Claudia Jones, der Exekutivsekretärin, die auch hier angeklagt ist, haben wir gearbeitet, geredet, geschrieben und bei der Organisierung von Frauen mitgeholfen, um volle Gleichheit zu erreichen, politische, wirtschaftlich wie ökonomische, für den Aufbau von

Friedensbewegungen, Kundenbeiräten, Elternkomitees und ähnlichen Organisationen, für die Einheit von schwarzen und weißen Frauen und für die Überwindung der Ausbeutung von schwarzen Frauen, weil sie Arbeiterinnen, Frauen und Schwarze sind. Wir haben über die Geschichte der Frauenbewegung in unserem Land geschrieben, in dem jedes Recht, das wir jetzt genießen, durch organisierten Kampf gewonnen wurde – das Wahlrecht für Frauen, das Recht, als Geschworene zu dienen, Schutzgesetze für arbeitende Frauen, Renten für Mütter und anderes mehr.

Ich erinnere Sie noch einmal daran, dass wir nicht darum bitten, dass Sie mit uns übereinstimmen, doch werden wir beweisen, dass wir nicht Gewalt predigten, sondern eine friedliche, glückliche Welt.«

In jener Zeit nutzte das nichts; alle Angeklagten wurden für schuldig befunden, das Urteil für Elizabeth lautete auf 28 Monate im Bundesgefängnis in West-Virginia. Sie wurde dort von Januar 1955 bis Mai 1957 eingekerkert, eine harte Probe für eine mittlerweile schwergewichtige und von Arthritis und hohem Blutdruck geplagte ältere Frau. In einem Buch über diese Zeit klagte sie das gesamte Gefängnissystem – vor allem mit Blick auf die Frauengefängnisse – mit harten Fakten an.

Nach ihrer Entlassung wurde sie wieder aktiv und 1961 zur Nationalen Vorsitzenden der Kommunistischen Partei gewählt, die allerdings nur noch einen Schatten des Einflusses und der Bedeutung darstellte, die sie in den 1930ern und während des Krieges hatte. Als Elizabeth nach einem Gerichtsbeschluss endlich ihren eingezogenen Pass wieder erhielt, reiste sie in die Sowjetunion. Doch ihr Herz war nun sehr schwach; 1964 starb sie in Moskau. 25 000 Menschen ehrten sie bei der Trauerfeier am Roten Platz. Nach ihrem Wunsch liegen ihre Reste im gleichen Friedhof in Chicago wie die der Haymarket-Märtyrer und wie eine Urne von Bill Haywood.

1976 beschloss die American Civil Liberties Union, Elizabeths Ausschluss von 1940 postum rückgängig zu machen und ihr Bedauern darüber auszudrücken, eine derart engagierte Kämpferin für Menschenrechte ausgeschlossen zu haben. Heute ist sie in den USA fast völlig vergessen.

19.
Knappes Ja fürs Wahlrecht

Alice Paul (1885 – 1977)
Lucy Burns (1879 – 1966)
Carrie Chapman Catt (1859 – 1947)

Fünfzig Jahre lang prägten drei Namen den Kampf für das Frauenwahlrecht: Lucy Stone, Elizabeth Cady Stanton und Susan B. Anthony, die als letzte Lebende der drei sagte: »Das Wahlrecht wird kommen, doch werde ich es nicht erleben … Es ist unvermeidlich … Ein
Misslingen ist unmöglich.« Keine der drei sollte es erleben, und jahrzehntelang schien solcher Optimismus völlig weltfremd. Drei wichtige Nachfolgerinnen fanden ihn jedoch nicht weltfremd. Bevor ich sie
aber vorstelle, möchte ich die bisherige, sehr widersprüchliche Entwicklung nachzeichnen.

Während vier fürchterlicher Bürgerkriegsjahre hat die Frauenbewegung, die eng mit der Anti-Sklaverei-Bewegung verbunden war,
ihre Energien auf einen Sieg über die Südstaaten konzentriert. Im April 1865 mussten diese endlich aufgeben. Fünf Tage nach dem Sieg,
bei einer Theatervorstellung in Washington, ermordete ein fanatischer
Südstaatler den nun so beliebten Abraham Lincoln. Das wirkte wie
ein Omen, dass die Sklavenhalter, wenn auch militärisch geschlagen,
sich nicht wandeln würden. Mit jedem Mittel versuchten sie zu verhindern, dass ihr menschliches »Eigentum« wirklich frei wurde und
Land, Bildung und eine Wahlstimme bekäme. Ihre Gegner, die »Radikalen« im Kongress, wollten aber eine echte Änderung und hofften,
diese mit den Stimmen der befreiten Schwarzen durchzusetzen. Dazu
wurden von Ende 1865 bis Anfang 1870 drei wichtige Änderungen
der US-Verfassung erlassen.

Die 13. Änderung (»Amendment«) verbot 1865 die Sklaverei. Die 14. Änderung legte 1868 fest, dass alle in den USA Geborenen volle Staatsbürger seien. 1870 bestimmte dann die 15. Änderung, dass alle Bürger das Wahlrecht besitzen, unabhängig von Rasse, Farbe oder früherer Dienerschaft (also Sklavenstand). Diese Änderungen sind noch heute von Bedeutung.

Dennoch gab es einen Haken: Obwohl die 14. Änderung zuerst alle betroffenen »Personen« als Bürger zählte, wurde in einem Satz von »männlichen Bewohnern« gesprochen. Über das einschränkende Wort »männliche«, das zum ersten Mal in der Verfassungsgeschichte vorkam, spaltete sich nun die Frauenbewegung.

Susan B. Anthony, Elizabeth Cady Stanton, Lucy Stone und Frederick Douglass gründeten 1866 eine Organisation, welche den Kampf für Frauenrechte und den für die Rechte der Schwarzen vereinigen sollte. Als dann aber die 14. Änderung zur Debatte stand, wollten manche diese unterstützen, sich also zuerst für das Wahlrecht schwarzer Männer einsetzen und erst danach weiter für das der Frauen. Andere meinten, das wäre Verrat; wenn schwarze Männer wählen durften, würden sie womöglich gar nicht für das Frauenwahlrecht sein.

Noch ehe sich alles zuspitzte, meldete sich 1867 die alte Sojourner Truth zu Wort:

»Ich war vierzig Jahre eine Sklavin und vierzig Jahre frei und müsste noch weitere vierzig Jahre bleiben, um gleiche Rechte für alle zu erreichen ... Ich glaube, ich bin die einzige farbige Frau, die für die Rechte der farbigen Frauen spricht ... Doch wenn schwarze Männer ihre Rechte bekommen, schwarze Frauen aber die ihrigen nicht, dann, seht ihr, werden die farbigen Männer die Herren über die Frauen sein, und es wird so schlimm sein als zuvor. Deshalb bin ich dafür, während alles in Bewegung ist, an dieser Sache noch dran zu bleiben, denn wenn wir warten, bis sich alles beruhigt hat, kann es lange dauern, ehe wir die Sache wieder ins Laufen bringen ... Ich will, dass Frauen ihre Rechte bekommen ...«

Doch bald merkte man, dass Kräfte in den Südstaaten dabei waren, schnell Gesetze zu erlassen, die einer etwas gemilderten Sklaverei gleichkamen. Sie schränkten die freie Bewegung der früheren Sklaven ein und zwangen ihnen miese Arbeitsverträge auf. Schwarze sollten keine Klage beim Gericht erheben dürfen, keine gerichtliche Aussage äußern können und, trotz zunehmender Gewalt durch maskierte Banden von Totschlägern wie dem Ku Klux Klan, keine Waffen besitzen dürfen. Vor allem wurde alles getan, um den früheren Sklaven das Wahlrecht streitig zu machen, damit sie einige der neu entstandenen, fortschrittlichen Staatsregierungen nicht weiter aufbauen konnten.

Die Radikalen – die früheren Abolitionisten – betonten die Dringlichkeit, diese Entwicklung schnellstens umzukehren. Daher unterstützten sie die 14. Änderung, wenn auch das Wahlrecht für Frauen fehlte. Dafür würden sie später kämpfen müssen, sagten sie: »First things first!« Lucy Stone und die Dichterin Julia Ward Howe, deren Text zu dem Kampflied *John Brown's Body* (auch als *Glory Halleluja* bekannt) von den Nordtruppen fast als Hymne gesungen wurde, meinten, dieser unglückliche Kompromiss sei leider unvermeidbar.

Frederick Douglass, der ja das Frauenwahlrecht schon beim ersten Treffen in Seneca Falls maßgeblich unterstützte, meinte:

»Das Wahlrecht der Frau ist meiner Ansicht nach so heilig wie das des Mannes, und ich bin jederzeit bereit, beide Hände zugunsten dieses Rechtes hochzuhalten ... Jetzt widme ich mich einer Sache, die, wenn nicht heiliger, so sicherlich doch dringender ist, denn es ist eine Frage von Leben und Tod des so lange versklavten Volkes in diesem Lande, und das ist das Wahlrecht für Schwarze. Während der Schwarze gedrängt, geschlagen, erstochen, gehängt, verbrannt und zur Zielscheibe von allem wird, was im Norden boshaft und im Süden mörderisch ist, kann ich seine Forderungen bevorzugen, ohne dass ich mich auf irgendeine Weise dem Vorwurf aussetze, Engstirnigkeit oder Niedrigkeit gegenüber der Sache der Frau zu zeigen ... Sie ist das Opfer von Missbrauch, ganz gewiss, doch kann man nicht glauben, dass ich ihre Sache so dringend finde wie ... die unsere. Ich habe nie vermutet, dass ihr mit der Position von Fräulein Anthony und Frau Stanton sympathisiert. Denn ihr Prinzip ist, dass kein Schwarzer das Stimmrecht erhalten soll, ehe es auch die Frau erhält.«

Manche schwarze Frauen gaben ihm Recht. Die Dichterin Frances Harper (1825 – 1911), die ebenfalls gegen Sklaverei und für das Wahl-

recht gekämpft hatte, meinte, ein Wahlrecht für Frauen sei »wünschenswert«, doch für schwarze Männer wäre es »lebensnotwendig«
und bemerkte hinzu, dass für weiße Frauen die Geschlechterfrage am
wichtigsten sei und die Rassenfrage eine mindere Bedeutung hätte.

Ausgerechnet die so kämpferische Elizabeth Cady Stanton be-
gründete diese Position auf traurige Art: Sie wollte die Bedeutung
eines Wahlrechts für gebildete weiße, »amerikanische« Frauen dem
für »niedrigere« Gärtner, Schuhputzer oder Einwanderer – damals
meist aus Irland, Deutschland und China – und erst recht dem für
frühere Sklaven vorziehen:

»Stellen Sie sich vor, dass Patrick und Sambo und Hans und Yung
Tung, welche nicht mal den Unterschied zwischen einer Monarchie
und einer Republik kennen und die die Unabhängigkeitserklärung
nie gelesen haben ..., Gesetze erlassen sollen für Lydia Maria Child
(eine Dichterin, V.G.), Lucretia Mott (siehe oben) oder Fanny Kemble
(eine Schauspielerin, V.G.).«

Solche Worte, besonders das rassistische »Sambo« für Schwarze,
waren für Douglass unannehmbar, und nicht allein für ihn. Hinzu
kam, dass die neue Frauenzeitung von Stanton und Anthony, trotz
des Namens *Revolution*, finanzielle Hilfe von einem offenen Rassisten
namens George Train angenommen hatte.

Das Resultat: Die Organisation für gleiche Rechte ging 1869 nach
dreijähriger Lebensdauer ein. Zwei Tage später gründeten Anthony
und Stanton in New York eine neue Organisation, die National Woman
Suffrage Association, NWSA [Suffrage = Wahlrecht, V.G.], die nur für
das Frauenwahlrecht eintrat und keine männlichen Mitglieder hatte.
In Boston gründeten daraufhin Lucy Stone, Julia Ward Howe und Frederick Douglass die American Woman Suffrage Association, AWSA,
die auch Männer in ihren Reihen hatte. Sie wollte zuerst das Wahlrecht für schwarze Männer und dann für alle Frauen erreichen, und
interessierte sich auch für soziale Fragen.

Zwanzig Jahre lang konkurrierten die beiden Organisationen. Und
siehe da, allmählich änderten sie ihre Positionen. Lucy Stone und
der AWSA wurden zunehmend konservativ; sie konzentrierten sich
fast nur noch auf das Wahlrecht. Dagegen nahm sich der NWSA von

Anthony und Stanton auch anderer Themen an: etwa der Lockerung
der Scheidungsgesetze, die so ungünstig für Frauen waren, Fragen
des Eigentumsbesitzes und des Rechts, als Geschworene zu dienen.
Anthony versuchte auch, mit der entstehenden Gewerkschaftsbewegung gemeinsame Sache zu machen; doch als Frauen einen Streik der
Drucker als Chance auf Arbeit nutzen wollten, auch als Streikbrecherinnen, trennten sich ihre Wege. Und Stanton glaubte immer noch,
das Wahlrecht »gebildeter weißer Frauen« sei wichtiger als das von
»ignoranten männlichen Ex-Sklaven«!

Victoria Woodhull erregte 1872 in ihrem Kampf gegen den Rassismus Aufsehen. Doch ein Zusammenwirken der NWSA mit ihr, basierend auf ihrem Mut vor dem Kongressausschuss, scheiterte an ihrem
»erschreckenden« Bekenntnis zur »freien Liebe« wie offenbar auch
an ihrem Versuch, die NWSA für ihren Wahlkampf zu kapern. Für
Anthony ging das zu weit; Woodhull gründete also ihre eigene Partei,
die Party for Equal Rights, die damit aber überhaupt kein Glück hatte.

Im neuen Bundesstaat Kansas fand eine Volksabstimmung über
das Wahlrecht der Frauen (und zugleich über das der Schwarzen) statt.
Sie endete in einer bitteren Niederlage. Das überzeugte die NWSA
von Anthony und Stanton, lieber auf eine einheitliche Verfassungsänderung für das gesamte Land zu setzen, obwohl dazu eine Zweidrittelmehrheit in beiden Kammern des Kongresses und die Zustimmung
von drei Vierteln der Bundesstaaten nötig waren. Immer wieder scheiterte ihr sogenanntes »Anthony-Amendment« an diesen schwierigen
Hürden. Dagegen blieb Stones AWSA dabei, den Kampf in einem
Bundesstaat nach dem anderen zu führen. Doch bei 56 Abstimmun-
gen zwischen 1867 und 1918 gewannen sie nur vier, drei davon in
dünn besiedelten Gebieten westlich des Mississippis. In Wyoming,
beim ersten Sieg, gab es 1869 ja nur zwanzig Abgeordnete; zwölf
stimmten dafür, sechs dagegen, zwei enthielten sich. Der Gouverneur,
der einst eine Versammlung der FrauenrechtlerInnen besucht hatte,
unterschrieb dann auch. Man freute sich über Wyoming, bald auch
über Utah. Doch waren beide Wege äußerst dornig.

Im wichtigen Kalifornien organisierten sich die Wahlrechtskräfte
1896 äußerst rege und hätten auch gewonnen, wenn nicht horrend

gefälscht worden wäre. Gerade in und um das als Sündenpfuhl be-
rüchtigte San Francisco waren die Spirituosenhändler ihre Hauptgeg-
ner. Da die Frauenbewegung oft eng mit der Anti-Alkohol-Bewegung
verflochten war – manche waren in beiden sehr aktiv –, fürchtete die
Alkoholindustrie nicht ganz grundlos, dass Wählerinnen ihre Interessen gefährden könnten. Also griffen sie zu jedem Trick gegen die Bewegung, legal oder illegal, fast immer mit Erfolg. Erst fünfzehn Jahre
später, mit einem breiten Netz von Beobachterinnen in den Wahllo-
kalen, konnten die Frauen dort knapp siegen.

Vor allem mit Hilfe der Tochter von Lucy Stone gelang es 1890, die
beiden Verbände NWSA und AWSA zu vereinen. Doch auch unter
dem neuen, kombinierten Namen NAWSA blieben die Aussichten
recht düster; die Organisation schlitterte zunehmend in eine Ansamm-
lung von ineffektiven Frauenzirkeln aus der Mittel- und Oberschicht.
Die Rolle der Frau, damals oft Mutter vieler Kindern, schien unabän-
derlich. Auch Präsident Theodore Roosevelt (ein entfernter Cousin
des späteren Franklin Roosevelt) suhlte sich in alten Klischees:

»Es gibt gewisse alte Wahrheiten, die so lange bleiben werden, wie
diese Welt noch existiert, und die kein Maß des Fortschritts abändern
kann. Eine davon ist die Wahrheit, dass es die erste Pflicht des Ehe-
manns ist, für seine Frau und Kinder der Heimbauer, der Brotverdie-
ner zu sein, und dass die primäre Pflicht der Frau es ist, die Helferin,
die Hausfrau und Mutter zu sein. Die Frau soll breite Bildungsmög-
lichkeiten haben, doch ... ab einem gewissen Punkt soll sich die Ausbildung der beiden normalerweise unterscheiden, weil die Pflichten
der beiden unterschiedlich sind ...«

Und weiter: »Eine Frau, welche die Mutterschaft ablehnt, ist eine
Kreatur, die den Abscheu so stark verdient wie ein Soldat, der während der Schlacht wegläuft.«

Von den Witwen, Geschiedenen, ledigen Frauen und jenen aus
armen Familien, die arbeiten mussten – für viel weniger Geld als die
Männer – sprach er nicht.

Doch dann erschienen auf der Szene drei außerordentliche Frauen.
Alice Paul (1885 – 1977) wuchs friedlich auf der elterlichen Farm
einer wohlhabenden Familie auf, allerdings mit festen Quäker-An-

sichten über die Gleichberechtigung. Sie studierte fleißig Biologie und Soziologie, bekam den Master-Grad, und setzte ihr Studium 1907 in England fort. Dort war aber – für viele Frauen jedenfalls – der Teufel los, denn die Wahlrechtskämpferinnen, die Suffragetten, von der feurigen Emmeline Pankhurst geführt, waren nicht so bieder wie die in den USA! Alice Paul, schnell mitgerissen, nahm an Protesten vor dem Parlament teil; sie gab zu, dass sie 48 Fensterscheiben eingeschlagen hätte. Sie wurde mehrmals verhaftet, dreimal kam sie ins Gefängnis. Mit anderen eingesperrten Kämpferinnen nahm sie an einem Hungerstreik teil, dem mit schmerzhafter Zwangsernährung begegnet wurde. In der Folge wurde die zurückhaltende Quäkertochter zu einer radikalen Kämpferin.

In einem Polizeirevier traf sie eine Frau mit einer US-Fahne am Revers. Das war Lucy Burns von Brooklyn (1879–1966), die in Bonn und Berlin studiert hatte, aber gerade wegen des Kampfes der Frauen nach England gekommen war. Die beiden, äußerlich und charakterlich verschieden – Lucy groß, kräftiger gebaut, doch eher diplomatisch in ihrer Art, Alice zart gebaut, aber weniger kompromissbereit – waren entschlossen, den englischen Kampfgeist in die USA zu übertragen. Sie blieben lebenslange Freundinnen und Kampfgenossinnen.

Zunächst traten sie in die NAWSA ein und versuchten, den Verband zu aktivieren. Vor allem wollten sie ihn von der Strategie fortbringen, in jedem Staat einzeln das Wahlrecht zu erkämpfen. Zwar wurden mit letzterem Versuch vereinzelte Erfolge verzeichnet, doch gab es ja damals schon 48 Bundesstaaten! Wie früher Anthony und Stanton, so setzten nun Alice Paul und Lucy Burns auf eine Verfassungsänderung für die gesamten USA. Dafür wollten sie sich ohne Rücksicht auf das Ansehen von Personen Gehör verschaffen, was in diesem Fall den 1912 neugewählten Präsidenten Woodrow Wilson traf, der sich zu ihrer Sache immer sehr zweideutig verhielt.

Also organisierten Alice und Lucy eine Parade für den Tag vor seiner Amtseinführung. Als Woodrow Wilson in Washington eintraf und vergebens nach einer ihn begrüßenden Menschenmenge ausschaute, sagten ihm die Offiziellen: »Alle sind auf der Pennsylvania Avenue, um die Frauenwahlrechtsparade anzuschauen!«

Für die Beteiligten war die Parade allerdings kein Freudenfest: »Fünftausend Frauen … haben sich den Marsch durch die Pennsylvania Avenue praktisch Schritt für Schritt durch eine drängende Meute erkämpfen müssen, die der Polizei trotzte, die Marschierenden überrannte, und die Prozession in kleine Gruppen zu spalten versuchte. Die Frauen, die trotz großer Schwierigkeiten fest weiterzogen, kamen erst ans Ziel, nachdem Kavallerietruppen von Fort Meyers nach Washington beordert wurden.«

Weiter wurde berichtet: »Die Frauen … brauchten für die ersten zehn Straßen mehr als eine Stunde. Vielen standen wegen der Hänseleien und Beleidigungen von jenen, die längs der Route standen, die Tränen in den Augen. An der 4th Street war zunächst kein Fortkommen möglich … Wo die 6th Street die Avenue kreuzt, hielt der Polizeischutz gar nicht mehr und zwei solide Zuschauermassen rückten von beiden Seiten so eng zusammen, dass die Frauen auch nicht mehr in Dreierreihen weiterkamen … Manche der ›Kriegskorrespondenten‹ mussten die Fäuste benutzen, um die Menge zurückzuhalten … Trotz der Verzögerungen war die Parade dennoch ein großer Erfolg. Zwischen zwei feindlichen Menschenmauern behielten die Marschierenden größtenteils ihre Fassung … Nur wenige gaben auf; einige ältere Frauen sahen sich allerdings gezwungen, hin und wieder ›auszusteigen‹.«

Obwohl diese Parade schließlich doch Wirkung zeigte, waren solche Mittel für viele im Verband abschreckend. Die Kluft zwischen den untereinander opponierenden Gruppen wuchs, also gründeten Alice Paul und Lucy Burns – zunächst innerhalb der NAWSA – eine entschlossenere Organisation.

Fast zur gleichen Zeit änderte sich der Verband, denn er bekam eine neue Präsidentin, Carrie Chapman Catt (1859–1947). Ihr erster Ehemann, Chapman, starb nach nur einem Jahr Ehe an Typhus. Der zweite, Catt, recht wohlhabend, konnte ihr den vollzeitigen Einsatz ermöglichen. Sie war eine resolute Frau, die auf Disziplin setzte, was wohl gerade Not tat. Obwohl sie anfangs an der Strategie des Sieges in jedem Einzelstaat festhielt – ein Erfolg im wichtigen Bundesstaat New York wurde erreicht –, blieb sie offen für alle Möglichkeiten, die ans Ziel führten. Auf gewisse Art ergänzten sich nun die zwei Strömungen, obwohl die NAWSA insgesamt immer Hoffnungen auf den Neuen im Weißen Haus, Woodrow Wilson, setzte, den ersten Vertreter der Demokratischen Partei seit 16 Jahren. Alice Paul und Lucy Burns jedoch wollten gegen jeden angehen, egal aus welcher Partei, der nicht an ihrer Seite stand, auch gegen Wilson, der trotz gelegentlicher leichter Sympathiebekundungen sie nicht aktiv unterstützte. Also brachen die beiden ganz mit der NAWSA und gründeten im Juni 1916 die Nationale Frauenpartei (National Women's Party, NWP), die aufs aktive Kämpfen getrimmt wurde.

1917 verschärfte sich die Situation durch den Eintritt der USA in den Ersten Weltkrieg. Anders als die folgsamere NAWSA war die neue Frauenpartei gegen die Beteiligung am Krieg in Europa, zumal Woodrow Wilson eine zweite Amtszeit mit der Losung gewonnen hatte, »Er hält uns aus dem Krieg heraus.« Keine drei Wochen nach seiner feierlichen Amtseinführung zog er aber die USA doch ins Mordsgeschäft, nun mit der Losung, dieser sei der »Krieg, um alle Kriege zu beenden«. Paul, Burns und ihre Partei beschlossen unbeirrt, ihre Proteste noch zu steigern.

Also stellten sie Mahnwachen, »Stille Wachposten« (»Silent Sentinels«), vor das Weiße Haus. Anfangs lüftete Wilson den Damen amüsiert den Hut, doch als ihre Positionen schärfer wurden, änderte sich auch die seine. Auf einem ihrer Schilder stand: »Kaiser Wilson: Haben Sie Ihre Sympathie für die armen Deutschen vergessen, weil diese sich nicht selbst regieren dürfen? 20 Millionen amerikanische Frauen dürfen sich auch nicht selbst regieren. Entfernen Sie den Balken aus dem eigenen Auge.«

Die »Wachposten« wurden bald als Verräterinnen beschimpft, manchmal tätlich angegriffen und von der Polizei verhaftet, ja, mehrmals verhaftet, weil sie es ablehnten, ihre Forderungen zurückzunehmen. Im Oktober 1917 wurden Alice Paul und 33 andere Frauen wegen »Verkehrsbehinderung« zu mehrmonatigen Haftstrafen verurteilt. Zur Einschüchterung wurden sie besonders hart schikaniert; die Gefängnisleitung ließ Paul als »Geistesgestörte« in die Psychiatrie einweisen, bis ein aufrechter Psychiater das nicht mehr mitmachte.

Lucy Burns erging es besonders schlecht. Als sie heimlich die Unterschriften aller Wahlrechtshäftlinge sammelte, um den Status als politische Häftlinge zu verlangen, misshandelte man sie boshaft. Medizinische Hilfe wurde allen verweigert. Um die Gruppe zu ermutigen, rief Lucy alle Namen laut auf, woraufhin die Wächter sie mit Handschellen über dem Kopf eine ganze Nacht lang an der Zellentür festbinden ließen. Aus Solidarität blieb ein Mithäftling in der gegenüberliegenden Zelle in der gleichen Stellung. Am Tag nach dieser »Nacht des Terrors« – wie sie genannt wurde – gingen die Frauen drei Tage lang in den Hungerstreik. Man versuchte, ihren Wille zu brechen, indem man Brathähnchen an ihnen vorbeitrug, worauf Lucy erklärte: »Sie glauben, in unseren Seelen gäbe es nichts Höheres als Brathähnchen.« Als das nichts nützte, brachte man Lucy in eine andere Haftanstalt, sagte den Frauen, der Hungerstreik wäre beendet, und versuchte, Lucy unter Zwang zu ernähren. Fünf Wärterinnen hielten sie fest; als sie den Mund nicht aufmachte, trieb man ihr ein Futterröhrchen durch die Nase, was zu schwerer Blutung und großen Schmerzen führte.

Berichte über diese Schrecken riefen Empörung hervor. Teile des Publikums und manche Politiker forderten immer lauter die Freilassung der Frauen. Und sie kamen frei. Später erklärte sogar der Oberste Gerichtshof die Haftstrafen für verfassungswidrig – und die Sache des Wahlrechts erhielt eine immer breitere Zustimmung.

Der Mut dieser Frauen – wie auch endlich die Unterstützung von Carrie Chapman Catt mit ihrer NAWSA – gewannen schließlich Woodrow Wilson und eine zunehmende Zahl von Kongressleuten für das Wahlrecht. Das war gewiss weniger einem Sinn für Gerechtigkeit geschuldet, denn dem öffentlichen Druck wie auch der Einsicht, dass Frauen in jenen Bundesstaaten, in denen sie inzwischen wählen durften, eine wachsende Kraft darstellten.

Woodrow Wilson verkündete im Januar 1918, er werde das Frauenwahlrecht unterstützen; es sei eine »Kriegsmaßnahme«. Nun kam der Antrag auf einen Verfassungszusatz vor das Repräsentantenhaus; und diesmal erhielt er – nach unzähligen bisherigen Niederlagen – endlich, wenn auch knapp, die nötige Zweidrittelmehrheit von 274

zu 136 Stimmen (auch mit der Ja-Stimme der allerersten und einzigen
weiblichen Abgeordneten, Jeanette Rankin aus Montana).

Nun war der Senat mit seinen 96 – allesamt männlichen – Senatoren gefragt. Doch fehlten zur Zweidrittelmehrheit elf Stimmen. Dieses
enttäuschende Resultat schien ein langes weiteres Warten zu bedeuten,
mindestens ein Jahr bis zur nächsten Gelegenheit. Doch als die Suffragetten wieder mit ihren Protesten vor dem Weißen Haus begannen,
beschloss Wilson, eigens zur Wahlrechtsfrage eine Sondersitzung des
Kongresses einzuberufen, und im Juni 1919 stimmten im Senat nun 66
dafür und 30 dagegen, zwei Stimmen mehr als nötig!

Verfassungszusätze können schwierige Unternehmungen sein.
Nachdem der Kongress zugestimmt hatte, mussten noch drei Viertel
der damals 48 Bundesstaaten, also 36, den Zusatz bewilligen. In manchen ging das schnell über die Bühne, andere, je nach ihren Sitzungs-
zeiten, gesellten sich nach und nach zu den Befürwortern. Doch noch
gab es mächtige Gegner und Gegnerinnen, die mit harten Bandagen
zu Werke gingen.

Jahrzehntelang bekämpften vor allem Spirituosenhersteller und
-händler das Frauenwahlrecht. Zwar verloren die Händler im Januar
1919 eine große Schlacht, als der 18. Zusatz zur Verfassung den Verkauf
von Alkoholgetränken in den USA streng verbot, doch mit Blick auf die
Zukunft konterten sie hartnäckig weiter. Hinzu kamen jene, die fürchteten, wählende Frauen könnten bessere Bedingungen und gar höhere
Löhne für die zwei am meisten ausgebeuteten Gruppen durchsetzen
– Frauen und Kinder. Neben einigen Kirchenleuten, vor allem aus der
Katholischen Kirche, opponierten außerdem weiße Männer und Frau-
en in den Südstaaten. Bisher war es ihnen gelungen, die Umsetzung
des Wahlrechts für schwarze Männer im Süden, im 15. Verfassungszusatz verankert, fast hundertprozentig zu verhindern, und zwar durch
einseitige Wahlsteuern, verlogene Wahlprüfungen, die fast nur gegen
Schwarze gerichtet waren, oder einfach mittels Gewalt. Nun fürchteten
sie, dass, wenn Frauen das Wahlrecht bekämen, es schwieriger würde,
schwarze Frauen von den Wahlurnen auszuschließen als bislang die
schwarzen Männer, die dann womöglich auch bessere Chancen bekämen, ihr Wahlrecht auszuüben und dadurch der brutalen feudalen

Herrschaft entgegenzuwirken. Deshalb stimmten fast sämtliche Parlamente der Südstaaten dagegen. Mit einigen Staaten aus anderen Gegenden, so ihre Hoffnung, würden sie wohl das Ziel, den Verfassungszusatz in drei Vierteln aller Bundesstaaten zu billigen, vereiteln.

Beide Frauenorganisationen, die von Paul und Burns wie die von Catt, setzten nun jedes letzte Quäntchen Energie ein, um die letzten schwierigen Stimmen zu gewinnen. Ein Abgeordneter eilte eigens von der Westküste zurück in seinen Heimatstaat West-Virginia, um für das Frauenwahlrecht zu stimmen, und der Staat lieferte im März 1920 die 34. Ja-Stimme. Es fehlten noch zwei. Der 35. wurde der Bundesstaat Washington. Noch ein einziger fehlte, wofür nur noch drei offene in Frage kamen.

Der entscheidende schien Delaware zu werden, so ziemlich an der Grenze zwischen Norden und Süden gelegen. Die Frauen hatten fest mit einem Ja gerechnet – und das dortige Oberhaus stimmte auch dafür. Doch dann enttäuschte das Unterhaus, stimmte dagegen, und ließ damit nur noch zwei Möglichkeiten offen: North Carolina und Tennessee, beides Südstaaten. North Carolina entschied sich mit einem klaren Nein, und seine Abgeordneten empfahlen den Kollegen in Tennessee, den Verfassungszusatz ebenfalls abzuschmettern.

Tennessees Hauptstadt Nashville quoll nun über mit Brauereimanagern, Eisenbahnvertretern und anderen Geschäftsleuten zuzüglich allerlei Frauenhasser und Rassisten. Aber auch mit Vertreterinnen der Frauenpartei und der NAWSA, einschließlich Carrie Chapman Catt. In einem Brief plädierte Präsident Wilson für Ja-Stimmen. Es gab sowohl lukrative Geheimangebote für Nein-Stimmen wie auch Drohungen, dass die weitere Karriere in Wirtschaft oder Politik für jeden auf dem Spiel stünde, der fürs Wahlrecht stimme. Spirituosenflaschen der elegantesten Marken machten (illegal) die Runde; Gegner des Gesetzes luden ein, und Carrie Catt notierte: »Als der Abend spät wurde, taumelten die Abgeordneten, sowohl die Unterstützer des Wahlrechts wie auch die Gegner, durch die Hotelgänge in fortgeschrittener Betrunkenheit – etwas, was die Suffragetten in sechzig Jahren Kampf um das Wahlrecht noch nie gesehen hatten. ... Jeder berichtet davon – das Parlament war betrunken!«

Am nächsten, entscheidenden Tag wurden sie schnell nüchtern.
Das Oberhaus stimmte überwiegend mit Ja. Catt schrieb: »Jetzt haben
wir 35½ Bundesstaaten. Wir sind bei der letzten Hälfte des letzten
Staates …« Über die anstehende Entscheidung des Unterhauses war
nur sicher, dass nichts sicher war. Als alle taktischen Verzögerungen
ein Ende nahmen, stand endlich die Abstimmung bevor; obwohl ein
Ja-Abgeordneter eigens aus dem Krankenhaus kam, fehlten noch zwei
Stimmen zur Mehrheit.

Der Jüngste im Saal, ein 24-Jähriger, galt als sehr unsicher. Er hieß
Harry Burn und kam gemäß der alphabetischen Abstimmung früh an
die Reihe. Später erfuhr man, dass seine Mutter ihm kurz zuvor geschrieben hatte: »Hurra! Stimme du bloß für das Wahlrecht und halte
sie nicht lange in Zweifel … Ich schaute, wo Du stehst, habe aber bisher nichts erkennen können. Vergiss nicht, ein guter Junge zu sein und
hilf Frau Catt…« Burns stimmte mit Ja, wie auch, offenbar von ihm beeindruckt, ein zweiter Unentschiedener. Am Ende waren es 49 zu 47!
Ein Sieg für die Frauen, der 18. Zusatz zur US-Verfassung war durchgesetzt! Am 26. August 1920 bekamen 26 Millionen Frauen im ganzen
Land offiziell das Wahlrecht! Auf einem bekannten Foto feiert Alice
Paul den Sieg mit einem Glas in der Hand – einem Glas Obstsaft!

Was ist aus den drei Frauen geworden? Lucy Burns hatte emotional
am meisten unter dem langen, harten Kampf gelitten. Einmal sagte sie
zu Alice: »Ich bin derart nervös, ich kann weder essen noch schlafen.
Ich bin ein solcher Feigling, ich hätte lieber Näherin in einem Dorf
statt Organisatorin für die Frauenpartei werden wollen.« Sie hatte sich
derart verausgabt, dass sie nach dem Sieg – völlig erschöpft und wohl
auch verbittert über die Apathie so vieler Frauen – sagte: »Ich will
nichts mehr machen. Ich glaube, wir haben so viel für die Frauen
getan, wir haben für sie alles gegeben, was wir hatten, nun sollen sie
weiter kämpfen. Ich werde nicht mehr kämpfen.« Sie zog sich aus der
Politik zurück und widmete sich ihrer Nichte, einer Waise, und, bis zu
ihrem Tod 1966 in Brooklyn, von wo sie auch stammte, der Katholischen Kirche.

Carrie Chapman Catt gründete 1920 als Nachfolgerin der NAW-
SA die Liga der Wählerinnen (League of Women Voters). Noch heute

versucht diese Organisation, Frauen zu bewegen, gut informiert und nach möglichst selbstständiger Entscheidung ihre Stimmen abzugeben. Sie wurde auch in der Weltbewegung für das Frauenwahlrecht aktiv und kämpfte entschlossen gegen den herannahenden Zweiten Weltkrieg. 1933 organisierte sie das Protestkomitee nichtjüdischer Frauen gegen die Verfolgung von Juden in Deutschland und versuchte, die US-Regierung dazu zu bewegen, das Asylrecht für Flüchtlinge aus den von den Nazis besetzten Ländern zu lockern – bzw. es überhaupt erst zu ermöglichen. Sie starb 1947.

Alice Paul, mit dem bloßen Wahlrecht lange nicht zufrieden, entwarf 1923 einen nochmaligen Verfassungszusatz, den sogenannten Gleichheitszusatz (Equal Rights Amendment, ERA), der jegliche Diskriminierung wegen des Geschlechts verbieten sollte. Vor dem Zweiten Weltkrieg half sie außerdem eine Weltfrauenpartei zu gründen, die sich auch für Flüchtlinge aus den Gebieten einsetzte, die von den Nazis besetzt waren. 1946 half sie mit, die UNO-Kommission für die Rechte der Frau (Commission on the Status of Women, CSW) zu bilden, und mit mehr als 80 Jahren nahm sie an Protestdemonstrationen gegen den Vietnamkrieg teil. 1972 erlebte sie, wie beide Kammern des Kongresses endlich ihren Verfassungszusatz mit einer Zweidrittelmehrheit billigten. Doch trotz verzweifelten Einsatzes erwies es sich auch in den lediglich vorgesehenen zehn Jahren bis 1982 als unmöglich, mehr als 35 Bundesstaaten dafür zu gewinnen. Und 38 Staaten waren nötig! Alice Paul musste diese Niederlage nicht mehr erleben, sie starb im Jahre 1977.

Als ein Journalist sie fragte, warum sie ihr ganzes Leben den Frauenrechten gewidmet habe, antwortete sie mit einem Spruch aus ihrer Kindheit auf dem Lande: »Wenn man einmal die Hand auf den Pflug gelegt hat, kann man nicht aufhören, bis man am Ende der Furche ankommt.«

20.
Ein Lied aus den Bergen

Florence Reece (1900–1986)

Als Florence Reece klein war, wurde überall musiziert und gesungen. In den abgelegenen Appalachen-Bergen von Tennessee gab es um 1900 keine andere Unterhaltung, also sorgten die Leute selber für welche. Kamen Nachbarn zusammen – die Frauen um Steppdecken zu nähen, die Männer zum Maisschälen –, wurde gesungen und anschließend zu Fiedeln und Banjos getanzt. Florences Onkel spielte immerfort seine Fiedel; die Mutter sang – nur Hymnen, doch sehr schöne. Es gab wenige Ausfälle: Nur ihr Vater konnte keine Melodie halten. Florence aber hatte Talent; die Brüder baten sie, über ein totes Huhn oder einen toten Hund zu predigen und zu singen. Mit einem eigenen Lied hielt sie dazu eine »Trauerfeier« und wurde bald die »Predigerin« gerufen.

»Damals war es schön«, erinnerte sich Florence, »denn ich hatte keine Sorgen. Als ich älter wurde, erfuhr ich von den Sorgen. Ich dachte aber, mit einem Lied, einer Geschichte oder einem Gedicht werden auch die Sorgen etwas weniger … Ich sang beim Geschirrspülen und ich sang, um die Babys in den Schlaf zu wiegen«.

Sie waren bitter arm: »Mein Vater lief zur Arbeit in den Kohlengruben über zwei Berge … Er arbeitete sein Leben lang in den Gruben; in einem Schacht verlor er auch sein Leben.«

Florence heiratete mit nur 14 Jahren Sam Reece, damals 20 und ein Bergmann seit er 12 oder 13 war. Im ganzen Lande waren die Berge von Tennessee und Kentucky dafür bekannt, wie jung dort besonders die Mädchen heirateten. Und wie früh die Jungen arbeiten mussten.

Was auch schon Mother Jones und Elizabeth Gurley Flynn nur zu gut wussten: Die Bedingungen in den abgelegenen Kohlendörfern waren katastrophal, schlimmer als in den Werksiedlungen der Städte. Den Grubenbesitzern gehörten neben den Schächten auch die primitiven Hütten, in denen die Familien lebten, und die Geschäfte, in denen diese Lebensmittel und alles andere kaufen mussten – in die Stadt kamen sie kaum. Der Lohn wurde oft in einer Grubenwährung bezahlt, die nur in dem einen Geschäft gültig war, in dem Preise bis zu 50 Prozent höher waren. Also bestimmte der Grubenherr, soweit er konnte, nicht nur die Löhne und die Arbeitsbedingungen, sondern darüber hinaus auch die Preise und Mieten. Arbeitsschutz oder soziale Verbesserungen im Dorf interessierten ihn kaum; sie kosteten nur Geld.

Als die Bedingungen härter wurden, zog Florences Familie hinüber nach Kentucky. Dort war war die Lage aber auch nicht besser. Also versuchten die Männer, sich zu organisieren. Der Kreis, in den Florences Familie zog, hieß Harlan, ein Name, der zur Legende wurde: 1930, als die ohnehin miesen Löhne noch um zehn Prozent gekürzt wurden, streikten im Kreis Harlan 11.000 Bergleute.

Der Streik dauerte und dauerte, es wuchsen Hunger und die Brutalität der Gegenseite. Die Besitzer ließen keine Zeitungen in den Kreis, sie öffneten auch die Post der Bergleute. Mit unterschiedlichem Erfolg versuchten sie, die Arbeit mit Hilfe von Streikbrechern weiterzuführen, und um ihnen den Weg freizumachen, holte man die Nationalgarde. Demonstrierende Bergleute wurden angeschossen, doch die Bergleute hatten ebenfalls Waffen, es starben Menschen auf beiden Seiten.

Sam, der Mann von Florence, gehörte zu den Mutigen – was aber seiner Gesundheit gar nicht dienlich war. Als ihn einige Männer aufforderten, wieder arbeiten zu gehen, erklärte er sich gerne dazu bereit – wenn sie den Vertrag mit der Gewerkschaft bestätigten. Das verweigerten sie, er blieb bei seinem Nein – und wurde verhaftet von jenen, die das Sagen hatten; sie behaupteten, vermutlich mit einem Grinsen, dass er »illegal Whiskey verkauft« hätte. Er kam mit fünf anderen in eine kleine Zelle und musste auf dem Fußboden liegen. Doch er überstand die Haftzeit.

Als Hunger und Gewalt zunahmen, kamen berühmte Schriftsteller nach Harlan, allen voran der große Romancier Theodore Dreiser.
Auch John Dos Passos war unter ihnen. Sie machten den Streik überall bekannt und boten ihre Unterstützung an. Doch er dauerte weiter
an und wurde immer hässlicher. Der bald berühmt-berüchtigte Sheriff
hieß J. H. Blair und war ein besonders harter Mann, der offen für die
Grubenbesitzer arbeitete. Um freien Zugang für die Streikbrecher zu
sichern, stellte er Hilfssheriffs an, oft Schlägertypen aus Chicago, wo
ihre Banden, die vor allem beim Schnaps-Schmuggeln entstanden waren (das Alkoholverbot galt noch) und die den berühmten Al Capone
zum Chef hatten, zu den brutalsten der Welt gehörten. Kurz: Diese Hilfstruppen scheuten sich vor nichts. Florence versuchte einmal
mit einigen von ihnen zu diskutieren, doch sie hörten blind auf ihren
Boss. Ein Hilfssheriff erklärte ihr: »So lange diese Kommunisten hier
sind, machen wir weiter.«

Florence wurde neugierig: »Kommunist, was ist das? Kommunist
und IWW-Wobbly – da hatte ich mich öfter gefragt, was das bedeutete, denn ich wusste, in der Kirche hatte ich nichts davon gehört.
Wenn aber ein Kommunist oder die IWW das machen würden, was
ich machte, dann wollte ich wissen, wer sie waren … Also fragte
ich die Leute. Manche haben nur mit dem Kopf geschüttelt, andere
schauten mich nur an – keiner wusste es. Also beschloss ich, dass das
einzige, was die Bergleute eigentlich wollten, war, wieder arbeiten zu
gehen und einen Vertrag zu haben, damit sie ihre Kinder ernähren
konnten.«

Sam kam aus dem Gefängnis, blieb aktiv und wurde weiter verfolgt. Eines Tages erfuhren die Gewerkschafter, dass die Schläger Sam
gleich besuchen und ermorden wollten. Als die Bewaffneten zu seiner
Hütte kamen, war er schon fort. Wie sich Florence erinnerte, konnte
er gerade noch aus der Hintertür verschwinden. Trotzdem suchten
sie ihn überall, steckten ihre Gewehre in die Schränke, in die Betten,
sogar in die Wäsche. Alles öffneten sie, und wenn sie einen Brief oder
sonst ein Papierstück fanden, nahmen sie es gleich mit.

Als eins der zwei erschrockenen Mädchen weinte – sie waren neun
und elf –, sagte einer der Schläger: »Wozu weinst du denn? Dich wol-

len wir nicht, wir suchen deinen Vater.« Florence antwortete: »Hier ist
nichts zu finden außer vielen hungrigen Kindern!«

Nachdem sie endlich weggegangen waren, hatte Florence eine brennende Wut, der sie irgendwie Ausdruck verleihen musste. Schreibpapier gab es keins – zu dieser Zeit, bei dem langen Streik, gab es überhaupt kaum etwas, vor allem an Essen mangelte es. Also riss Florence einen Kalender von der Wand und schrieb auf die Rückseite einen neuen Text zu einem alten Lied – sie wusste später nicht, ob es eine Baptistenhymne war oder eine Ballade. Die wenigen Strophen ihres Liedes endeten immer mit dem Refrain: »Which side are you on?«(»Auf welcher Seite stehst du?«) Die knappen Strophen klingen im Englischen rund und treffend, in meinem reimlosen Deutsch leider etwas holprig:

> Kommt alle, ihr guten Arbeiter,
> gute Nachrichten erzähle ich euch,
> Wie die gute alte Gewerkschaft
> gekommen ist, um hier zu bleiben.

> Man sagt, im Kreise Harlan
> gibt es keine Neutralen da.
> Entweder bist du für die Gewerkschaft
> oder ein Schläger für J. H. Blair.

> Seid keine Streikbrecher für die Bosse,
> hört nicht auf ihre Lügen.
> Wir Armen haben keine Chance,
> wenn wir uns nicht organisieren.

> Mein Vater war ein Bergmann,
> jetzt hat er Luft und Sonne *(also ohne Arbeit, auf der schwarzen Liste, V. G.)*
> Er wird mit euch Arbeitern bleiben,
> bis jede Schlacht gewonnen ist.

Nach den einzelnen Strophen jeweils viermal hintereinander, folgte das »Which side are you on?«. Ob in einem Saal, bei einer Demonstration oder einer Streikpostenlinie: Das Lied war leicht zu lernen und mitzusingen. Florence sagte: »Erst sang ich das Lied meistens nur für Nachbarn, keine großen Gruppen. Als wir schließlich den Kreis Harlan verlassen mussten und uns wieder in Tennessee ansiedelten, baten mich die Menschen, das Lied zu singen. Sie konnten einfach nicht glauben, was in Harlan geschehen war.«

Ein volksverbundener Liedersammler beim Volksarchiv in Washington nahm den Song auf, wie auch andere Stücke von Sängern
aus hart umkämpften Bergbaugebieten, besonders aber aus Harlan.
Dadurch lernten es Woody Guthrie und Pete Seeger mit ihren »Almanac Singers« kennen, die es vor Gewerkschaften und linken Gruppen
in vielen Orten des Landes sangen. 1940 nahmen sie es auf Schallplatte auf; allmählich wurde es zu einer Art Hymne des kämpferischen
Teils der Gewerkschaftsbewegung – bis heute noch.

Während der Amtszeit von Präsident Franklin Roosevelt kam es
im Zuge der riesigen Arbeitskämpfe im ganzen Lande zu einem neu-
en Gesetze, das es eher möglich machte, Gewerkschaften zu gründen.
In den Gruben der Appalachen tobten die Auseinandersetzungen
dennoch weiter, es gab Höhen wie Tiefen, die Bedingungen wurden
kaum besser. Über vierzig Jahre nach dem ersten Streik, also 1973,
kam es im Kreis Harlan erneut zu einer längeren Arbeitsniederlegung.
Wie dereinst war die zentrale Frage, wie lange die Bergleute trotz des
Hungers der Kinder, trotz der Streikbrecher, die wieder durch die
Nationalgarde geschützt wurden, trotz roher Gewalt noch aushalten
würden. Diesmal ging es gegen eine einzige große Stromenergiefirma
namens Duke. Und wieder hieß es »Blutiges Harlan«.

Mitten in diese Szenerie kam nun ein Filmkollektiv der jungen
Dokumentaristin Barbara Kopple. Ihr Besuch war keine Stippvisite,
die Gruppe blieb monatelang. Sie lernte die Bedingungen in den miesen Hütten ohne Strom oder Wasser kennen, erfuhr vom mangelnden
Arbeitsschutz, berichtete von dem jungen Gewerkschafter, der mit
einem Schuss ins Gesicht getötet worden war, und sprach mit seiner
jungen Witwe, einer erst 16-Jährigen mit einem fünfmonatigen Baby.
Einmal mussten auch die Filmleute um ihr Leben bangen, denn die
Schlägertypen von 1973 waren nicht viel anders als die von 1931.

Ihr Film zeigt den Mut und das Zusammenhalten der Menschen,
besonders der Frauen. Er war so hautnah, erschütternd, aber auch be-
geisternd, und wurde so wunderbar gemacht, dass er 1977 den Oscar
als bester Dokumentarfilm bekam. Die Bekanntheit über den Film
half den Bergleuten, wenigstens endlich die Anerkennung ihrer Gewerkschaft zu gewinnen – ein Teilsieg. Doch wie ein Bergmann im

Film warnt: »Wenn ihr etwas bekommt, müsst ihr weiterhin um noch mehr kämpfen, sonst nehmen sie euch alles wieder weg.«

Eine Filmszene geht besonders ans Herz: Eine alte Frau steht vor den Streikenden und deren Frauen und singt, mit einer nicht mehr jungen Stimme, doch mit ungebrochenem, entschlossenem Geist das Lied »Which Side Are You On«, das sie 42 Jahre zuvor so wütend geschrieben hat.

21.
Ein Song gegen den Lynchmord

Billie Holiday (1915 – 1959)

»Ich muss ein Lied so verändern, um es auf meine eigene Art zu singen. Anders kann ich es nicht.«

Billie Holiday, eine der größten Sängerinnen ihrer Zeit (die auch meine Zeit war), hatte ein großes Herz und das, was man Seele nennen könnte. Sie war auch äußerlich sehr, sehr schön – und hatte, unter allen Frauen in diesem Buch, sicherlich das traurigste Leben.

Gegen ihr großes Talent machte ein schiefes Gefüge aus Rassendünkel, Diskriminierung und Demütigung Front, das nach einigen hoffnungsvollen Zeichen nach dem amerikanischen Bürgerkrieg (1861 – 1865) wieder Oberhand gewann. Seitdem hat dieses Gefüge die gesamte Politik der USA bis heute mitbestimmt, sie hat sicherlich alle Schwarzen und fast alle Weißen betroffen und verformt.

Als sie 1915 in Philadelphia zur Welt kam, waren die Verhältnisse in den schwarzen Ghettos der nördlichen Großstädte, wie in ihrem baldigen Wohnort Baltimore, von hoher Arbeitslosigkeit und Instabilität geprägt. Mit Sicherheit ist weder ihr genauer Geburtsort verbürgt noch, wer ihr Vater war. Bis zur Annahme ihres Künstlernamens wurde sie Eleonora Fagan genannt, nach dem Nachnamen ihres Großvaters mütterlicherseits, doch vermutlich war ihr Vater der Jazz-Musiker Clarence Halliday alias Holiday. Später sagte Billie mit einem Schuss Humor: »Mutti und Vati waren nur ein paar Kinder, als sie heirateten. Er war achtzehn, sie war sechzehn, und ich war drei.«

Musiker war kein familienfreundlicher Beruf. Ihr mutmaßlicher Vater, ein Gitarrist, zog weiter. Oft ließ die so junge Mutter das Kind

bei der älteren Halbschwester. Eine neue Ehe brachte zunächst eine
bessere Zeit mit sich, doch die Verbindung wie auch die gute Zeit hielten nur zwei Jahre lang. Das Hin und Her war für ein Kind kaum güns-
tig, und die Ghetto-Schulen – selten Orte des Einfühlungsvermögens
– taten das Übrige. Das kleine Mädchen schwänzte immer öfter, die
Mutter kam dafür vor Gericht, und die neunjährige Billie kam, als eine
der jüngsten, in ein katholisches Heim für »schwer erziehbare« afro-
amerikanische Mädchen. In diesem »Haus des guten Schäfers« wurde
sie getauft; ansonsten ist allzu gut bekannt, wie es in solchen Heimen
zugehen konnte. Nach neun Monaten kam sie »auf Bewährung« heraus und arbeitete nun schwer mit der Mutter, die ein Grillrestaurant
eröffnet hatte. Mit elf hörte sie für immer mit der Schule auf.

Elf war sie auch, als die Mutter gerade an Heilig Abend nach Hause kam und den Nachbarn bei der Vergewaltigung von Billie stellte,
die daraufhin als »Zeugin« wieder zu den Nonnen ins »Haus des guten
Schäfers« kam. Als sie nach einigen Monaten wieder draußen war,
gab es kein Restaurant mehr. Die Mutter, wie bald auch die Tochter,
arbeitete für eine Puffmutter.

Dann zog die Mutter von Baltimore nach Harlem in New York, ins
große Zentrum der schwarzen Amerikaner, bald kam die Tochter nach.
Ihre dortige Wohnstätte war verbunden mit der Arbeit als Prostituierte
– der Einzelpreis lag bei 5 Dollar. Auswege aus ihrer Situation gab es in
jenen wie immer kargen Jahren in Harlem kaum. Im Juni 1929 wurden
beide verhaftet. Die Mutter kam im Juli frei, die Tochter im Oktober,
just als die große Weltwirtschaftskrise einschlug. Da war Billie 14.

Wenn es in jenen harten Jahren irgendetwas Lohnendes oder zumindest Tröstendes gab, dann war es die Musik in den schwarzen Bor-
dellen. Gewiss waren es keine Hymnen, eher freche, oft raue, aber
ach so gekonnte, gefühlsstarke Töne von Musikern wie Bessie Smith
oder Louis Armstrong. Von den Schellackplatten dieser Künstler lernte Billie schnell das Singen. Ihr Talent, ein sich schnell entwickelnder
eigener Stil sowie starke Gefühle, die sich bei ihr aufgestaut hatten,
machten sie in kleinen Jazzklubs und Kneipen bald beliebt; enorm
viele Menschen in Harlem hatten ähnlich bittere Erfahrungen, konnten sich aber nicht so artikulieren. Hier traf sie wahrscheinlich den

eigenen Vater und nahm seinen Familiennamen an. »Billie« hatte sie sich nach einer ihrer Lieblingsschauspielerinnen genannt.

Unter den genusssüchtigen weißen Besuchern, die in solche Klubs gingen, fiel einer aus der Reihe: John Hammond (1910–1987) war wohl der bedeutendste Talentscout im Lande; er verhalf Musikern wie Count Basie, Benny Goodman, Pete Seeger, Aretha Franklin, Bob Dylan, Bruce Springsteen und vielen anderen zu Weltruhm. Mit seinen »From Spirituals to Swing«-Konzerten in der Carnegie Hall 1938 und 1939, von der kommunistischen Zeitschrift »New Masses« finanziert und präsentiert, konnte er vor einem gemischten Publikum (ein Novum in der Konzerthalle) erstaunliche schwarze Musikstile präsentieren, von afrikanischen Ursprüngen bis hin zu Gospel, Blues, Dixieland, Swing und Boogie-Woogie; damit veränderte sich die gesamte Entwicklung der populären Musik.

1933 hörte Hammond die 17-jährige Billie (er selbst war damals 23). Sofort bemerkte er ihr Talent und ermöglichte es ihr, mit der Benny-Goodman-Band, die er mit aufbaute, Aufnahmen zu machen. Billies Karriere kam voran. Einzigartig setzte sie in den Liedern Pausen, sie konnte Stimmungen andeuten, mal naiv, mal klug, sie genoss lächelnd die Soli der Musiker, ließ aber stets eine zu Grunde liegende Melancholie erahnen. Sie sang auch mit anderen Orchestern, auch in einem Kurzfilm für Schwarze mit Duke Ellington, nahm Platten für schwarze Zuhörer auf, ging auf Tournee und begann eine langjährige Freundschaft mit dem Saxophonisten Lester Young – dieser gab ihr den Spitznamen »Lady Day«, den ihre Fans ihr Leben lang liebevoll benutzten – gerne auch in der Kurzform »Lady«.

Zugleich gab es stets vielerlei Probleme. Schwarze Musiker wurden oft gern gehört, doch in den »weißen Lokalen« durften sie nicht einmal im Publikum sitzen. Wenn Billie auf einen Auftritt wartete, musste sie oft allein hinter der Bühne sitzen. Auch im Norden der USA wurde – zum Nachteil der Schwarzen – immer wieder nach Rassen getrennt. Billie sang mit dem weißen Artie-Shaw-Orchester als eine der ersten farbigen Frauen, die das wagte, doch als sie in New York im Hotel den Küchenlift benutzen sollte (ausgerechnet im »Abraham Lincoln Hotel«) machte sie mit diesem Orchester Schluss!

Mancherorts wehte damals eine neue Brise. Der links engagierte Barney Josephson, durch politische Kabaretts inspiriert, die er in
Prag und vor der Nazizeit in Berlin erlebt hatte, öffnete 1938 in einem
Keller des New Yorker Greenwich-Village-Viertels das Café Society.
An der Wand hingen satirische Bilder der besten Künstler, damals
meist linke, und mit John Hammonds Hilfe bekam er auch die besten
schwarzen Musiker auf seine Bühne. Josephson erklärte: »Ich wollte
einen Klub, in dem Schwarze und Weiße hinter der Bühne zusam-
menarbeiten und vor ihr zusammensitzen. Soweit ich wusste, gab es
so etwas weder in New York noch im ganzen Lande.« Also entstand
in einem »weißen« Viertel erstmalig eine gemischte schwarz-weiße
Kundschaft!

Das galt als Sensation, und für eine weitere sorgte Billie Holiday,
vor allem mit ihrem Lied »Strange Fruit«. Darin geht es um Lynchjustiz. Seit dem Bürgerkrieg wurden Tausende meist schwarze Männer
ohne Prozess aufgehängt, oft nach fürchterlicher Folter, nach Verbren-
nungen und Abschneiden von Körperteilen. Dabei ging es nicht selten
wie bei einem Volksfest zu, mit fröhlichen weißen Frauen und Kindern. Oft lautete die Begründung »wegen der Vergewaltigung weißer
Frauen«; doch bewies eine der großartigsten Kämpferinnen für die
Rechte von Schwarzen und von Frauen, die schwarze Journalistin Ida
B. Wells (1862–1931), neben einer erschreckenden Aufzählung und
Schilderung von Lynchmorden, dass dieser Horror vor allem dazu
diente, die schwarze Bevölkerung einzuschüchtern, ihr zu drohen, da-
mit sie niemals gleiche Rechte einfordere, sondern nur passives Aus-
beutungsobjekt bliebe. Die Mörder blieben unbestraft; ein nationales
Gesetz dagegen kam durch die Opposition von Südstaatlern und das
Desinteresse von Nordstaatlern nie zustande. Frühe Fortschritte der
Schwarzen in den Jahren nach dem Bürgerkrieg – es wurden aus dem
Süden 20 Kongressabgeordnete, zwei Senatoren und mehr als 600
Gesetzgeber auf der Bundesstaatenebene gewählt – wurden in den folgenden Jahren durch Verrat der Republikaner im Norden und durch
den Terror der »Demokraten« im Süden bis in die 1960er Jahre rück-
gängig gemacht.

In den 1930er Jahren kämpfte endlich eine nun erstarkte Linke gegen die Lynchjustiz. Abel Meeropol (1903 – 1986), ein Lehrer und Kommunist aus dem New Yorker Stadtteil Bronx, schrieb, tief bewegt vom Foto eines der Lynch-Feste, unter dem Pseudonym Lewis Allan ein Lied dagegen. (Fünfzehn Jahre später adoptierten Meeropol und seine Frau die zwei Waisenjungen von Ethel und Julius Rosenberg nach deren Hinrichtung.) Sein Lied wurde hier und da gesungen, von seiner Frau, danach von vier Sängern bei einer Kundgebung für die kämpfende Spanische Republik. Der dortige Co-Veranstalter war auch Regisseur bei der neuen Café Society; dadurch kamen Barney Josephson, Billie Holiday und Abel Meeropol bei dem Lied zusammen.

Billies Plattenfirma lehnte es ab, das Lied mit dem beißenden Text aufzunehmen, doch da sang sie ihn im Café Society, bitter, ironisch, hart. »Ich muss ihn weiter singen, nicht nur weil die Leute es hören wollen, sondern auch weil diese Dinge ... noch immer im Süden geschehen.« Zweifellos drückt das Lied wie kein anderes die grundlegende Geschichte aller schwarzen Amerikaner aus.

Meine reimlose Übersetzung kann ihm nicht gerecht werden. Wer die Möglichkeit hat, sollte unbedingt eine Aufnahme von Billie Holiday hören.

> Südliche Bäume tragen eine seltsame Frucht,
> Blut auf den Blättern und Blut an den Wurzeln,
> Ein schwarzer Körper schaukelt in der südlichen Brise,
> Eine seltsame Frucht hängt von den Pappelbäumen.
>
> Eine ländliche Szene im ritterlichen Süden,
> Herausquellende Augen und ein verzerrter Mund,
> Der Duft von Magnolien, süß und frisch
> Und der plötzliche Geruch von brennendem Fleisch!
>
> Hier ist eine Frucht für die Krähen zu pflücken,
> Für den Regen zu sammeln, für den Wind zu saugen,
> Für die Sonne zu verwesen, von dem Baum zu fallen,
> Hier ist eine seltsame und bittere Ernte.

Eine härtere Anklage ist schwer vorstellbar. Josephson ließ Billie dieses Lied immer am Ende ihres Programmteils singen. Während man es einleitete, ließ er die Beleuchtung dimmen; jedes Herumlaufen, auch das der Kellner, hatte aufzuhören. Beim Singen wurde allein Billies Gesicht von einem schmalen Scheinwerfer beleuchtet. Bei der letzten Note wurde es völlig dunkel. Als es wieder hell wurde, war Billie verschwunden. Zugaben gab es keine.

Beim ersten Mal blieb zunächst alles still. Dann fing einer schüchtern an, zu klatschen. Und plötzlich klatschten alle. Das wiederholte sich jede Nacht, monatelang, jahrelang. Wenn Billie dieses Lied sang, so schrieb jemand, »riss sie dir das Herz heraus!« Viele Menschen wurden dadurch aufgewühlt, sie wollten aktiv werden; die britische Musikzeitschrift »Q« bezeichnete es als eins der »zehn Lieder, die wirklich die Welt verändert haben«. Der einflussreiche Schlagzeuger Max Roach sagte: »Billie machte damit ein Statement, das wir Schwarze alle spürten. Keine brachte bisher solch eine Aussage. Sie wurde eine Kämpferin, diese so schöne Lady, die singen und dich etwas spüren lassen konnte. Sie wurde zur Stimme der schwarzen Menschen, und dafür wurde diese Frau von ihnen geliebt.« Die jüngere, auch äußerst begabte Sängerin Lena Horne, die als Kind mit ihrer Mutter wegen eines Lynchmordes aus einer Stadt in Florida fliehen musste, sagte: »Holiday äußerte in den Worten das, was so viele Menschen gesehen und erlebt hatten. Sie schien in Melodie und Text das Gleiche vorzutragen, was ich im Herzen spürte ... sie war zornig. Viele Menschen begriffen, dass Tränen allein gar nichts nutzten.« Horne sang das Lied nie, denn »es gehört Billie«.

Im Café Society legte sich Holiday die Gewohnheit zu, den Kopf beim Singen nach hinten zu neigen und weiße Gardenien im Haar zu tragen. Beides wirkte bei ihr nicht aufgesetzt.

Doch das Café Society konnte nicht viel bezahlen. Billie sagte: »Ich begann im Café Society als Unbekannte. Zwei Jahre später ging ich dann als Star. Gewiss brauchte ich das Prestige und die Publicity, damit allein kann man aber die Miete nicht bezahlen.«

Billie war eine großartige Künstlerin und ein freigebiger Mensch; wegen des Geschäftlichen und wegen der Männer hatte sie jedoch vielfach großen Kummer. Männer nutzten sie nicht nur geschäftlich aus, sie waren auch oft brutal. Nicht minder schlimm: Sie machten sie mit Rauschgift bekannt. Erst führte sie ein Ehemann an Opium heran, dann ein Liebhaber, ebenfalls ein Musiker, an Heroin. Drogen waren in der Musikszene ja eine ständige Begleitung, war doch das Leben auch dort gerade sehr hart. Nach dem Tod der Mutter 1945 – trotz aller Zerwürfnisse trauerte Billie sehr um sie – suchte sie noch mehr Trost bei Alkohol und Drogen.

Als Billie 1947 neben Louis Armstrong für einen Hollywood-Film engagiert wurde, glaubte sie an eine große Chance. Am Ende ließ man sie nur ein einziges Lied singen und, weil sie farbig war, gab man ihr, wie damals üblich in Hollywood, die Rolle eines Dienstmädchens. In der schwachen Handlung spielte eine zweit- oder drittrangige Schauspielerin die weibliche Hauptrolle und glaubte noch dazu, die große Billie auch wie ein Dienstmädchen behandeln zu können.

Im gleichen Jahr wurde Billie wegen Drogenbesitzes verhaftet. Der Prozess hieß: »Die Vereinigten Staaten von Amerika gegen Billie Holiday«! »Und genau so kam es mir vor«, sagte sie, erst recht, nachdem ihr Anwalt ihr mitgeteilt hatte, dass er es ablehne, sie im Gerichtssaal zu vertreten. Statt ihr Hilfe anzubieten, verurteilte das Gericht sie zu »einem Jahr und einem Tag« Gefängnis, und zwar in West-Virginia, wo später auch Elizabeth Gurley Flynn inhaftiert wurde.

»Wegen guten Benehmens« kam sie etwas früher frei, musste aber feststellen, dass es ihr nicht mehr erlaubt war, in Clubs und auf Kleinkunstbühnen aufzutreten, in denen Spirituosen verkauft wurden. Ein Klubbesitzer stellte sie illegal an: »Ich fing in der großen Angst an, dass bei jeder Strophe die Bullen reinkämen, um mich wegzuführen. Doch geschah nichts und ich war ein großer Erfolg!« Jedoch, wie so oft, nutzten Männer ihren Namen, ihr Talent und ihr Bedürfnis nach Liebe aus, um sich selber zu bereichern. Die nächsten Jahre waren durch manche Höhen, aber auch nicht wenige Tiefen gekennzeichnet – Tiefen wegen ihrer Sucht und der quälenden Männer, Höhen, weil sie immer noch so wundervoll sang, bewegend mit den unterschwellig melancholischen Tönen.

Am 10. November 1956 gab sie gleich zwei, jeweils ausverkaufte Konzerte in der Carnegie Hall, meistens ein Ort für die weltbesten klassischen Solisten und Orchester, nun für eine geplagte populäre Sängerin mit Liedern der Schwarzen. Gilbert Millstein von der *New York Times*, der das Konzert moderierte, schrieb später zu der entstandenen Schallplatte:

»Es war schon damals klar, dass Miss Holiday krank war ... Ich war von ihrer körperlichen Schwäche schockiert. Ihre Probe war halbherzig, die Stimme klang blechern und schwächte ab, ihr Körper hing müde herab. Doch die Metamorphose am Abend werde ich nie vergessen. Die Lichter wurden gedimmt, die Musiker spielten und die Ansage begann. Miss Holiday trat zwischen den Vorhängen ins Scheinwerferlicht hervor, sie trug ein weißes Abendkleid und weiße Gardenien im Haar. Sie stand aufrecht – wunderschön, selbstsicher und lächelnd. Und als der erste Teil zu Ende war, sang sie mit unverminderter Kraft, mit all der Kunst, die ihr gehörte. Ich war so sehr bewegt, im Dunkeln brannten mein Gesicht und die Augen ...«

Der Kritiker Nat Hentoff schilderte: »... die sichere Ausdrucksweise und Intonation wie auch die ausstrahlende Wärme, eine greifbare Hingabe, das Publikum zu erreichen und zu berühren. Doch da war auch spöttelnder Witz. Oft war ein leichtes Lächeln auf ihren Lippen und in ihren Augen zu erkennen, so, als ob sie diesmal doch die Tatsache akzeptieren konnte, dass es Menschen gab, die sie begriffen. ... Auf dem Ganzen lag der klingende Ton eben der Lady – eine Beschaffenheit mit metallenem Rand und trotzdem von innen wieder mit etwas Kindischem behaftet. Noch ehe sie zu singen begann, gehörte ihr das Publikum, es grüßte sie und sagte mit starkem, liebevollem Beifall am Ende ›Leb wohl‹. Einmal applaudierten selbst die Musiker ... Das war ein Abend mit Billie ganz weit oben, ohne Zweifel die beste und ehrlichste lebende Jazz-Sängerin.«

Solche Erfolge konnte es nicht weiter geben; es ging schnell abwärts. Zwei Jahre später stellten die Ärzte bei ihr eine Leberzirrhose fest. Trotz Warnungen konnte sie mit dem Trinken nicht aufhören und kam im Frühling 1959 mit Leber- und Herzstörungen ins Krankenhaus. Während sie schon im Sterben lag, kam die Polizei – um sie wegen Drogenbesitzes zu verhaften. Polizisten standen vor ihrer Tür im Krankenhaus – bis zu ihrem Tod mit nur 44 Jahren, am 17. Juli desselben Jahres. Ihr Besitz umfasste nur ein Zeitungshonorar von 750 Dollar und 70 Cent in bar.

22.
Truckerin im Spanienkrieg

Evelyn Hutchins (1910–1982)

Eine kleine Frau war sie, und was für eine zähe!

»Ich musste mich immer um mich selbst kümmern und eigene Entscheidungen treffen und das war für mich manchmal hart ... Ich hatte eine Wut gegen viele Ungerechtigkeiten gegenüber den Frauen. Ich fühlte mich so oft frustriert, weil ich kein Mann war ... Immer hörte ich, dass ich dies und das nicht machen dürfe, weil Mädchen so etwas nicht machen. Mir wurde so oft gesagt, dass Mädchen weniger wert sind als Männer ... und das konnte ich nicht ertragen.«

Evelyn Hutchins, 1910 im nordwestlichen Bundesstaat Washington geboren, zog mit achtzehn Jahren ins Kunstzentrum New York (wie fast zur gleichen Zeit Billie Holiday), um Tänzerin zu werden. Bald tobte die Große Krise; es wurde schwer mit feiner Kunst. Ihre Mutter war aktiv für das Frauenwahlrecht eingetreten, ihr Stiefvater, ein Hafenarbeiter, stand auf der schwarzen Liste, weil er gestreikt hatte. Sie war also kämpferisch erzogen und schlug sich – wie Millionen andere auch – irgendwie durch. Sie tanzte oft auf Bühnen, die »nur für Erwachsene« bestimmt waren.

Gerade die 1930er waren Kampfjahre. In Scottsboro (Alabama) wurden 1931 neun schwarze Jugendliche wegen der Vergewaltigung von zwei weißen Frauen verhaftet. Sie alle fuhren illegal auf Güterwagen auf der Suche nach Arbeit. Ein Junge war knapp 13, die ganze Geschichte war verlogen, eine ärztliche Prüfung stellte fest, dass die beiden gar nicht vergewaltigt worden waren, doch die Rassisten des

Ortes, die man nur knapp an einem Lynchmord hindern konnte, wollten doch noch ihre Opfer. Die Todesurteile gingen bis zum Obersten
Gerichtshof und wurde dank der Arbeiterhilfe (das US-Pendant zur
Roten Hilfe) weltberühmt. Keiner wurde hingerichtet, doch der letzte
der neun kam erst 1950 frei (dem Vorletzten gelang die Flucht). Elizabeth Gurley Flynn kämpfte mit, und sicher wurde auch Billie Holi-
days Song »Strange Fruit« von diesen Ereignissen beeinflusst.

Nach Franklin Roosevelts Amtsantritt als Präsident 1933 wurde
bald ein Gesetz verabschiedet, welches die Gründung von Gewerkschaften begünstigte; dramatisch wuchsen daraufhin deren Zahl und
die Zahl der Streiks. Überall traten neue Mitglieder ein, marschierten als Streikposten und besetzten Betriebe, von Bergarbeitern bis zu
Friseusen und Verkäuferinnen in Woolworth-Geschäften – die aus
Stolz, Freude, Mut und Übermut mitunter zwischen den »besetzten«
Verkaufstischen tanzten. Die Konzerne setzten Spitzel, Schlägertypen
und mit Tränengas und Gewehren bewaffnete Einheiten gegen sie ein;
doch der Drang, gegen Hungerlöhne, fehlende Versicherung, gegen
Bespitzelung und Schikanen zu kämpfen, war nicht aufzuhalten. Am
bedeutendsten war der Sitzstreik 1937 gegen General Motors in Flint
(Michigan), wo sich, erstmalig auf diese Art, auch Ehefrauen, Töchter
und Geliebte organisierten. Täglich reichten sie per Flaschenzug Essen durch die Fenster an die Sitzstreikenden, und als die Polizei Tränengas gegen die Männer einsetzte, »öffneten« die Frauen die Fenster
mit Steinen und hielten auch selbst dem Tränengas und den Polizei-
angriffen stand. Manche Frauen bildeten eine Art Verteidigungstrup-
pe mit Armbinden, roten Baskenmützen und langen Knüppeln. Erst
nach sechs eisigen Winterwochen fiel auch diese Festung. Menschen
wie Evelyn Hutchins verfolgten solche Entwicklungen, die auch ihr
Leben berührten, mit größter Spannung.

Weit entfernt lag Spanien. Als dort ab Juli 1936 ein Krieg entbrannte, meinten fast 3.000 Amerikaner und etwa 40.000 aus der ganzen
Welt, dass er nicht zu weit wäre, um die Republik gegen die Truppen
Francos zu verteidigen. Bill Bailey, einer der freiwilligen Kämpfer, erklärte das in einem Brief an seine Mutter, der im Fall seines Todes an
sie zu schicken war:

»In Spanien gibt es Tausende von Müttern wie Du, die in ihrem
Leben niemals eine gleiche Chance hatten. Ihre ganze Existenz be-
stand darin, genug Essen zu finden, um noch einen Tag länger am
Leben zu bleiben. Eines Tages taten diese Menschen etwas dagegen.
Sie sammelten sich und wählten eine Regierung, die ihrem Leben eine
wirkliche Bedeutung gab und die versprach, es so einzurichten, dass
Millionen von Müttern wie Du niemals wieder auf die Knie gehen
müssten, um in einer Welt zu existieren, die so vieles für alle hat.

Doch lief es nicht so, wie das arme Volk es erwartete. Eine Ban-
de von Schlägertypen beschloss, diese wunderbare Sache, welche die
besitzlosen Menschen geschaffen hatten, zu zertrampeln und auszu-
löschen, um sie wieder in die alte Lebensweise zurückzutreiben. Deshalb fuhr ich nach Spanien, Mom – um diesen armen Menschen zu
helfen, diesen Kampf zu gewinnen, damit Du und die Mütter der Zukunft es eines Tages leichter haben würden …

Lasse Dich von niemandem irreführen, Mom, und sagen, dass das
alles mit dem Kommunismus zu tun hätte. Die Hitler und Mussolini
dieser Welt töten spanische Menschen, die nicht einmal den Unterschied zwischen Kommunismus und Rheumatismus kennen. Und es
geschah auch nicht, um irgendeine kommunistische Regierung aufzustellen. Das einzige, was die Kommunisten hier gemacht haben, war,
den Menschen zu zeigen, wie sie kämpfen konnten und das zu gewinnen, was ihnen rechtmäßig gehörte …«

Evelyn, die von Kindheit an Mussolini hasste, weil er befohlen
hatte, dass Frauen keine kurzen Röcke tragen und zu Hause bleiben
sollten, und die Hitler hasste, weil sie von den SS-Brutanstalten gelesen hatte, in denen »arische Kinder« gezeugt werden sollten, wusste
wo sie stand.

England, Frankreich und fast ganz Europa beschlossen, dass weder
die gesetzlich gewählte spanische Regierung noch die faschistischen
Putsch-Generäle Waffen kaufen durften. Doch bald wusste jeder: An
den Faschisten Franco lieferten Hitler und Mussolini dennoch riesige
Waffenmengen und Truppen, während die spanische Regierung von
allen boykottiert wurde – außer von Mexiko und der Sowjetunion. Ein
in den USA verabschiedetes »Neutralitätsgesetz« (nur einer stimmte

im Kongress dagegen) war genauso einseitig. An Franco gingen Benzin, Lastwagen, sogar Bomben. An die Republik durfte lediglich medizinische Hilfe gehen. Doch gab es – wenn auch illegale – Freiwillige.

Evelyn schrieb: »Mir war viel bewusster als meinem Bruder, was allgemein in der Welt und in Spanien geschah, ich war beunruhigter und interessierter. Doch waren mein Bruder und ich uns immer sehr nahe, und als er entdeckte, dass ich daran interessiert war, nach Spanien zu gehen, ging er als erster ... Ich aber passte in keine Kategorie. Hätte ich Soldat werden können, wäre es einfach gewesen. Doch weil ich keine Krankenschwester war, keine Ärztin und keine Röntgentechnikerin, Laborassistentin oder ähnliches, war es sehr schwierig ...«

Sie gab nicht auf. »Ich fuhr ja viel herum ... und das gab mir schon von Anfang an die Idee. Ich hatte Krankenwagen in der Stadt herumgefahren ... so gut wie oder auch besser als manche Männer ... Wenn ich das hier tun konnte, dann könnte ich es in Spanien genauso gut. Und das würde einen Mann ersetzen, der dann das tun konnte, was ich eigentlich wollte, an die Front gehen ...« Und weiter: »Wahrscheinlich dachte man, wenn etwas schief gehen würde, könnte ich schriftliche Arbeiten erledigen. Und auf dieser Basis waren sie bereit, mich nach Spanien zu schicken.«

Also fuhr sie nach Spanien. »Manche Kerle dachten, es wäre komisch, dass ich dorthin fahren sollte. ... Sie sagten: ›Du bist so klein, was kannst du denn machen?‹ Und ich sagte, ›Ich bin eben nur ich.‹ Ich war ein Mädchen, ich war klein und wog nicht viel, doch tat ich meine Arbeit – und reichte das nicht? Sie fotografierten mich gern neben meinem LKW, denn weil ich klein war, fanden sie das ulkig. Manche meinten: ›Ich brauche dir nur einen harten Schlag geben und schon kippst du um.‹ Das wichtigste war, dass die Kerle begriffen, warum ich dort sein wollte, warum ich die Arbeit als Fahrerin als einzige Möglichkeit annahm, so nahe wie nur möglich zu den eigentlichen Kämpfen zu kommen ... sie glaubten nicht, dass ein Mädchen kämpfen und ein Maschinengewehr statt eines Wagens haben wollte.«

Evelyn war eine gute Fahrerin. Bescheiden meinte sie, viel schlimmer als auf den Landstraßen in den USA (vor der Zeit der Superhighways) sei es in Spanien auch nicht gewesen. Doch wurde ihr alles

abverlangt. Oft ließen die tiefen Spuren von Eselskarren oder Pferdewagen die Räder des LKW oder Lazarettwagens nur schwer vor-
ankommen. Unzählige Schlaglöcher konnten, wenn überhaupt, nur
notdürftig geflickt werden. Landstraßen führten oft einen Hügel hinauf, dann plötzlich scharf nach links oder rechts; geradeaus ging es in
einen tiefen Abgrund, und Evelyn musste nachts zur Sicherheit ohne
Licht fahren. Und trotzdem musste sie, wenn Verletzte im Wagen waren, so schonend wie nur möglich fahren. Mitunter ging es achtzehn
Stunden lang durch die Berge. Dazu kamen Angriffe von oben; die
meist deutschen und italienischen Flieger zielten besonders gern auf
Lazarettwagen.

Evelyn musste auch andere Lasten als Verletzte fahren, einmal sogar Schweinemist. Nichts im Leben stinkt fürchterlicher, sagte sie; für
die Reinigung brauchte sie drei Stunden.

Böse Träume hatte sie immer: »Ich wäre gefahren und dann wäre
etwas am Wagen kaputtgegangen. Schweißgebadet wachte ich auf …
Am Tage aber habe ich nie die Nerven verloren … Die Faschisten
wollten unsere Moral brechen und ich wollte ihnen zeigen, dass sie
das nicht können. Ich ließ einfach nicht zu, dass sie mich erschrecken.
Ich ließ nicht zu, dass mir das passiert.«

Befreiend dabei war für sie und andere, davon war sie überzeugt,
ein klares Verständnis davon zu haben, weshalb sie da waren. Dabei betonte sie: »In einem Krieg gibt es nichts Romantisches. Krieg
ist harte Arbeit. Nichts ist da, wie und wann man es haben möchte,
das Essen nicht, das Baden nicht, das Ausruhen nicht, wenn man erschöpft ist.« Auch langes Warten und die Langeweile kosteten Nerven.
Zudem: »Das ist alles kein Abenteuer. … Es ist nichts Abenteuerliches
daran, jemanden zu töten oder in eine Situation zu kommen, wo man
getötet oder verletzt werden kann.«

Im September 1938 wurden die Freiwilligen aus aller Welt, auch
das Lincoln-Bataillon mit den Amerikanern, aus dem Kampf gezogen.
In ihrer argen Bedrängnis hoffte die Republik, dass, wie vereinbart,
auch Deutschland und Italien ihren vielfach größeren Soldateneinsatz
beenden würden. Das war ein Irrtum. Jede Woche wurde die Lage nur
noch hoffnungsloser. Die Flieger und schweren Waffen von Hitler,

zehntausende Söldner aus Italien, der Verrat von England, Frankreich und fast allen anderen, auch den USA, waren am Ende einfach zu viel.

Zurück in der Heimat fuhr Evelyn mit Ruth Davidow, einer der etwa achtzig amerikanischen Krankenschwestern, die im Spanienkrieg den Horror lindern wollten, in einem ramponierten, von Kugeln durchsiebten Lazarettwagen von Washington aus durch Virginia, Tennessee, Louisiana und Texas, um doch noch gegen die falsche Neutralitätspolitik zu mobilisieren, aber vor allem, um Geld für Lebensmittel und medizinische Hilfe zu sammeln und so der Republik doch noch zu helfen, länger auszuhalten. Gerade als sie Tampa in Florida erreichten, wo viele spanischsprachige Freunde der Republik lebten und eine Kirche für ihre Kundgebung zur Verfügung stand, kam die Nachricht: nach zweieinhalb Jahren Kampf und Belagerung sei Madrid gefallen, Franco und seine mörderischen Truppen marschierten in die Stadt ein. Alle Hoffnungen waren hin, ein großes Leiden und Sterben begann. Die Kirche war voll, auch draußen auf der Straße trauerten Menschen. Der freundliche Priester bat die beiden Frauen, von der Kanzel zu sprechen, doch konnten sie ihren Schmerz nicht überwinden. Ruth versuchte, das Lied von der Fünfzehnten Brigade zu singen, der Brigade der englischsprachigen Freiwilligen. Doch konnte sie bald vor Weinen nicht weiter, und alle weinten mit ihr mit.

Großbritannien vor allem, aber unter Druck gestellt auch Frankreich, hatten deutlich gemacht, dass sie in Spanien eher die Faschisten gewinnen ließen, auch mit Hitlers Gnade, als die Volksfront und mit ihr eine links gerichtete Republik. Hitler verstand das als Ermunterung, unbesorgt weiter zu erobern und marschierte ohne einen Schuss in Österreich und der Tschechoslowakei ein. Die Spanienpolitik und die widerspruchslose Expansion der Deutschen nach Osten ließen Stalin einen verbündete Angriff auf die Sowjetunion fürchten – wie in den Jahren 1917 bis 1921 – und daher den so verfluchten Pakt mit Hitler unterschreiben, um das möglichst zu verhindern. Das faschistische Deutschland schickte nun die in Spanien erprobten Bomber, Panzer und Geschütze erst gegen Polen, dann gegen Nord- und Westeuropa, zumal Frankreich nun auch durch das Spanien Francos bedroht wurde. Dann erst ging es in Richtung Moskau. Schließlich traten auch die USA und – auf der Seite der Achsenmächte – Japan in einen Weltkrieg, der mehr als 50 Million Todesopfer forderte. Die Freiwilligen in Spanien, wie Evelyn, hatten geglaubt, wenn sie nur die Truppen Francos und Hitlers vor Madrid und Barcelona hätten stoppen können, wäre ein weiterer Krieg zu vermeiden gewesen. Nach dem Testlauf bei der Vernichtung auch von Frauen und Kindern in Madrid, Guernica und Barcelona folgten Warschau, Rotterdam, Coventry und Leningrad – und dann als Antwort darauf Hamburg, Köln und Dresden. Die Freunde Spaniens, die das alles verhindern wollten, konnten sich nicht durchsetzen, und wurden in den USA jahrzehntelang als »verfrühte Antifaschisten« verdächtigt.

Evelyn, immer aktiv, leitete die Gruppe von Spanienveteranen in Los Angeles, nahm an vielen Kämpfen für den Fortschritt in den USA und der Welt teil – auch in Spanien, das ja bis 1975 unter Francos Herrschaft blieb. Sie lebte lang genug, um nach 36 Jahren das Ende des dortigen Faschismus zu erleben, und starb dann 1982 an Krebs.

In einem wunderbaren Foto von ihr neben ihrem großen LKW (ich verwendete es als Titelbild für mein Buch über den Spanienkrieg, »Madrid du Wunderbare«), strahlt sie mit großer Schönheit, mit festem Selbstvertrauen und Überzeugung für die Sache, für die sie sich mehrere Jahre in Spanien und ihr ganzes Leben danach einsetzte.

23.
»... mein Gewissen nicht
auf die Mode zugeschnitten«

Lillian Hellman (1905 – 1984)

Lillian Hellman war Dramatikerin. Doch in einem brisanten Drama
– nicht auf der Bühne, dennoch mit Scheinwerfern, Publikum, vielen
Kritikern und einer gewissen Choreographie – war sie nicht Autorin,
sondern Hauptdarstellerin. Sie sollte dabei der Bösewicht sein. Für
viele wurde sie die Heldin.

Im Mai 1952 lud man sie nämlich vor den berühmt-berüchtig-
ten Ausschuss zur Untersuchung unamerikanischer Betätigung des
US-Kongresses. Die Szenerie in den USA wurde durch eine anti-
kommunistische Hysterie beherrscht, nach einem Senator der Republikanischen Partei die »McCarthy-Ära« genannt. Prominente linke
Leute, vor allem aus Hollywood und dem Theater, sollten gezwungen
werden, zu Kreuze zu kriechen. Und zwar möglichst tief! »Waren sie
einmal Kommunist? Haben Sie je eine kommunistische Zeitung oder
literarische Zeitschrift abonniert, wenn nicht heute, dann vielleicht
vor zwanzig Jahre? Unterschrieben Sie eine linke Petition? Bereuen
Sie nun endlich den Fehltritt? Wenn ja, beweisen Sie es – nennen Sie
alle anderen, die auch mitmachten!«

Taten sie das, ruinierten sie nicht nur ihre Karriere, nein, auch das
Leben von alten Freunden oder Genossen. Taten sie es nicht, galten
sie als »unfreundliche Zeugen« und waren ebenfalls ruiniert. Einige
wurden wegen »Missachtung des Kongresses« angeklagt und eingesperrt.

Manche Rechte meldeten sich freiwillig zum Denunzieren: Gary Cooper, Ronald Reagan, Ayn Rand, Walt Disney. Für Linke stellte so eine Vorladung ein Schrecken dar, eine Lebensbedrohung. Fast die Hälfte, aus Angst um ihre Karriere, knickte doch ein.

Als aber die berühmte, erfolgreiche Lillian Hellman eine solche Schreckensvorladung erhielt, schrieb sie dem Vorsitzenden des Komitees:

»... Ich bin vollkommen bereit, alle Fragen über mich zu beantworten. Es gibt nichts, was ich vor Ihrem Komitee zu verschweigen habe und nichts in meinem Leben, worüber ich mich schäme ... Ich bin bereit und willig, vor den Vertretern unserer Regierung über meine eigenen Ansichten und Aktionen auszusagen, ohne Rücksicht auf für mich daraus resultierende Risiken oder Folgen ... Doch ich bin nicht bereit, jetzt oder später, schlimme Schwierigkeiten für Menschen zu verursachen, die sich in unserer Beziehung niemals subversiver oder verräterischer Worte oder Taten schuldig machten ... Unschuldigen Leuten zu schaden, die ich vor vielen Jahren kennen lernte, nur um mich selbst zu retten, ist für mich unmenschlich und unehrenhaft. Ich kann nicht und werde mein Gewissen nicht auf die Moden dieses Jahres zuschneiden...«

In Washington, vor den Abgeordneten, den Scheinwerfern, Kameras und giftigen Journalisten, blieb sie dabei. Das verlangte Mut. Andere, die so stark blieben, kamen jahrelang auf eine »schwarze Liste«, sie wurden boykottiert, ihre Arbeit erschwert oder diese völlig verhindert. Illustre Namen waren darunter: Charlie Chaplin, Leonard Bernstein, Hanns Eisler, Arthur Miller, Pete Seeger, Orson Welles, Paul Robeson. Einige wanderten aus. Manche begabte Autoren und Regisseure kamen für sechs bis zwölf Monate ins Zuchthaus.

Einer, eingesperrt, weil er es ablehnte, die Namen von fortschrittlichen Geldspendern zu nennen, war Dashiell Hammett. Man hielt ihm offenbar nicht zugute, dass er als Soldat in beiden Weltkriegen gedient hatte – 1942 benutzte er trotz seiner 48 Jahre und einer chronischen Tuberkulose, seine Beziehungen, um noch als Soldat gegen den Faschismus zu kämpfen. Er war zweifellos der wichtigste Mensch in Lillian Hellmans Leben.

Sie lernten sich 1930 in Hollywood kennen. Er galt als der beste Krimi-Autor der USA. »Der dünne Mann« und »Der Malteser Falke«, beide auch verfilmt, wurden Klassiker. Hammet war Kommunist. Hellman war eine Lektorin, die einige Kurzgeschichten geschrieben hatte. Als sie näher zueinander fanden – beide kamen aus getrennten Ehen – ermutigte er sie, Stücke zu schreiben und schlug gleich ein Thema vor, das auf einer alten Begebenheit basierte. In ihrer *Children's Hour* (*Kinderstunde*) geht es darum, wie Klatsch und Tratsch über eine angeblich lesbische Liebe zweier Lehrerinnen, durch die Lügen einer boshaften Schülerin verbreitet, ihre Schule ruiniert und das Leben einer der beiden kostete. Solch ein Thema war damals tabu, ja, in New York sogar verboten. Mehrere Produzenten lehnten es entsetzt ab. Einer wagte es trotzig – 1934 kam das Stück ins Theater am Broadway und blieb dort, Abend für Abend, für zwei Jahre. Die erst 29-Jährige war auf einmal erfolgreich. Auch für eine Verfilmung von *The Children's Hour* schrieb sie ein Drehbuch; nur musste – und konnte – sie das Thema umwandeln; die Regeln in Hollywood waren so streng, dass, wie sie sagte, man keine Frau mit einem Mann auf einer Couch zeigen durfte, wenn sie nicht mindestens einen Fuß fest auf dem Boden hatte. Das für sie wichtigste, ihre Kritik an der schlimmen Wirkung von böser Verleumdung, blieb dennoch enthalten.

Ihr Stück *The Little Foxes* (*Die kleinen Füchse*) von 1939 wurde ein noch größerer Erfolg. Es spielt im tiefen Süden um 1900 und basierte auch auf eigenen Erfahrungen, denn ihre Kindheit verbrachte Lillian zum Teil bei dem Vater in New York, zum weniger glücklichen Teil bei der Mutter und deren unangenehmer Familie im südlichen New Orleans. Bissig zeigt sie die Gier und Beschränktheit einer ähnlichen Familie, vor allem der erbarmungslosen, gerissenen Familienchefin Regina. Es gab 410 Vorstellungen und das Stück wird hier und da bis heute aufgeführt. Bei der Verfilmung (1941) schuf die großartige Bette Davis eine Figur, die durch ihre eiskalte Bosheit unvergesslich blieb, wobei viele erkannten, dass das Stück nicht nur eine üble Familie meisterhaft darstellte, sondern ein System anprangerte, das auf rücksichtsloser Gier nach Besitz und Geld basierte. Hellman aber war es nun gelungen, das Monopol der Männer im Dramatik-Fach zu durchbrechen.

Nicht allein wegen Hammetts Einfluss neigte Lillian immer deutlicher nach links, denn in den 1930er Jahre spielten Kommunisten in der Welt der Arbeit und sozialen Kämpfe wie in der Kulturszene eine äußerst wichtige Rolle. Zahlreiche Schriftsteller und Künstler standen ihnen nahe oder waren – wie Hammett seit 1937 – Parteimitglieder. Viele Künstler, die aus Europa vor der Welle des Faschismus fliehen mussten und in die USA emigrierten – wie Lion Feuchtwanger, Hanns Eisler oder Bertolt Brecht, stärkten die linke Ausrichtung der Kultur.

Von 1936 bis 1939 stand für viele der Bürgerkrieg in Spanien im Mittelpunkt, wo eine demokratisch gewählte Republik ums Überleben kämpfte, unterstützt allein von Mexiko und der Sowjetunion, während England, Frankreich und die USA direkt und selbstmörderisch Franco und damit Hitler und Mussolini halfen. Auch Hellman besuchte das belagerte Madrid; wie so viele war sie zutiefst bewegt. Das verband sie noch enger mit Dashiell Hammets kommunistischen Kreisen, aus denen die Mehrheit der Freiwilligen kam, die in Spanien ihr Leben riskierten. Allerdings trat sie den meisten Überlieferungen zufolge nicht direkt in die Partei ein. Finanziell und organisatorisch half sie bei dem spanischen Filmprojekt des großen holländischen Regisseurs Joris Ivens, wobei er (und Ernest Hemingway) sich waghalsig bis mitten in die Schlachten wagten. Der Film beeindruckte auch Präsident Roosevelt; trotzdem änderte er nicht seine opportunistische – und tragische – Spanienpolitik.

In den meisten Fragen unterstützte Hellman die Positionen der Partei, auch in den bitteren 22 Monaten nach dem Pakt zwischen Hitler und Stalin im August 1939, als viele Intellektuelle die Partei verließen und verdammten. Diejenigen, die blieben, versuchten zu erklären, dass der Pakt den Sowjets durch die drohende Gefahr aufgezwungen worden sei, dass sich alle Länder gegen sie verbünden würden, was nach dem Spanienkrieg und dem München-Treffen von Englands Chamberlain und Frankreichs Daladier mit Hitler und Mussolini auf Kosten der Tschechoslowakei keineswegs abwegig schien. Doch als die Kommunisten noch 1940 und 1941 auf ihrer Position beharrten, es handele sich um einen Krieg zwischen zwei imperialisti-

schen Seiten und die USA sollten neutral bleiben, wurden sie immer
isolierter – bis im Juni 1941 Hitler die UdSSR angriff und Kommunisten nunmehr alle Angriffe gegen Deutschland bejahten, zumal nach
dem Angriff auf Pearl Harbor und der Kriegserklärung der USA.

Hellmans Treue zur Position der Sowjetunion und den Kommunisten in den USA war dennoch kein blinder Gehorsam. Im April 1941
schrieb sie eins ihrer wichtigsten Stücke mit der Betonung – anders als
in der Parteipresse – auf einen absoluten Kampf gegen die Nazis und
einer Verurteilung auch solcher Leute, die zwar auch so dachten, aber
sich tatenlos von Aktionen fernhielten. Der Held des Stücks *Watch on
the Rhine* (deutsch: *Auf der anderen Seite*) ist ein deutscher Antifaschist,
der im Spanienkrieg verwundet wurde, in die USA flüchtete und von
dort zum Untergrundkampf in Europa zurück will. Ein rumänischer
Graf will ihn an die Nazis verraten, wenn er nicht bestochen wird
– mit dem für die Kämpfer vorgesehenen Geld. Manche Kritiker be-
zeichneten das Stück, wie andere von Hellman, als meisterhaft geschrieben, doch als zu melodramatisch; aber gerade deshalb waren
ihre Stücke ja beliebt! Dem riesigen Erfolg am Broadway, mit 378 Vorstellungen hintereinander, folgte 1943 eine Verfilmung, die für acht
Oscars nominiert wurde. Die große Bette Davis spielte, so wunderbar
wie in *The Little Foxes*, die weibliche Hauptrolle; Paul Lukacs bekam
für seine Hauptrolle den Oscar – anstatt Humphrey Bogart für seine
Rolle in *Casablanca*!

Seit Ende 1941 kämpften die USA und die UdSSR beide gegen
Hitler-Deutschland. Im ersten Winter, als die Wehrmacht vor Moskau
stand, ließ Präsident Roosevelt dem berühmten Filmproduzenten Sam
Goldwyn vorschlagen, einen Film zu machen, der Sympathie für den
bedrohten Verbündeten erzeugen könnte. Goldwyn war begeistert
und gewann dafür den Regisseur Lewis Milestone (durch *Im Westen
Nichts Neues* berühmt), für die Lieder den Komponisten Aaron Cope-
land und den Textdichter Ira Gershwin und für das Drehbuch Lillian
Hellman. Sie meinte, das Drehbuch in drei Monaten fertig stellen zu
können – brauchte aber doch sechs, denn wie immer recherchierte
sie gründlich, las die wichtigsten russischen Romane und ließ täglich
Teile aus der *Prawda* übersetzen. Sie dachte zurück an ihren Besuch

1937 in der UdSSR, auch in einer Kollektivfarm bzw. einem Kolchos, erinnerte sich an Gespräche dort, an die Gästetafel, an das Alltagsleben, und schrieb ein Drehbuch – *The North Star* (*Der Nordstern*) – über ein Dorf in der Ukraine vor und nach der blutigen Eroberung und Besetzung durch die Nazi-Wehrmacht.

Leider verstanden sich Milestone und Hellman gar nicht. Sie warf ihm vor, nicht nur die Szenenfolge, sondern auch die Charaktere und gar die Handlung willkürlich zu verändern. Goldwyn unterstützte Milestone. Einmal, nach 40 Minuten Streit, wurde sie derart unglücklich, dass sie zu weinen begann. Goldwyn schrie: »Halten Sie den Mund! Halten Sie den Mund! Wie können Sie es wagen, zu weinen?!« Hellman schoss zurück: »Sagen Sie mir nicht, wann ich weinen darf. Sie haben aus der Sache Mist gemacht.« Bald zog sie sich ganz aus dem Projekt zurück. *The North Star* blieb umstritten. Der Kritiker der New York Times meinte: »Dieser lyrische, aber auch brutale Film deutet auf leidenschaftliche Art das Verbrechen an, das gegen ein friedliches Volk durch die Aggressionsarmeen von Nazideutschland begangen wird und zollt emotionalen Tribut dem Mut und Ausharrungsvermögen jener, die in diesem Krieg ihre Heime, Familien und sich selbst im Widerstand gegen die faschistischen Horden opfern.« Die Zeitschrift *TIME* meinte, der Film »bringt die Erfahrung des modernen Krieges effektiv zu den Kinofreunden, von denen die meisten ihn nur aus der sicheren Entfernung von 3000 Meilen gesehen haben«. Doch das schöne Bild einer zunächst fröhlichen Dorfgemeinschaft ärgerte viele. Zuerst lobte der Kritiker der wichtigsten Hearst-Zeitung den Film, doch sofort ließ die Mediengruppe, die Springer oder Murdock ähnelte, die Rezension durch einen Verriss ersetzen. Die neue Überschrift lautete: »Reinste Sowjetpropaganda«.

Keine fünf Jahre später galt der Film als wichtigster Beweis dafür, dass Kommunisten Hollywood kontrollierten, und auch gegen Hellman wurde geschossen. Als der Film einmal im Fernsehen lief, kam vorher eine Warnung wegen »Bedrohung durch den Kommunismus« – und nun befand sich das besagte Dorf nicht in der Ukraine, sondern in Ungarn; die einstürmenden Truppen waren auf einmal Russen!

Bereits vor dem Krieg hatte das FBI Lillians Post und ihre Reisen ausspioniert. 1952 wollte die McCarthy-Fraktion im Kongress in Washington sie nun brechen, sie sollte wie viele andere boykottiert werden, es wurde gar eine teure Steuerstrafe gegen sie verhängt. Ihr Jahreseinkommen fiel schnell von 150.000 Dollar auf fast null herab; sie musste ihre geliebte Farm verkaufen und andere Arbeit annehmen, zeitweilig unter anderem Namen als Verkäuferin. Doch schon sieben Monate nach der harten Probe in Washington gelang es ihr trotz alledem, ihr erstes Stück, *The Children's Hour*, noch einmal am Broadway sehr erfolgreich zu inszenieren!

1962 – die lange Nacht der angstvollen McCarthy-Zeit war nun nach 15 Jahren fast vorüber – wurde das Stück wieder in Hollywood verfilmt, mit Audrey Hepburn und Shirley MacLaine in den Hauptrollen, und nun doch mit dem lesbischen Thema, diskret, aber der Vorlage folgend; gerade dieser Film führte zu einer Lockerung der strengen, prüden Zensur in Hollywood. Doch Lillian hatte diesmal mit der Verfilmung nichts zu tun, denn zu dieser Zeit war Hammett nach langer, schwerer Krankheit verstorben. Er war zehn Jahre zuvor für »nur« fünf Monate im Gefängnis, doch war das eine auch gesundheitlich äußerst harte Zeit. Das Verhältnis mit Lillian war immer kompliziert. Seitensprünge gab es auf beiden Seiten; treu blieb vor allem er dagegen stets dem Tabak und dem Alkohol, was für ihn letztlich tödlich war. Doch hatte dieser hochbegabte Mann immer sehr viel für sie bedeutet, und ihr immer sehr geholfen. Beide gingen humorvoll und offen miteinander um. Als sie ihm einmal zu viele Fragen stellte – sie erklärte, sie wolle eines Tages seine Biographie schreiben – sagte er, sie solle sich nicht die Mühe machen, am Ende würde das die Geschichte von Lillian Hellman sein – mit gelegentlichen Notizen über einen Freund, der Hammett hieß.

Da war vieles dran; sie wie er hatten einen komplizierten Charakter. Das merkte man auch in den drei Bänden ihrer Autobiographie, die sie 1969 bis 1976 schrieb, nachdem sie aufgehört hatte, Stücke zu schreiben. Alle wurden Bestseller. Der dritte, *Scoundrel Time* (*Schurkenzeit*), schildert die McCarthy-Ära, und zwar recht schonungslos, weniger gegenüber den »Rotenjäger« als gegenüber früheren Linken, die andere denunzierten, und auch solchen, die mitmachten, indem sie an Kampagnen teilnahmen, die von der CIA gesponsert wurden. So hielt sie fest: »Solche Leute haben das Recht zu sagen, dass ich und viele wie ich zu lange brauchten, um zu erkennen, was in der Sowjetunion los war. Aber egal was unsere Fehler waren, ich glaube nicht, dass wir unserem Land damit schadeten. Das taten aber sie, wie ich meine.«

Im zweiten Band mit dem Titel *Pentimento* erzählt ein Kapitel von einer dramatischen Episode in den 1930er Jahren, wie sie Geld zu einer Amerikanerin in Deutschland schmuggelte, die heimlich mit ihrem Mann gegen die Nazis kämpfte, und von diesen am Ende getötet wurde. Die Geschichte wurde zu dem großartigen Film *Julia*, er wurde für elf Oscars nominiert, darunter einer für Jane Fonda (als Lillian). Oscars erhielten schließlich Jason Robards (als Dashiell Hammett) und Vanessa Redgrave als Julia.

Dann aber entstand ein Problem. Eine noch lebende Amerikanerin meldete sich, um zu erklären, dass eigentlich sie die Anti-Nazi-Frau »Julia« aus der Geschichte sei, doch niemals Hellman getroffen oder gekannt hätte. Hellman bestritt das, doch schien es sehr gut möglich, dass sich ihre immer so wundervolle Fantasie diesmal (und vielleicht nicht nur diesmal) gegen die Fakten gewendet hatte, auch, um eine gute Geschichte zu schreiben – allerdings mit sich selbst im Mittelpunkt. Es kam aber noch schlimmer, als sich eine andere Autorin, Mary McCarthy, auch noch einmischte. McCarthy, bekannt durch ein Buch über Studentinnen und deren Sexualleben, hasste Hellmann regelrecht. Persönliche Abneigung und sicher auch Neid waren Ursachen, und beide spielten nun ihren Altersstarrsinn aus. Es gab auch politische Gründe. Denn Mary McCarthy kam aus der trotzkistischen Ecke, für die Hellman als »Stalinistin« galt. Lillian hatte zwar manche frühere Positionen zurückgenommen, doch vertrug sie sich mit den Trotzkisten, von denen etliche weit nach rechts geraten waren, rein gar nicht, was auch umgekehrt zutraf. Nun, aus welchen Gründen auch immer, sagte McCarthy 1980 im Fernsehen, dass »jedes Wort, das Lillian Hellman schreibt, eine Lüge ist, einschließlich ›and‹ und ›the‹!«

Daraufhin klagte Hellman – auf mehr als zwei Millionen Dollar! Der Fall ging von einem Gericht zum anderen und schleppte sich jahrelang hin. Derweil bewegte sich Hellman, obwohl sie noch an vielen Hochschulen engagierte Vorlesungen zum Drama hielt, nur im Rollstuhl fort. Bald fiel sie körperlich zusammen; das Ende der unschönen Geschichte kam erst 1984 mit ihrem Tod.

Lillian Hellman war sicher kein Engel; sie hatte sich daran gewöhnt, mitunter auch recht hart zu kämpfen, meistens gegen Heuchelei und auch Unterdrückung. Trotz mancher Schwäche und mancher Fehlentscheidung: Ihre Stücke gehören zur besten literarischen Tradition, nicht nur der USA. Wie sie selbst waren sie mutig, treffend und hart, und sie boten fesselndes Drama.

24.
Rotes Schaf mit blauem Blut

Jessica Mitford (1917–1996)

Die schöne Geschichte der Jessica Mitford kann ich nicht erzählen, ohne mit der gar nicht so schönen und dennoch dramatischen Geschichte ihrer Familie zu beginnen – von der allein siebzehn Bücher erzählen, meist von den Töchtern selbst geschrieben. Die Familie ist englisch – nein, urenglisch; die Adelswurzeln auf der Seite des Vaters reichen in das 14. Jahrhundert zurück, vielleicht gar zu den Normannen. Das war leider nie ein Gütezeichen. Die ebenfalls adlige Mama meinte, Frauen dürften nur zwei Mal in der Zeitung erwähnt werden: wenn sie heiraten und wenn sie sterben. Daher fand sie es unnötig, die sechs Töchter zur Schule zu schicken – das Wichtigste sollten sie im eigenen Landhause lernen. Jessica, die fünfte Tochter, meinte, dem Vater schäumte der Mund, wenn von »Außenseitern« die Rede war: dazu »gehörten nicht nur Hunnen (Deutsche), Frösche (Franzosen), Amerikaner, Schwarze und alle Ausländer, die Kinder von anderen Leuten, die Mehrheit der Bekannten meiner älteren Schwestern, fast alle jungen Männer – ja die ganze wimmelnde Bevölkerung der Erdoberfläche außer einigen wenigen Verwandten – nicht mal allen – und einigen Tweed-bekleideten, rotgesichtigen Nachbarn.« Alles Literarischen oder Künstlerischen verfluchte er mit Worten wie: »Verdammtes Gossenzeug! Stinkt bis in die Hölle!« Das ergab eine »fürchterliche Kindheit!«

Zwei Schwestern reagierten – anfangs wohl, um zu schockieren –, indem sie Faschistinnen wurden. Diana, Schwester Nr. 3, die allerhübscheste, übersäte ihre Hälfte des mit Jessica durch einen klaren

Kreidestrich geteilten Zimmers mit Hakenkreuzen. Sie verliebte sich dann in den ebenfalls adligen Sir Oswald Mosley, der die British Union of Fascists (BUF) gründete. Bis seine erste Frau starb, lebte Diana mit ihm in Paris »in Sünde«, wie man damals sagte, was die Schwestern gerade faszinierte – bis sie seine Ansichten genauer mitbekamen. Schwester Nr. 4, mit Vornamen Unity (also »Einheit«), fuhr mit Diana 1933 zum großen Nazi-Treffen in Nürnberg und verliebte sich ausgerechnet in Hitler. Die 19-Jährige schaffte es auch, ihm aufzufallen und an seinem Tisch zu einem Essen eingeladen zu werden. Sie schrieb dem Vater: »Das war der glücklichste und schönste Tag meines Lebens ... Für mich ist er der größte Mann aller Zeiten!« Die Beziehungen der Schwestern wurden so eng, dass Diana und Sir Oswald Mosley in Hermann Goerings Wohnzimmer verheiratet wurden, mit Hitler als Ehrengast. Unity wurde praktisch zu Hitlers zweiter Mätresse und stand mit ihm nach dem Anschluss Österreichs im März 1938 auf dem Balkon der Hofburg in Wien vor jubelnden Massen. Zeitweise verdrängte sie Eva Braun.

Unity hoffte auf ein Bündnis zwischen England und Deutschland. Als stattdessen im September 1939 der Krieg begann, nahm sie in Münchens Englischem Garten eine von Hitler geschenkte Pistole und schoss sich in den Kopf. Hitler verhalf Diana und Oswald Mosley, die schwer verletzte Diana über die Schweiz zurück nach England zu bringen, wo das Ehepaar bald verhaftet wurde und Unity 1948 starb. Es bestehen noch immer Gerüchte, dass die Geschichte mit dem Schuss damals gar nicht stimmte und sogar, dass Unity einen Sohn von Hitler zur Welt brachte, der in England adoptiert wurde und vielleicht noch lebt. Nichts an all dem ist bewiesen.

Jessica jedoch – und nunmehr geht es um sie – reagierte ganz anders auf die seltsame Familie und den reaktionären Vater. Sie wurde Pazifistin und dann, wie viele junge Leute in den 1930ern, Sozialistin – sogar eine ganz linke. Schon früh konterte sie die Hakenkreuze der Schwester in ihrer Zimmerhälfte mit Hammer- und Sichel-Zeichen und Lenin-Bildern. Sie wurde also das »rote Schaf« der Familie!

Dann traf sie Esmond Romilly, einen entfernten Cousin der Familie und ein Neffe von Winston Churchill. Auch er hatte mit dem ad-

ligen Milieu gebrochen – schon im Gymnasium wurde er ein aktiver
Linker. Als der Bürgerkrieg in Spanien begann, war er, erst 19, unter
denen, die sich als Freiwillige meldeten. Es gab noch keine englischsprachige Brigade, also kam er mit fünfzehn anderen Engländern in
das Thälmann-Bataillon. Fast alle waren ohne militärische Vorkennt-
nisse und nur ganz kurz in Spanien trainiert worden, doch wurden
sie dringend gebraucht. Kurz vor Weihnachten, nach einer blutigen
Schlacht, blieben nur zwei von den Engländern am Leben, einer war
Romilly. Erschöpft und schwer an Ruhr erkrankt, schickte man ihn
nach Hause, auch mit der Pflicht, die Familien der Verstorbenen zu
besuchen.

Als Jessica ihn in London kennen lernte, verliebten sie sich sofort.
Nach kurzer Erholung wollte er wieder nach Spanien, diesmal als Re-
porter. Sie wollte auch mit, also flüchteten die beiden nach Bilbao;
sie hatte ihrer Mutter eine gefälschte Einladung von einer Freundin in
Frankreich gezeigt. Als die Eltern von der geplanten Heirat erfuhren,
gingen sie zu den höchsten Regierungsstellen, um dies zu verhindern.
Esmond wurde mit Haft bedroht und, wie Jessica in ihrem Buche *Hons
and Rebels (Töchter und Rebellen)* erzählt, »hat der britische Konsul in Bilbao uns erpresst, nach England zurückzukehren ... ansonsten würde
britische Hilfe bei der Evakuierung von baskischen Frauen und Kindern aus der Kriegszone eingestellt«. Sie kehrten zurück, heirateten
dennoch und blieben aktiv. Antifaschistische Paraden wurden oft von
Schlägern in schwarzen Hemden mit Gummiknüppeln und Totschlägern attackiert. Einmal erblickte Jessica hinter diesen ihre zwei Schwestern mit Hakenkreuzfahnen. Sie wollte beiden eine runterhauen, doch
ihr Mann hielt sie zurück – sie war schwanger. (Die kleine Tochter starb
mit nur fünf Monaten während einer Masern-Epidemie).

In ihrer Autobiographie verriet Jessica, dass sie überlegt hatte, doch
mit den Schwestern nach Deutschland zu fahren – um Hitler zu töten!
»Leider war mein Lebenswille zu stark, um diesen Plan auszuführen,
der völlig praktikabel gewesen wäre und den Gang der Geschichte
hätte ändern können. Jahre später, als das fürchterliche Ausmaß des
Massenmordes von Hitler-Deutschland bekannt wurde, habe ich oft
meine mangelnde Courage bedauert.«

1939 wanderten die beiden in die USA aus. Von den Familien enterbt, arbeiteten sie, wo sie konnten; beim Tür-zu-Tür-Verkauf von Damenstrümpfen etwa, wobei sich Esmond viel fähiger als Jessica erwies. Sie bekamen 1940 eine Tochter (Constancia genannt, Dinky gerufen), doch als der Krieg begann, meldete sich Esmond bei der kanadischen Luftwaffe. Im November 1941 wurde sein Flugzeug abgeschossen. Er überlebte nicht.

Jessica nahm allerlei Jobs an, um sich und ihre Tochter zu ernähren: Bardame, Tippse, Gewerkschaftsorganisatorin, dann endlich eine feste Stelle als Prüferin beim Amt für Preiskontrolle in Washington. Dort lernte sie einen jungen Rechtsanwalt aus Brooklyn, Robert (Bob) Treuhaft, kennen, der seine erste Begegnung mit ihr so schilderte: »Ich traf eine fantastisch schöne Frau, die nicht allein durch ihren Charme und Witz anziehend wirkte, sondern auch durch ihre Genügsamkeit. Ich schaute fasziniert zu, als sie die lange Reihe in der Cafeteria des riesigen Amtsgebäudes entlang ging. Beim Vorbeilaufen am Getränketeil nahm sie ein Glas Tomatensaft, trank ihn aus und setzte das leere Glas auf das kleine Regal darunter ab. Dann griff sie einen Salat heraus und tat dasselbe. Dann war eine Schnitte dran. Als sie an die Kasse kam, war nur eine Tasse Kaffee auf dem Tablett; das Mittagessen kostete sie fünf Cent. Für mich, so beschloss ich, ist sie die Richtige.«

Das war sie wirklich, obwohl sie, noch in Trauer über ihren Ehemann, ihn eine Weile, bis 1943, mit dem Heiraten warten ließ. 1944 war ein wichtiges Jahr: Sie bekamen den Sohn Nicholas, Jessica wurde US-Staatsbürgerin und sie und Bob traten in die Kommunistische Partei ein. Später erzählte sie, wie eine Mitarbeiterin sie dazu aufforderte. Worauf beide antworteten: »Wir glaubten, ihr würdet niemals fragen!«

Sie zogen nach Nordkalifornien; nicht in die reizvolle, intellektuelle Atmosphäre von San Francisco, wo schon lange auch eine starke Gewerkschaftsbewegung bestand, sondern zum anderen Ufer der großen Bucht. In Oakland wohnten meist Arbeiter, hergelockt aus dem feudalen Südosten zum Bau der großen Brücken und später zur Kriegsproduktion. Als sie dafür nicht mehr gebraucht wurden, fanden weiße Arbeiter häufig Stellen in Berufsfächern der Bauindustrie,

die schwarzen Arbeitern versperrt waren, oder bei der Polizei, wo ihnen ein Südstaaten-Rassismus nicht im Weg stand: Zum alltäglichen
Geschäft gehörten Beleidigungen, Verhaftungen, Schlagstöcke und
manchmal Kugeln gegen die Schwarzen, denen hauptsächlich nur
unterbezahlte Drecksarbeit übrig blieb – oder Arbeitslosigkeit in den
armen, engen, schwarzen Ghettos.

Bob wurde Anwalt in einer Kanzlei, die sich für die Rechte der
Gewerkschaften einsetzte, zunehmend auch für die der schwarzen Bewohner, die, als Bob und Jessica sie kennen lernten und ihr Vertrau-
en gewannen, Fürchterliches erzählten. Üblich war es für die Polizei,
vor den Kneipen zu warten, in die schwarze Arbeiter am Lohntag
gehen mussten, um ihre Lohnschecks einzulösen, um sie dann »wegen Trunkenheit« festzunehmen, zusammenzuschlagen und ihnen
ihre Verdienste zu rauben. Auch Kinder schlugen sie zusammen, wie
etwa einen 15-jährigen Zeitungsjungen, den sie auch beraubten. Der
Polizeichef und der Staatsanwalt waren Rassisten, die meisten Anwälte der Gegend gekauft oder eingeschüchtert. Kämpfer wie Bob und
Jessica taten sehr Not!

Sie standen nicht allein. Vor allem war es damals die Kommunistische Partei, die der korrupten Polizei, der einäugigen Justiz und
einem mächtigen Zeitungsbaron aus der Region entgegentrat. Jessica
schrieb später: »Welche andere Organisationen reagierten ernsthaft
auf die Probleme, die uns so dringend erschienen? Mit einigen wenigen leuchtenden Ausnahmen fielen die Liberalen in voller Auflösung
auseinander und machten effektiv mit den Kalten Kriegern mit. Trotz
aller offensichtlicher Nachteile kann ich mir kaum vorstellen, in jenen
Tagen in Amerika gelebt zu haben und nicht Parteimitglied gewesen
zu sein.«

Nach 1945 wurden die Schläge gegen Fortschrittliche, Schwarze
und Gewerkschaften, vor allem linke Gewerkschaften, immer härter.
Die American Civil Liberties Union (ACLU – Amerikanische Bürgerrechtsunion), einst so mutig und kämpferisch, kippte um und setzte
dem nichts mehr entgegen.

Um dem entgegenzuwirken, gründete die Kommunistische Partei
1946 einen Verteidigungsverband, den Civil Rights Congress (CRC –

Bürgerrechtskongress). In Oakland entstand eine Ortsgruppe des CRC mit einem dynamischen schwarzen Vorsitzenden. Eines Tages kam jemand von der Partei zu Jessica und sagte sehr ernsthaft:

»Genossin, wir denken, es wäre wohl an der Zeit, dass du etwas Erfahrung in Massenarbeit bekommst.« Es stellte sich heraus, dass der Vorsitzende dringend eine Assistentin brauchte. »Den Genossen, welcher diese Aufgabe bisher hatte, überforderte sie so sehr, dass er einen Nervenkollaps bekam und versuchte, sich von einer Brücke zu stürzen.« Das klang wenig einladend; bald sollte sie es gut begreifen. Doch Bobs Arbeit brachte wenig Geld ein, sie mussten sehr sparsam leben. Ihr Versuch, Arbeitslosengeld zu bekommen, war nur für einige Wochen erfolgreich gewesen; ein zweites Gehalt, wenn auch bescheiden, war sehr willkommen. Jessica hatte sich bemüht, ihre Tochter, Sohn Nicholas und das Baby Benjamin zu pflegen, doch im Haushalt war und blieb sie immer eine Niete. Sie hasste Hausarbeit, wie sie selbst gestand: In ihrer aristokratischen Kindheit machte ja die Dienerschaft alle Arbeiten und sie hatte sie daher nie gelernt. Doch außerhalb des eigenen Heimes zu kämpfen, dazu war sie jederzeit bereit!

Gemeinsam mit dem Vorsitzenden entstand nun, anstelle des bisherigen Grüppchens von meist älteren Weißen, eine effektive Organisation mit etwa 500 aktiven Mitgliedern: Gewerkschaftern, Kirchengängerinnen, Pfarrern, Kommunisten, Nichtkommunisten, auch Hausfrauen und ein Arzt. Die Mehrheit waren kämpferische Schwarze, zu denen Jessica und Bob nun sehr gute, freundschaftliche Beziehungen hatten. Oft konnte Bob über den letzten Stand in den Gerichtsverhandlungen und Prozessen berichten. Es gelang, einen Streik gegen den Zeitungsbaron zu gewinnen und sowohl den Staatsanwalt wie auch den Polizeichef loszuwerden; es gab Siege und auch Niederlagen; für Jessica war es eine spannende Arbeit.

Ihr größter Kampf wurde im nationalen Maßstab geführt. Die Fakten muten an wie aus dem tiefsten Mittelalter – in dem sich der Bundesstaat Mississippi eigentlich noch befand. Eine weiße Frau hatte seit vier Jahren eine Affäre mit dem 36-jährigen schwarzen LKW-Fahrer Willie McGee. Als das entdeckt wurde – und so eine Beziehung galt damals als die schlimmste aller Sünden –, schützte sie sich, indem sie

behauptete, McGee hätte sie vergewaltigt. Dafür kam er vor Gericht.
Der Prozess dauerte einen Tag, die weißen Geschworenen brauchten
keine drei Minuten, um festzustellen, dass er schuldig war – und der
Richter sprach die Todesstrafe aus!

Leider waren es fast nur Kommunisten – und der Civil Rights Congress, den ihre Leute gegründet hatten –, die um sein Leben kämpften. Sie erfuhren, dass in den letzten vierzig Jahren im tiefen Süden
noch kein Weißer je die Todesstrafe wegen Vergewaltigung bekommen hatte, dafür aber 51 Schwarze. Jessica und drei andere fuhren für
fünf Wochen nach Mississippi, um bei der Verteidigung mitzuhelfen,
wofür sie die Lokalpresse geradezu bedrohlich attackierte. Laufend
berichtete Jessica für die kommunistische Presse über den Kampf, und
so wagten sie und ihre drei Mitstreiterinnen, das große, alte Haus des
Literatur-Nobelpreisträgers William Faulkner unangekündigt aufzu-
suchen. Als er erfuhr, wozu sie da waren, lud er sie freundlich ein,
sagte bereitwillig seine Unterstützung zu und analysierte ausführlich
die im Süden üblichen primitiven Traditionen Rasse, Sex und Gewalt
betreffend, die so oft tödlich endeten. Und dieses Mal wieder. Trotz
aller Solidarität der Linken, trotz der Worte von Faulkner, ließen die
Rassisten nicht von ihrer Beute ab: Im Mai 1951 wurde McGee hingerichtet.

Der Einsatz für McGee brachten Jessica – und bald auch Bob –
eine Vorladung vor dem Ausschuss zur Untersuchung Unamerikanischer Betätigung, zuerst vor der kalifornischen Filiale und zwei Jahre
später vor dem Kongressausschuss. Der notorische Senator McCarthy
nannte Bob Treuhaft sogar »einen der subversivsten Rechtsanwälte
der USA«! Wie Lillian Hellman, ihr Lebenspartner Dashiell Hammett
und andere lehnten es beide ab, Fragen über ihre Parteimitgliedschaft
zu beantworten. Damit schadeten sie sich zwar selber, schützten aber
diejenigen, die sie sonst hätten denunzieren müssen. Hammett, CRC-
Vorsitzender in New York, kam für fünf Monate ins Zuchthaus. Jessica
und Bob hatten mehr Glück; doch für zwanzig Jahre war ihnen jede
Reise ins Ausland untersagt.

Politisch wurde die Luft im Lande immer stickiger. Mit Präsident
Harry Truman (1945 – 1953) begann außen- wie innenpolitisch ein Eis-

zeitalter – schon die Entscheidung, zwei Atombomben einzusetzen, fiel in seine Verantwortung. Lächelnd bejahte er die Rede Winston Churchills von Fulton 1946, mit der dieser den Kalten Krieg einläutete. 1947 führte Truman den strengen Treueid für Bundesbeschäftigte gegen mehr als 100 tabuisierte Organisationen ein, darunter den CRC, und 1948 wurden zehn linke Filmschaffende aus Hollywood zu Zuchthausstrafen verurteilt. Mit dem Scheitern der neuen Progressive Party bei der Präsidentschaftswahl von 1948 ging es dann erst richtig los: Führende Kommunisten (wie Elizabeth Gurley Flynn) wurden ins Gefängnis gesperrt, ein neues Gesetz verlangte, dass Kommunisten und andere Linke sich als »ausländischen Agenten« bei der Polizei meldeten, und nach Beginn des Koreakrieges im Juni 1950 planten auch als liberal geltende Senatoren große Konzentrationslager – »für den Notfall«. Erst 1950 trat Senator McCarthy aufs Parkett. Da war man auch schon ohne ihn ganz schön weit gekommen!

Jessica und Bob ließen sich davon nicht abschrecken, erst recht nicht, als sich allmählich eine Wende zur Gegen-Offensive abzeichnete. Im Mai 1961 fuhren, trotz damaliger Sitten und Gesetze im Süden, mutige schwarze und weiße »Freedom Riders« per Bus gemeinsam nach Montgomery, Alabama, wo diese entschlossenen Pazifisten blutige Attacken der Ku-Klux-Klan-Schläger erwarteten. Jessica war fast mitten drin und auch kurze Zeit später, bei einer Protestkundgebung mit Martin Luther King in einer Kirche, kam es erneut zu einem Angriff; sie mussten sich alle dort eine ganze Nacht lang verbarrikadieren.

Jessica schrieb viele Artikel und Reportagen. Doch als der CRC von oben zerschlagen wurde, suchte sie ein neues Betätigungsfeld und meinte – wie sie augenzwinkernd schrieb –, »dass die einzige Arbeit, die weder Bildung noch irgendwelche gelernten Fertigkeiten erfordert, das Schreiben ist.« Also versuchte sie sich als Schriftstellerin.

In einer ersten Broschüre machte sie sich über die Versuche ihrer ältesten Schwester lustig, zwischen dem Englisch der höheren und der unteren Klassen zu unterscheiden, »U-English and non-U-English«. Jessica schrieb nun von »L and non-L English« also linkes und nicht linkes, womit sie über die Klischees ihrer Genossen spöttelte. Nur wenige nahmen ihr das krumm, Jessica spöttelte immer über alles, immer aber mit Humor.

Bald darauf waren Jessica und Bob im engeren Sinne nicht mehr Genossen, denn 1958 traten sie aus der Partei aus. Wie kam es dazu? Äußerst hart von der McCarthy-Ära getroffen, nicht nur viel kleiner geworden, sondern, wie so oft bei Belagerungen, auch sehr defensiv, wurde die Partei nun 1956 von anderen Schlägen getroffen – vor allem von der Geheimrede Chruschtschows über Stalin auf dem XX. Parteitag sowie den Ereignissen in Polen und Ungarn. Es habe keine Differenzen über Prinzipien gegeben, schrieb Jessica, doch fanden sie und Bob die Partei eintönig und nutzlos, zumal sie mittlerweile weitgehend isoliert war. Doch auch wenn Jessica in ihrem Buch *Fine Old Conflict* (1977) über das Parteileben weiter witzelte, sie wandte sich weder gegen sie noch bereute sie die Jahre, in denen sie und ihr Mann Mitglieder waren. Sie behielt ihre Bewunderung für die Genossen, für deren Kampfgeist und für deren Fürsorge, besonders 1955, als ihr zehnjähriger Sohn beim Radfahren von einem Bus tödlich überfahren wurde.

Ein erstes richtiges Buch über ihre Kindheit und die seltsame Familie hatte einen gewissen Erfolg. Doch ihr nächstes, erschienen 1963, war umgehend vergriffen und machte sie mit einem Schlag landesweit berühmt. Sie hatte einen Nerv getroffen! Und das dank Bob. Durch seine Arbeit für Gewerkschaften hatte er festgestellt, wie oft Witwen das Sterbegeld für ihre Männer fast gänzlich an die Bestattungsindustrie durchreichen, wie ihre Trauer missbraucht wurde, damit sie nur das »Beste« für ihren Verstorbenen kaufen. Für *The American Way of Death* (deutscher Titel: *Der Tod als Geschäft*) recherchierte Bob die Fakten und Jessica lieferte die beißende Satire dazu; gemeinsam – sie beschlossen aber, nur ihren Namen zu benutzen – entstand eine großartige Analyse dieser Abzocke. Sie fanden heraus, wie Särge, die zu bauen ein paar Dollar kostete, für hunderte von Dollar verkauft wurden, wie Grabstätten und Grabsteine zu horrenden Preisen abgesetzt wurden, wie ein ganz verlogenes Vokabular geschaffen wurde, um aus den Bestattungen noch mehr herauszuholen. Die Blumenhändler drohten den Zeitungen sogar mit Werbeentzug, wenn sie Todesanzeigen akzeptierten, die die Worte enthielten: »Von Blumenspenden bitte abzusehen!« Am gruseligsten – und am meisten diskutiert – waren die Einzelheiten, wie man völlig unnötig die Leichen einbalsamierte. Jessica schilderte etwa, wie man Zähne chemisch reinigte und mit Nagellack blitzen ließ; »zwanzig Jahre jünger« sollten sie aussehen, lästerte sie, und dazu die Familien um Tausende ärmer werden.

Millionen von Lesern lasen, schüttelten sich, aber lachten auch – nur die Bestattungsindustrie war gar nicht amüsiert, zumal einige regulierende Gesetzte nun zu Stande kamen. Sie griffen also zum altbewährten Mittel, und ein der Industrie nahe stehender Kongressabgeordneter blies etwas ungelenk zum Gegenangriff. In Washington donnerte er: »Ich würde mich weitaus lieber von einem guten, anständigen amerikanischen Bestatter begraben lassen als nur einen Fuß auf die Erde eines kommunistischen Landes setzen.« Jessica reagierte typisch: »In meinem Leben sind Feinde so wichtig wie Freunde, und wenn sie sterben, dann betrauere ich auch ihr Ableben.«

In den kommenden Jahren folgten andere Enthüllungen: So über die Gefängnis-Industrie, mit schlimmen Bedingungen für die Häftlinge, aber mit viel Geld für die an ihr Profitierenden. Auch über Fettkuren und über die Geburtenindustrie, wo es immer weniger Hebammen, aber viel mehr Kaiserschnitte gab – hauptsächlich aus Profitgier. Ein Versandunternehmen, gespickt mit den Namen großer Autoren, versprach, jedem der Anbeißenden schnellstens Erfolg als Schriftsteller zu bieten; nachdem Jessie auch dagegen mit spitzer Feder angegangen war, musste es bald schließen. Sie engagierte sich im Kampf um Redefreiheit, gegen den Vietnamkrieg und für die Männer, die gegen den Krieg opponierten und vor Gericht kamen. Immer behielt sie dabei ihren Witz, ihre Schärfe und ihren Idealismus. Aber auch ihre Frechheit; sie hatte früh ein System ausgearbeitet, um die private Telefongesellschaft bei langen Ferngesprächen zu betrügen und hatte auch keine Gewissensbisse, einen Verband um ihren Arm zu binden, um am Flughafen schneller durchzukommen. Vom übermäßigen Trinken kurierte sie sich endlich, vom Rauchen nicht; als ihr Mann ihr ein Häufchen von Asche und stinkenden Kippen vor die Nase setzte, um sie endlich davor zu ekeln, sagte sie, wie sie schrieb, »Ahhh – wie himmlisch!«

Sie starb 1996 an Lungenkrebs, mit 78 Jahren – und blieb bis in ihre letzten Wochen gewitzt. Sie schrieb ihrem Mann, er solle sich bald eine Neue suchen: »Es wäre schade, Deine Fähigkeiten in der Küche ungenutzt zu lassen.«

Ihrem Wunsch entsprechend gab es eine Feuerbestattung, die nur 475 Dollar kostete, und ihre Asche wurde im Meer verstreut; doch Gedenkfeiern gab es viele. Es entstanden auch neue Genossenschaften für ehrliche Bestattungsmethoden und Kosten. Mindestens eine von vielen Erinnerungen ist erwähnenswert: J. K. Rowling, Autorin der Harry Potter-Bücher, schrieb: »Die für mich einflussreichste Autorin war zweifelsohne Jessica Mitford. Als meine Großtante mir, als ich 14 war, das Buch *Hons and Rebels* gab, wurde sie sofort meine Heldin. Sie rannte von zu Hause weg, um im Spanischen Bürgerkrieg zu kämpfen und nahm eine Kamera mit, die sie über das Konto ihres Vaters verrechnete. Ich wünschte, ich hätte die Nerven, so etwas zu machen. Ich liebte es, wie sie einige ihrer pubertären Haltungen nie ablegte, und ihrer Politik – sie war eine autodidaktische Sozialistin – ihr ganzes Leben hindurch treu blieb. Ich glaube, ich habe alles gelesen, was sie schrieb. Ich nannte sogar meine Tochter Jessica nach ihr.«

Und so setzen sich Traditionen fort.

25.
»Wäre ich vernünftiger, hätte ich Angst«

Fannie Lou Hamer (1917–1977)

Fannie Lou, das jüngste von zwanzig Kindern, wuchs in einem der fruchtbarsten und dennoch allerärmsten Landstriche der USA, im »Mississippi Delta«, auf. Dort lebten besonders viele Schwarze und die Unterdrückung war besonders hart. Mit sechs Jahren begann sie, Baumwolle zu pflücken; mit 13 Jahren schaffte sie am Tag 200 bis 300 Pfund. Ein Versuch der Eltern, sich mit etwas Tierwirtschaft hochzuarbeiten, scheiterte – neidische weiße Nachbarn vergifteten die Tiere. Weil Fannie Lou trotz der Arbeit so oft sie konnte zur Schule ging – bis zur sechsten Klasse – und durch die Kirche weiter lernte, bekam sie bei der Baumwollernte etwas bessere Arbeit. Dennoch hatte sie abends das Haus der Landbesitzer zu putzen. Sie heiratete, bekam aber keine Kinder – also wurden zwei Mädchen adoptiert.

1962 – sie war schon 45 – hörte sie in der Kirche statt einer Predigt die feurigen Worte eines Vertreters des Student Nonviolent Coordinating Committee (SNCC), eines Verbandes, der erst zwei Jahre zuvor gegründet worden war, um die Rechte der Afroamerikaner im Süden – auch das Wahlrecht – zu erkämpfen. Er erklärte, dass die Verfassung auch Schwarzen das Recht gab, zur Wahl zu gehen, nur brauchten sie dazu viel Mut. Am Schluss seiner Rede fragte er, wer es wagen würde. Fannie Lou meldete sich als erste. Später sagte sie: »Wäre ich vernünftiger gewesen, hätte ich Angst haben müssen. Doch wozu? Das einzige, was sie hätten machen können, war mich töten, und mir schien es, als ob sie das schon, seit ich mich erinnern konnte, stückchenweise versucht hätten.«

Um sich für Wahlen zu registrieren (was ihnen die ersten Male auch verweigert wurde), musste die Gruppe fast 50 km fahren. Kaum wieder zu Hause, meldete sich der Besitzer ihres kleinen Pachtland-stücks: »Mach deinen Versuch rückgängig. Sonst kannst du deine Sa-chen packen. Für so etwas sind wir in Mississippi noch nicht so weit!«

Ihm war es ernst und Fannie verließ ihr Heim. Auf das Haus von Freunden, wo sie unterkommen wollte, wurden am Abend sechzehn Schüsse gefeuert. Durch Glück kam keiner zu Schaden.

Nun war Fannie Lou aufgebracht und kampfbereit. Mit anderen Schwarzen fuhr sie wieder los. Um deren Ängste zu vertreiben, sang sie Lieder von früheren Sklaven. Oft enthielten sie, neben dem reli-giösen Inhalt, versteckte Botschaften von Freiheitswillen und Hoff-nung.

Der führende SNCC-Organisator in Mississippi hörte davon und suchte »die Dame, die Hymnen singt«. Er fand sie. Also begann sie herumzureisen, um Schwarze zu ermuntern, sich für Wahlen regist-rieren zu lassen. In Mississippi erforderte dies, einen Fragebogen mit zweiundzwanzig Fragen zu beantworten. Weiter wurde gefordert, dass man einen Artikel der Staatsverfassung erklären konnte. Dabei waren auch manche der für die Wahlregistrierung Angestellten Analphabe-ten, doch sie waren alle weiß – und für Weiße gab es keine Probleme. Das Registrieren konnte auch sehr gefährlich sein. Im Juni 1963 hielt Fannies Bus, um eine Pause einzulegen; plötzlich wurden sie und drei andere Frauen von Polizisten verhaftet:

»… drei weiße Männer kamen herein … Sie sagten, ich sollte mir wünschen, dass ich lieber tot wäre. Ich musste mich mit dem Gesicht nach unten hinlegen, dann befahlen sie zwei schwarzen Häftlingen, mich mit einem Totschläger zu schlagen. Die Schmerzen waren un-erträglich. Der erste schlug zu, bis er erschöpft war, dann fing der zweite an. Als Sechsjährige hatte ich Kinderlähmung … Ich hielt mei-ne Hände hinter mich, um meine schwache Seite zu schützen. Ich be-gann, die Beine zu bewegen. Mein Kleid rutschte nach oben und ich versuchte, es herunterzuziehen. Ein Polizist kam herüber und zog es so hoch er konnte. Sie schlugen mich, bis mein Körper hart wurde, bis ich die Finger nicht mehr biegen und dann kaum aufstehen konnte, als es mir befohlen wurde. Dadurch habe ich dieses Blutgerinnsel im Auge, ich kann kaum damit sehen. Auch meine Niere wurde von den Schlägen verletzt.«

Fannie Lou hörte die Schreie von einer der anderen im Neben- zimmer und bekam mit, wie die Polizisten berieten, ob sie nicht die Leichen sogleich in den Fluss werfen sollten. Viele Wochen brauchte sie, um sich einigermaßen von der Folter zu erholen. Die Schilderung lässt an Hitlers Gestapokeller erinnern oder an andere Orte der Fol- ter, auch aktuellere wie die von Abu Ghraib, Guantanamo und ähn- lichen Orten.

Fannie Lou ließ sich nicht abschrecken. Es ging nun nicht mehr nur um die schlechten Lebensbedingungen und die politischen Ver- hältnisse im Bundesstaat Mississippi, sondern auch um nationale Politik. Für 1964 hatte das SNCC den »Freiheits-Sommer« ausgeru- fen; um schwarzen Bewohnern zu helfen, Wähler zu werden, kamen Hunderte meist weiße Studenten aus den Nordstaaten. Für sie wurde gerade Fannie Lou eine beliebte, mütterliche Helferin, die stets dafür war, dass Weiße und Schwarze gemeinsam kämpften. Im Juni folgte die Reaktion: Drei junge Wahlhelfer, der schwarze James Chaney aus Mississippi und die weißen Andrew Goodman and Michael Schwer- ner aus New York, wurden mit Wissen der Polizei vom Ku-Klux-Klan brutal ermordet und anschließend begraben. Mississippi kam welt- weit in die Medien.

Gemordet wurde damals viel. Ein Jahr zuvor hatte einer (oder hatten einige?) Präsident John F. Kennedy in Texas erschossen. Sein Vize-Präsident Lyndon B. Johnson kam ins Weiße Haus, wollte aber 1964 für vier weitere Jahre gewählt werden. Als erstes musste ihn der Parteitag seiner Demokratischen Partei in Atlantic City (New Jersey) nominieren, wozu er auch die Stimmen der Südstaaten brauchte. Ob- wohl er selbst aus dem südlichen Texas stammte, stand die Treue der südlichen Rassisten zu ihm auf wackligen Füßen.

Nun wurde im April 1964 die Mississippi Freedom Democratic Party (MFDP) gegründet, mit Fannie Lou als Vize-Präsidentin. Diese

Partei verlangte, dass ihre 68 Delegierten – die meisten von ihnen
Schwarze – anstelle der alten Rassisten akkreditiert würden, zumal sie
die einzige offen demokratisch gewählte Delegation stellen. Wer also
sollte die Sitze bei dem Parteitag bekommen? Die Situation spitzte
sich zu. Vor dem Akkreditierungskomitee erzählte Fannie Lou von
ihrer Folter, die sie von den Polizisten erlitten hatte und sprach sogar
im Fernsehen:

»Der ganze Ärger kommt nun daher, dass wir auch Bürger ersten
Ranges sein wollen, und wenn die MFDP nicht zugelassen wird, dann
frage ich mich, was Amerika bedeutet. Ist es ›das Land der Freien und
Heim der Tapferen‹ [aus der Nationalhymne, V. G.], wenn wir beim
Schlafengehen Telefongeräte abstellen müssen, weil wir ständig mit
Todesbedrohungen rechnen – nur weil wir als anständige Menschen
in Amerika leben wollen?« Sie sang sogar eine ihrer Hymnen und
gewann die Sympathie von Millionen. Präsident Johnson aber wurde fuchsteufelswild; er fürchtete, wenn »diese analphabetische Frau«
und ihre Mitkämpfer vorankämen, könnten die sonst nur weißen Delegierten der Südstaaten sich gegen ihn und seine Demokraten wenden und seine ansonsten rosige Chancen gefährden.

Er rief eine Pressekonferenz ein, um von Fannie Lou abzulenken,
unterbrach sogar ihren Fernsehauftritt mit abwegigen Kommentaren
über seine Hunde! Hinter den Kulissen bedrängte er seine Verbündeten, sich Fannie Lou entgegenzustellen. Das waren ausgerechnet
Leute, die als »Liberale« galten, wie Walter Reuther, Chef der Auto-
arbeitergewerkschaft, die seit den Kämpfen der 1930er Jahre zahm
geworden waren, und vor allem Senator Hubert Humphrey, der als
Vizepräsident kandidieren wollte.

Humphrey drängte Fannie Lou, einen Kompromiss zu billigen,
denn wenn sie so weitermache, wären Johnsons wie auch seine eigene
Kandidatur gefährdet. Fannie Lou, die niemals ihren religiösen Glauben geheim hielt, antwortete scharf:

»Wollen Sie mir sagen, dass Ihre Position wichtiger ist als das Leben von 400.000 schwarzen Menschen? Senator Humphrey, ich kenne viele in Mississippi, die ihre Stellen verloren haben, weil sie sich
für die Wahl registrieren wollten. Auch ich musste die Plantage, auf

der ich arbeitete, verlassen. … Wenn Sie nun die Stelle als Vizepräsident deshalb verlieren, weil Sie das Richtige tun, weil Sie unserer
Partei helfen, dann wird das in Ordnung sein. Gott wird sich um Sie
kümmern. Doch wenn Sie die Nominierung auf diese Art ergreifen,
werden Sie niemals etwas Richtiges für die Bürgerrechte tun können,
für arme Menschen, für den Frieden oder die sonstigen Dinge, von
denen Sie reden. Senator Humphrey, ich werde für Sie bei Jesus beten.«

Doch verstand man es, in Hinterzimmern Verhandlungen ohne
Fannie Lou zu führen (dafür mit dem berüchtigten, rassistischen FBI-
Chef J. Edgar Hoover) und durch Druck und Drohungen mit den
schwächeren Delegierten zu vereinbaren: Zwei Delegierte von der
MFDP durften am Kongress teilnehmen, doch ohne Stimme – und
ohne Fannie Lou. Sie empfand das Ganze als Verrat und sagte: »Wir
sind nicht für zwei Sitze hierhergekommen.« Niemand von der MFDP
nahm schließlich die beiden Plätze ein.

Dennoch wurde als Ausgleich ein Erfolg erreicht; beim nächsten
Parteitreffen – nach vier Jahren – sollten keine »lilienweiße« Delega-
tionen mehr zugelassen werden. Also wurde Fannie Lou 1968 beim
Parteitag der Demokraten doch eine richtige Delegierte von Mississippi – und konnte deutlich gegen Präsident Johnsons Krieg in Vietnam
auftreten.

Nach dem Parteitag ermöglichte es der Sänger Harry Belafonte
einigen der Aktivsten aus Mississippi finanziell, Guinea zu besuchen
– für die meisten, auch für Fannie Lou, die erste Auslandsreise. Auf
dem afrikanischen Kontinent zu erleben, wie schwarze Menschen alles leiteten, wie sie respektiert wurden, war – vor dem Kontrast zu
Mississippi – äußerst bewegend. Ganz unerwartet besuchte der Präsident von Guinea informell die kleine Gruppe. Fannie, die das zuerst
nicht glauben wollte, musste dann schnellstens ihr Bad beendigen,
um mit diesem über Mississippi und Afrika zu plaudern. Wie Belafonte berichtete: »Es war ein bewegendes Erlebnis. Nach dem Treffen
begann Fannie Lou zu weinen und sagte, sie wüsste nicht recht, wie
sie das einordnen könne. Seit so langem hatten sie und eine Menge armer schwarzer Menschen ohne Erfolg versucht, sich mit dem

Präsidenten ihres eigenen Landes, in dem sie Staatsbürger waren, zu treffen und konnten ihn trotzdem niemals sehen.«

Fannie Lou war bei Schwarzen überall und auch bei nicht wenigen Weißen äußerst beliebt. Über die Hautfarbe und den Glauben an Gott und an ihre Rechte hinaus ähnelte Fannie Lou noch auf zweierlei Art der alten Sojourner Truth: Sie war eine hervorragende Rednerin und sie nahm, oft überraschend, kein Blatt vor den Mund. Damals entstand eine starke feministische Bewegung. Fannie Lou kämpfte immer für die Frauenrechte; doch machte sie in einer Rede klar:

»Wie ihr wisst, bin ich nicht darauf versessen, mich vom schwarzen Mann zu befreien, auf so etwas lasse ich mich gar nicht ein. Ich habe einen schwarzen Mann, 1,83 groß, 110 Kilo schwer, mit einem 47er Schuh, und von ihm *will* ich gar nicht befreit werden! Denn wir sind hier, um mit diesem schwarzen Mann zu versuchen, alle Menschen zu befreien.«

Fannie Lou sagte auch: »Sehen wir es doch ein, Mann, was den schwarzen Menschen weh tut, die nichts besitzen, tut auch den weißen Menschen weh, die nichts besitzen. ... wenn die Weißen für sich kämpfen und die Schwarzen für sich, werden wir alle getrennt zermahlen. Das sind Dinge, für die wir zusammen kämpfen müssen. Es gibt weiße Menschen, die leiden, Indianer, die leiden, mexikanisch-amerikanische Menschen, die leiden, chinesische Menschen, die leiden; also sind wir Schwarze nicht die einzigen, die leiden ... diese Kämpfe müssen wir zusammen führen. Was können wir schaffen, wenn du mich hasst und ich dich? Wir wären zwei miserable Nieten, verstehst du? Wirklich!«

Doch sich zusammenzuschließen und gemeinsame Interessen durchzusetzen, klappte leider nicht oft. Die folgenden Jahre waren dramatisch, Gewalt und Gegengewalt nahmen zu! 1965 wurde der große schwarze Führer Malcolm X ermordet, 1968 der ebenso große Martin Luther King, es folgten Aufstände in mehr als 100 Ghettos, die nur mit schwerbewaffneten Truppen gestoppt werden konnten. Die Black Panthers, die auch für Schwarze freien Zugang zu Waffen forderten, um sich gegen rassistische Angriffe zu verteidigen, konnten in den 1970er Jahren durch Verhaftungen, Infiltration und gezielte

Tötungen zerschlagen werden. In Vietnam und in allen späteren US-Kriegen starben besonders viele schwarze Uniformierte. Dennoch gelang es in Präsident Johnsons Amtszeit, ein Wahlrechtsgesetz durchzusetzen, das schwarzen Wählern erstmals ermöglichte, in großer Zahl und ohne allzu viele Angst zu wählen. Nach und nach entstand eine schwarze Mittelschicht, einige Dutzend schwarze Abgeordnete kamen in den Kongress und viele Schwarze in Ämter auf örtlicher Ebene. Schließlich kam ja ein Afroamerikaner sogar ins Weiße Haus.

Doch die Verbesserungen für die Mittelschicht, oft auch deshalb möglich, weil bei öffentlichen Arbeitsstellen die Rassendiskriminierung meist viel milder war, gingen durch Krisen wie die ab 2008 schnell wieder verloren – die Staaten entließen viele Angestellte und die Banken kündigten viele Wohnhaushypotheken. Für sehr viele ging Erreichtes verloren, und stets am meisten für Schwarze. Die Lebensbedingungen wurden wieder merklich schlechter.

Dennoch bleiben noch manche der Fortschritte, die von Menschen wie Fannie Lou Hamer erkämpft worden waren. 1986 wurde es endlich möglich, auch einen schwarzen Abgeordneten aus Mississippi in den US-Kongress zu wählen – gerade aus Fannie Lous Delta-Gegend. Das erlebte Fannie aber nicht mehr. 1977, mit 59 Jahren, starb sie an Brustkrebs.

26.
»Wo war eure Mutter – damals?«

Lisa Kalvelage (1923–2009)

Diese deutsch-amerikanische Geschichte beginnt in Lisas Heimatstadt Nürnberg. Ihr Vater war, so ihre Erinnerung, »ein wütender Atheist, verbal äußerst böse gegen die organisierte Religion«. Ihre Haupterinnerungen galten jedoch dem Krieg: Dass man »ständig bereit war, aufzuspringen, eine Tasche mit den wichtigsten Papieren zu greifen und in den Keller zu laufen, immer in der Hoffnung, diesmal würde der Name unserer Stadt nicht auf den Bomben stehen.« Doch am 2. Januar 1945 wurde Nürnberg, die »Stadt der Reichsparteitage« und der Rassengesetze, zu fast 90 Prozent zerstört, nach dem dreistündigen Luftangriff waren fast 1.800 Menschen tot, mehr als 3.000 verletzt und 100.000 obdachlos. Lisa erinnerte sich, wie sie in den Monaten danach ohne Gas, Strom und Wasser fror. Auch wie ihr 17-jähriger Cousin Egon, ein talentierter Pianist, der Arzt werden wollte, kurz vor Kriegsende von der Wehrmacht eingezogen wurde, um verheizt zu werden. Und wie ihr Vater später zufällig einen Priester traf, der Egon und noch drei Jungen zu Grabe gelegt hatte.

Bald änderte sich ihr Leben völlig. Nürnberg wurde befreit, und sie lernte einen amerikanischen Soldaten, Bernard Kalvelage, kennen, mit dem sie sich sehr gut verstand – vielleicht auch, weil beide nicht religiös waren. Sie verliebten sich ineinander und heirateten.

Lisa konnte damals nicht verstehen, dass in den Kriegsverbrecherprozessen, gerade in Nürnberg, von der »Massenschuld« des deutschen Volkes gesprochen wurde. »Das ärgerte mich damals«, erinnerte sie sich, »denn wir wurden von der eigenen Regierung betrogen,

und nun sagte man, wir hätten sie stoppen müssen. Was hätte ich tun
können? Ich war ein junges Mädchen.«

Sie durfte nicht einfach zu ihrem Mann in die USA ziehen. Der
US-Beamte, der ihr die Erlaubnis hätte geben können, war mit ihren
Aussagen über die Verantwortung der Deutschen für die Schrecken
des Krieges nicht zufrieden, auch nicht über die Aktivitäten ihrer Eltern – oder besser: über ihren Mangel an Aktivitäten. Es gab damals
wohl noch Amerikaner in offiziellen Stellen, die antifaschistisch eingestellt waren. Nur wenig später sah die US-Führung eher die Möglichkeit, mit einer wieder erstarkten Wirtschaftskraft Westdeutschlands
und einem erfahrenen deutschen Offiziersstab gemeinsam auf den
Osten zu zielen. Doch 1947 und 1948 dachten auch in den Reihen der
USA noch manche über den Faschismus nach, und die schmerzhaften
Fragen ließen Lisa grübeln, besonders über die Verantwortung des
Einzelnen für das, was »seine« Regierung unternimmt.

Schließlich bekam sie dann doch die Genehmigung und zog zu
Bernard nach Kalifornien, wo beide mit den Jahren ihre Töchter auf-
zogen. Bei der Religionsfrage machten sie einen Kompromiss; damit
die Kinder nicht unangenehm auffielen, traten sie alle in die sehr liberale Unitarische Kirche ein. Und Lisa auch in die Internationale
Frauenliga für Frieden und Freiheit (WILPF).

Auf einmal, zwanzig Jahre nach der Umsiedlung, kamen die alten
Fragen wieder hoch – vor allem diejenige nach der Verantwortung
des einzelnen für die Kriegspolitik einer Regierung. Denn Mitten in
den 60er Jahren traten die USA – jenes Land, das sie als ihre Heimat
angenommen hatte – immer tiefer in einen Krieg im entfernten Vietnam ein. Erst waren es Berater, dann Militärhelfer, dann Soldaten
und schließlich Flugzeuggeschwader mit Feuerbomben und hochgif-
tigen Chemikalien, die sie auf Zivilisten warfen. Immer mehr Blut,
mehr Leiden – und mehr Kopfzerbrechen für Menschen wie Lisa.
Bald nahm sie an Protesten gegen einen Krieg teil, der immer länger
und immer fürchterlicher wurde.

Mit jedem Jahr vermehrten sich die Proteste, trotz der Medien,
die den Krieg rechtfertigten und seine Gegner als langhaarige Studenten und »wilde Hippies« abtaten. Also zogen sich im Mai 1966 vier

Hausfrauen in mittlerem Alter elegant an, mit »anständigen« Kleidern, Hüten, weißen Handschuhen und hohen Absätzen. Das waren
doch keine Hippies, als sie aber dem großen Lagergelände am Hafen
von Alviso (Kalifornien) einen Besuch abstatteten, trugen sie Schilder
gegen den Krieg mit sich. Sie hatten erfahren, dass man hier Nacht
für Nacht Kähne mit Napalmbomben von einer nicht weit entfernten
Fabrik umlud. Lisa und die anderen stellten – oder setzten – sich direkt vor einen Gabelstapler, der die Bomben trug. Der Fahrer brüllte
sie an und bedrohte sie mit den Hunden, die er bei sich führte. Dann
wurde die Polizei geholt. Zuerst versuchte sie, die Damen dazu zu
bewegen, friedlich nach Hause zu gehen. Doch diese lehnten das ab,
wurden verhaftet und für eine Nacht inhaftiert. Im Prozess wurden die
Frauen wegen »Hausfriedensbruch mit der Absicht, legale Geschäfte zu stören« angeklagt. Der Richter verurteilte sie zu neunzig Tagen
Haft auf Bewährung.

In Lisas Rede im Gerichtssaal erzählte sie von ihrer Vergangenheit
– und davon, dass sie in den USA so oft gefragt wurde, was denn sie
und ihre Eltern während der Nazizeit unternommen hätten.

»Die 1947 im Nürnberg gepflanzte Saat begann zu sprießen und
zu wachsen. Allmählich begriff ich, was jenes Urteil für mich bedeutet hatte – wo es Verbrechen gibt, die ich sehen und erkennen kann.
Und heute weiß ich auch, was es bedeutet, wegen Kollektivschuld
angeklagt zu werden. Einmal im Leben ist für mich genug. Nein, ein
zweites Mal könnte ich das nicht ertragen. Und deshalb bin ich heute
hier. Die Ereignisse vom 25. Mai, dem Tag unseres Protests, brachte
ein wenig Gewicht auf die andere Seite der Waage. Hoffentlich wird
mein Beitrag zum Frieden eines Tages ein wenig helfen, die Flut umzukehren und vielleicht kann ich meinen sechs Kindern und später
ihren Kindern sagen, dass sie wenigstens nicht in der Zukunft schweigen müssen, wenn sie gefragt werden: ›Wo war eure Mutter – damals?‹«

Ihre Worte kamen in einige Medien und der Folk-Sänger Pete Seeger erfuhr davon. Nur mit ihren Sätzen schuf er das Lied *My Name Is
Lisa Kalvelage* und sang es oft und wirkungsvoll, auch bei drei Konzer-
ten in Kalifornien, wo ihn Lisa vorstellte. Auch nachdem der Krieg

in Vietnam endlich verloren ging, blieb das Lied am Leben, mitunter auch von Ani Difranco und Bruce Springsteen gesungen. Denn es war schon wieder aktuell – und das ist es heute immer noch.

Auch Lisa blieb der Sache treu. Sie wurde Koordinatorin des Friedenszentrums in San Jose und nahm, noch über achtzig, an Kundgebungen und Märschen gegen den Krieg teil, diesmal den in Irak. Mit dem Abzeichen »Frieden ist patriotisch« betonte sie ihre feste Überzeugung, dass die Demonstranten keinesfalls unpatriotisch waren. »Das ist Unsinn. Genau das Gegenteil trifft zu. Das Beste, was wir machen können, ist die Truppen nach Hause zu bringen. Der Krieg war nicht nötig, dafür hat unsere Regierung aber das Leben dieser jungen Menschen gefährdet.«

Trotz einer neuen Hüfte und mit einem schlechten Knie stand Lisa zwei Stunden lang bei einer Friedenskundgebung in Palo Alto. Gefragt, warum sie weitermache, sagte sie einer Zeitung: »Ich habe nun mal diese Philosophie. Bis man stirbt, lebt man.«

Noch mit ihrer ganzen Familie konnte Lisa auf einer Kreuzfahrt durch den Panamakanal ihren 60. Hochzeittag feiern. Ihr Leben – fast bis zuletzt blieb sie aktiv – endete im Jahre 2009.

27.
Ein Sieg für die Gejagte

Angela Davis (*1944)

Das waren hitzige Zeiten! Meist jüngere, weiße AmerikancrInnen marschierten durch die Städte und forderten ein Ende des Vietnamkrieges, viele von der Wehrpflicht Bedrohte flohen nach Kanada, immer mehr Soldaten meuterten. Und erst recht die schwarzen Menschen! Ihre Sehnsucht nach Gleichheit und Freiheit, nie gänzlich unterdrückt, manifestierte sich in den 1950ern und 1960er Jahren in einer Bürgerrechtsbewegung, die antrat, das Land von Grund auf zu ändern. Sie akzeptierten nicht mehr die hinteren Plätze in den Bussen, getrennte, schlechte Eisenbahnwaggons und Wartesäle oder miese Schulen; ältere Verbände wurden kampflustiger, neue entstanden mit teilweise charismatischen Persönlichkeiten in der Führung, wie Fannie Lou Hamer in Mississippi (vgl. Kapitel 25).

Gegen den wachsenden Kampfgeist kannten die damals Regierenden, darunter Präsident Richard Nixon, Kaliforniens Gouverneur und späterer Präsident Ronald Reagan, und vor allem der Geheimpolizeichef, FBI-Direktor J. Edgar Hoover, nur eine Strategie: Unterdrückung, Spaltung, Ermordung. Der meisterhafte Redner Malcolm X, schließlich ein Prediger der Einheit von Schwarzen und Weißen, starb 1965 in einem Kugelhagel. Martin Luther King predigte Gewaltlosigkeit, doch als er die Armen aller Farben zum Protest nach Washington führen wollte, wurde er am 4. April 1968 niedergeschossen. Darauf explodierten in mehr als 100 Städten die Ghettos, Panzer zogen ein, Tausende wurden verhaftet, 31 getötet.

Am dramatischsten traten zu der Zeit die Black Panthers auf, mit ihren schwarzen Jacken und Baskenmützen, den Afro-Frisuren und solch stolzen Bezeichnungen wie Premierminister, Minister der Justiz, Minister für Auslandsfragen. Ihr kostenloses Frühstück und ihre ebenfalls kostenlose ärztliche Hilfe für schwarze Ghetto-Kinder und deren Eltern stellten eine Herausforderung an die satten, rassistischen Gesellschaftsstützen dar. Doch am meisten erschreckte ihr offenes Tragen von Schießwaffen! Rechte pochen immer wieder auf den zweiten Zusatzartikel zur US-Verfassung, der ein Recht auf Waffenbesitz garantiert; dabei denken sie jedoch nur an sich selbst und an Polizisten, welche allzu oft mit lockerem Colt die Ghettos terrorisieren, nicht aber an die Schwarzen! Gerade dieses Recht nahmen die Panther in Anspruch, um sich zu verteidigen und die Ghettos zu schützen. Welch ein Schrecken! Auch im Fall von Angela Davis spielten Waffen eine Rolle.

Am 6. April, in Oakland, Kalifornien, wo Jessica Mitford und ihr Mann aktiv waren, starb erstmals ein Mitglied der Schwarzen Panther: Der erst 17-jährige »Lil' Bobby« Hutton wurde, als er entkleidet und hilflos am Boden lag, mit 12 Kugeln erschossen. Am 4. Dezember 1969 wurde in Chicago der begabte Pantherführer Fred Hampton, 21, durch einen Spitzel mit Sedativen in tiefen Schlaf versetzt und neben seinem Mitkämpfer Mark Clark von der Polizei ebenfalls erschossen. Es waren blutige Zeiten!

Angela Davis wuchs friedlich in Birmingham, Alabama, auf. Die Eltern, gebildet, nicht reich, auch nicht arm, neigten politisch nach links. Die sehr gute Schülerin Angela durfte nach New York, wo sie bei einer linken Familie wohnte, eine linke Schule besuchte, und Freundinnen aus kommunistischen Elternhäusern fand, sogenannte »Rote-Windel-Babys«. Sie studierte an der Brandeis University, 14 km von Boston entfernt, bekam für 1963, im dritten Jahr, ein Stipendium zum Studium der französischer Literatur in Frankreich, und 1966/67, als sie zur Philosophie wechselte, eins für Frankfurt/Main. Während ihrer Zeit in Europa besuchte sie das Weltjugendfestival in Helsinki und, zum 1. Mai, auch Ost-Berlin. In Frankfurt hörte sie Rudi Dutschke

reden und nahm an Demonstrationen der Studentenbewegung teil,
auch nach der Erschießung von Benno Ohnesorg in West-Berlin.

Doch zogen sie die politischen Ereignisse immer wieder in die
Heimat, am brennendsten im September 1963, als sie in Paris zufällig
von einer Explosion in einer Baptistenkirche der Schwarzen las. Plötzlich merkte sie: das geschah in ihrer Stadt, in ihrer Wohngegend, ja,
von den vier Mädchen, die durch die Bombe des Ku-Klux-Klans zerrissen worden waren, kannte sie zwei sehr gut. Das traf sie ins Mark!
Sie musste nach Hause!

Ganz unbekannt war sie dort nicht. Schon 1962, als sie in New
York landete, hatten die FBI-Leute gefragt: »Was machten Sie beim
kommunistischen Jugendfestival? Wissen Sie nicht, wie wir über
Kommunisten denken? Und wie wir mit Kommunisten umgehen?«

Der deutsche Emigrant Herbert Marcuse hatte schon an der
Brandeis University Angelas Interesse für die Philosophie geweckt,
besonders für die marxistische. Als er eine Professorenstelle an der
University of California in San Diego bekam, schlug er vor, sie könnte
dort an einer Dissertation arbeiten und sich um eine Dozentenstelle
bewerben. Also zog sie 1967 an die Westküste, wo sich das größte
Drama ihres Lebens zu entfalten begann.

In San Diego fand sie zunächst kaum andere Afro-
AmerikanerInnen; doch engagierte sie sich in einer großen Demo
gegen den Vietnamkrieg und wurde dabei – wenn auch nur kurz (und
grundlos) – verhaftet. Bald bekam sie Beziehungen in das viel größere
Los Angeles, knapp 200 km entfernt, wo es in der »schwarzen Szene«
gerade brodelte. Es gab allerlei Richtungen: manche kultivierten afrikanische Kultur und Kleidung und redeten davon, auf »ihren« Kontinent zu ziehen; andere wollten einen schwarzen Staat in den USA
gründen. Viele betonten ihre Opposition zu allen Weißen, öfters auch
zum Marxismus als einer »weißen Theorie«. Einige redeten kühn
von Rebellion und hantierten gern mit Waffen. Manches mag Pose
und Angeberei gewesen sein, vieles reflektierte einfach das Verlangen nach Menschenwürde und Gleichheit, die ihnen seit dreihundert
Jahren verweigert wurden. Unter den vielen Verbänden schienen die
Schwarzen Panther die ernsthaftesten zu sein, die nicht alle Weißen

und alles Weiße ablehnten (auch nicht den Marxismus – allerdings verliehen sie ihm einen maoistischen Einschlag). Angela wurde ein aktives Mitglied. An Manchem stieß sie sich allerdings, so an der häufigen Meinung, schwarze Frauen seien nur dazu da, um ihre Männer zu unterstützen. Eigenständige Teilnahme oder gar Führungsfähigkeit der Frauen nähmen den Männern, die vom weißen Establishment so lange unterdrückt worden waren, die »Männlichkeit«. Jene, die am lautesten in dieser Weise redeten, merkte Angela, waren oft gerade diejenigen, die sich am wenigsten beteiligten. Langsam erkannte sie auch, wie mysteriöse Kräfte – es waren Agenten des FBI – die Menschen spalteten und gegeneinander aufbrachten.

Dagegen und gegen die systematische Unterdrückung gab es viel zu tun, und die disziplinierte, organisatorisch fähige, auch attraktive Angela spielte eine immer wichtigere Rolle. Sie entschied sich dann für einen Schritt, den sie sich lange überlegt, doch immer wieder verschoben hatte: im Juli 1968 trat sie in die Kommunistische Partei ein, motiviert durch ihr Studium der marxistischen Theoretiker wie durch die Tatsache, dass dort Vorurteile gegen Frauen abgelehnt wurden, wie auch ein Hass auf Weiße oder »Zurück nach Afrika«-Losungen. Wichtig waren auch ihre Eindrücke von den charismatischen Geschwistern Kendra und Franklin Alexander sowie von Charlene Mitchell, die im November 1968 für die Partei für die Präsidentschaft der USA kandidierte. Deren Gruppe, der Che-Lumumba-Klub, war der erste und einzige nur aus Schwarzen bestehende Parteiklub der Kommunisten in den USA, der dennoch aktiv für die Einheit jenseits der Hautfarbe eintrat. Also balancierte Angela ihre akademische Seite, bei der es um die Erlangung eines Doktorgrades ging, und ihre politische Aktivität aus. Bald kam noch eine sehr persönliche Komponente hinzu.

Im Soledad-Zuchthaus in Kalifornien waren 1970 drei schwarze Häftlinge von der Todesstrafe bedroht. Während des Exerzierens im Hof war es zu einer Rangelei zwischen schwarzen und weißen Häftlingen gekommen – in den Gefängnissen versuchte man immer, die einen gegen die anderen auszuspielen. Der Scharfschütze im Wachturm schoss und tötete, ohne jegliche Notlage, drei Häftlinge, allesamt schwarze. Als er wegen »gerechtfertigter Tötung« unbestraft davon kam, wobei keine schwarzen Sträflinge als Zeugen zugelassen wurden, folgte 30 Minuten später eine Tat der spontanen Rache. Ein weißer Wärter wurde im dritten Stock über eine Brüstung in den Tod gestoßen.

Die drei, die daraufhin sterben sollten – bald als die »Soledad Brothers« bekannt – waren weder in der Nähe gewesen noch hatten sie mit dem Vorfall etwas zu tun. Doch waren sie klug, politisch bewusst, und spielten eine aktive Rolle unter den Häftlingen. Für die ihnen zugeschriebene Tat galt die Todesstrafe als unausweichlich. Einer der drei, George Jackson, war mit 18 Jahren eingesperrt worden, weil ein Bekannter, ohne sein Wissen, aus seinem Wagen eine Tankstelle überfallen und 70 Dollar gestohlen hatte. »Gestehe doch«, riet man ihm, »dann wird man dich mild bestrafen. Ansonsten sieht es schlecht aus! Mit 15 wurdest du schon vorbestraft.« Deshalb gestand er und bekam eine Strafe, die in Kalifornien eingeführt worden war, nämlich »ein Jahr bis lebenslänglich«. Wer bereit war, zu Kreuze zu kriechen und andere Häftlinge zu bespitzeln, hatte die Chance, früher frei zu kommen. George war nicht dazu bereit. Nun hatte er wegen des angeblichen Stehlens von 70 Dollar schon zehn Jahre im Knast gesessen, siebeneinhalb davon in Einzelhaft (was Experten mittlerweile als Folter bezeichnen). In diesen Jahren hatte er sich körperlich stark gehalten und sich erstaunlich gebildet. Er las ungeheuer viel aus den Bereichen Erdkunde und vor allem Geschichte; ebenso studierte er Marx und Lenin, auch Trotzki, Mao, Frantz Fanon und alle Theoretiker, die ihm in die Hände fielen. Er lernte Sprachen: Spanisch und Swahili; Arabisch und Chinesisch sollten folgen. Und er lehnte jeden ideologischen Kompromiss mit den Mächtigen ab, bekannte sich als Revolutionär – und wenn es ihn sein Leben kosten sollte.

Angela engagierte sich nun mit aller Kraft im Kampf für das Leben der drei. Einmal traf sie George im Gerichtssaal; er war schwer gefesselt. Sie schrieben sich gegenseitig und diskutierten die brennende Fragen jener Tage. In fast allem waren sie einer Meinung; ansonsten konnte Angela George davon überzeugen, dass seine Ansichten zu schwarzen Frauen und deren Rolle falsch waren. Zunehmend tauschten sie auch zärtliche Bekenntnisse aus; durch die Korrespondenz entstand eine tiefe, große Liebe, die beim Lesen seiner Briefe besonders

deshalb ans Herz geht, weil man immer bedenken muss, wie George
– in einer winzigen Zelle – auf den Tod wartete.

Schon im Herbst 1969 trat Angela eine Lehrstelle an der Universität von Los Angeles an. Davor besuchte sie Kuba, wo sie für einige
Tage Zuckerrohr hackte und insgesamt begeistert war. Eines Tages, als
sie gerade eine erste Vorlesung über den großen schwarzen Journalisten Frederick Douglass gehalten hatte (er wurde mehrfach in diesem
Buch erwähnt), schrieb ein Student, der für das FBI arbeitete, für die
Hochschulzeitung einen Artikel mit der Botschaft: Die neue Dozentin
Angela Davis sei eine Kommunistin! Eine große Zeitung in San Francisco machte das weiter bekannt und der Verwaltungsrat, der unter
der Führung von Gouverneur Reagan die staatlichen Hochschulen
verwaltete, forderte Angela auf, darauf zu antworten. Dabei erfuhr
sie, dass die Einstellung von Kommunisten seit 1949 durch ein Regle-
ment verboten war.

Nun erwartete man, dass Angela, wie viele Linke, sich auf die Verfassung beziehen und eine Antwort auf diese Frage ablehnen würde,
um sich nicht selber zu belasten. Doch in einem Antwortbrief schrieb
sie: Ja, ich bin Parteimitglied! Das verursachte Staunen bei Freunden,
denn solcher Mut war ungewöhnlich, aber auch bei Feinden, deren
ganzes »Belastungsmaterial« nun ins Leere lief. Auch die Forderung,
dass sie die Stelle aufgeben solle, sollte ihnen auf die Füße fallen. Angela war zum offenen Kampf bereit!

Schnell bekam sie die Unterstützung der schwarzen StudentInnen,
auch der meisten weißen, denn inzwischen war sie beliebt und ge-
achtet. Dennoch schwappte eine dreckige Welle von Beleidigungen
hoch, sowohl antikommunistischer wie rassistischer Art; zudem erhielt sie nicht wenige Todesdrohungen. Ein weißer Professor, der sie
unterstützte, wurde in seinem Büro tätlich angegriffen. Schon damals
gab es überall Waffen; die Polizei machte davon geradezu unnachsich-
tig Gebrauch. Mitglieder des Che-Lumumba-Klubs, auch bewaffnet,
wechselten sich als Leibwächter für Angela ab, während sie weiterhin um das Leben der »Soledad Brothers« und die Freilassung vieler Unschuldigen kämpfte. Ein Höhepunkt war eine riesige Kundgebung in Los Angeles mit Schwarzen, Weißen, Latinos und asiatischen

Amerikanern aus vielen gesellschaftlichen Bereichen. Unter den Prominenten, die sich für die Drei einsetzten, waren Marlon Brando, Jane Fonda, Noam Chomsky, Jessica Mitford, Pete Seeger.

Durch den wachsenden Druck wurden kleine Erfolge im Kampf für die Soledad Brothers erreicht, und auch in Sachen Angela stellte ein Gericht fest, dass ihr Vertrag nicht wegen ihrer Parteimitgliedschaft aufgelöst werden durfte. Die Zeiten schienen nicht mehr ganz so starr zu sein wie 1949 oder 1959 – vor allem dank der breiten Proteste war Bewegung in die Verhältnisse gekommen. Doch der Verwaltungsrat, wütend über den Misserfolg, beschloss, dass Angela am Ende des zweijährigen Vertrags nicht wieder angestellt werden durfte. Denn, so stellten sie fest, hätte sie sich im Kampf für die Befreiung der Verhafteten nicht so benommen, wie es sich für eine Professorin gehörte!

Die Drohungen gegen Angela nahmen indes zu. George Jackson, weitgehend hilflos in seiner kleinen Zelle, willigte ein, dass sein junger Bruder Jonathan, 17 Jahre alt, den er – neben Angela – über alles liebte und schätzte, wie von diesem selbst gewünscht, Angelas ständiger Leibwächter werden sollte.

Das war eine Schicksalsentscheidung. Am 7. August 1970 ging Jonathan als Besucher in einen Gerichtssaal im San Quentin-Zuchthaus, wo wieder mal ein schwarzer Häftling verurteilt werden sollte. Plötzlich stand Jonathan auf, nahm einen Karabiner aus einer Tasche, warf dem Angeklagten und zwei weiteren schwarzen Häftlingen, die als Zeugen da waren, Waffen zu und rief: »Nun denn, meine Herren, hier führe jetzt ich an.« Sie banden ein Gewehr am Kinn des Richters mit Klebeband fest und nahmen ihn, den Staatsanwalt und einige Geschworene zu einem draußen stehenden Wagen mit. Noch im Saal soll einer gerufen haben: »Befreit die Soledad Brothers«, doch ist das nicht verbürgt. Als sie losfuhren, ballerte ein Wächter los. Der Befehl lautet: Bei Fluchtversuchen schießen, egal wer im Wagen ist. Von Jonathan und den Entführern kam keine Kugel, doch sofort waren der Richter und der Staatsanwalt tot und eine Geschworene schwer verletzt. Von den Schwarzen wurde Ruchell Magee schwer verletzt, die anderen starben. Auch Jonathan.

Diese bittere Tragödie, wohl aus der Verzweiflung des jungen Jonathan um seinen Bruder entstanden, nahm nun alle Aufmerksamkeit vom Kampf für die Soledad Brothers und von Angelas Kampf um eine Dozentenstelle. Und weil die Lizenz der Waffen, die Jonathan benutzt hatte, auf Angelas Namen lief, stand sie sofort unter Verdacht. Da ihr Leben nun von allen Seiten bedroht war, fand sie es am sichersten, vorläufig zu verschwinden.

Ronald Reagan, J. Edgar Hoover, ja, fast die gesamten Medien konnten sich freuen: eine schwarze, streitbare Intellektuelle, dazu eine bekennende Kommunistin mit Verbindungen zu den Black Panthers, in ein blutiges Gerichtsdrama verwickelt – und nun flüchtig! Sie wurde eine der wenigen Frauen, die auf der FBI-Liste der »zehn am meisten gesuchten Kriminellen« plakatiert wurde. Angela ließ sich äußerlich verändern und zog von einem Ort zum anderen, stets mit dem Gefühl, das FBI käme ihr immer näher. Und sie hatte Recht: Nach zwei Monaten wurden sie und ihr Begleiter in einem Motel in New York verhaftet.

Es begann der 22-monatige Kampf, sie (sowie andere Verhaftete, wie die Soledad Brothers) zu befreien. Von New York flog man sie nach Kalifornien, sie kam in ein Gefängnis nach dem anderen. Dank einer immer weiter wachsenden Kampagne und guter, befreundeter Anwälte, wurden die anfänglich miserablen Haftbedingungen allmählich verbessert: etwas besseres Essen, die Möglichkeit, zu schreiben, an Beratungen des Anwaltsteams teilzunehmen, Besucher zu empfangen. Das vorläufige Hauptziel, sie auf Kaution frei zu bekommen, schien lange unmöglich erreichbar, denn sie war neben Entführung und Verschwörung auch wegen Mordes angeklagt, was zur Todesstrafe, vollstreckt in der Gaskammer, führen konnte. Doch gerade zu dieser Zeit beschloss die Regierung in Kalifornien, die Todesstrafe auszusetzen; das betraf auch Angela, und der Richter bewilligte eine begrenzte Freilassung – nach Einzahlung von mehr als 100.000 Dollar Kaution. Eine hohe Summe! Die schwarze Sängerin Aretha Franklin hatte versprochen, das nötige Geld zur Verfügung zu stellen, war aber im Ausland und konnte daher nicht unterschreiben. Angelas Verteidiger fanden daraufhin einen Farmer im südlichen Kalifornien, der, von ihrer Unschuld überzeugt, bereit war, die Hypothek auf seine Farm zu riskieren und das Geld anzubieten. Nach 16 Monaten kam Angela aus dem Gefängnis, und sie konnte sich intensiver auf ihren Prozess vorbereiten. Dieser Sieg war aus mehreren Gründen möglich: Im Lande waren Hunderte von Komitees entstanden, um ihre Freilassung zu erreichen, natürlich besonders viele von Afroamerikanern, die den Fall mit allen Angriffen auf ihre Rechte in Zusammenhang sahen, aber auch von Tausenden von Weißen. In zahlreichen Ländern verfolgte man jede Entwicklung – und demonstrierte auch. Vor allem in der DDR – dort gab es die »Rosen für Angela«-Kampagne der *Jungen Welt*, der Zeitung der Jugendorganisation FDJ – schrieben Kinder und Jugendliche Grüße und malten oder klebten Bilder von Rosen auf Karten und Briefe und schickten sie an Angela und das Gericht in Kalifornien. Ganze Lastwagen brachten solche Post säckeweise, ja tonnenweise an. Obwohl die Richter, die Politiker und die Gefängnisleute sie kaum gelesen haben – oder lesen konnten –, war ihr Gewicht nicht zu ignorieren, auch der Richter sprach davon. Man merkte, dass die damals geläufige Losung galt: »The whole world is watching!« – »Die ganze Welt schaut zu!«

Bald folgte ein fürchterlicher Schlag – kurz nachdem die Briefe von George Jackson veröffentlichten waren, die bewiesen hatten, was für ein hochbegabter, äußerst engagierter Schriftsteller und Kämpfer er geworden war. Am 21. August 1971, nur Tage vor seinem Prozess, wurde er niedergeschossen, angeblich bei einem gewalttätigen Fluchtversuch; über die Umstände wird immer noch gestritten. George Jackson, vor dem sich Männer wie Reagan und Hoover fürchteten, wurde zum Thema von Liedern, Büchern und auch von einem Film.

Angela schrieb: »George war tot, und der tiefe persönliche Schmerz, den ich spürte, hätte mich erstickt, wenn ich ihn nicht in eine echte, gezielte Rage verwandelt hätte … Ich durfte nicht beim eigenen Verlust bleiben … Ich musste stark werden und nur noch härter kämpfen … er musste mir den Mut und die Kraft geben für einen ausdauernden Krieg gegen den üblen Rassismus, der ihn getötet hatte. Er war fort, doch ich war hier. Jetzt waren seine Träume die meinen.«

Am 27. März 1972 wurden die Soledad Brothers von dem Mord an dem Wächter freigesprochen. Es war ein Triumph – der für George Jackson sieben Monate zu spät kam.

Einen Monat davor begann in San Jose die Auswahl der Geschworenen für Angelas Prozess. Ihr Team forschte gründlich nach, welche möglichen Geschworenen eher rassistisch waren, und welche zumindest fair entscheiden konnten, um mit einer begrenzten Ablehnungszahl möglichst klug umzugehen. Durch die Ablehnung des Staatsanwalts wurde die einzige Schwarze unter den Kandidaten disqualifiziert; wie würden nun die anderen auftreten?

Trotz der Frage der Waffenlizenz konnte der Staatsanwalt nicht beweisen, dass Angela irgendetwas mit dem Überfall im Gerichtssaal zu tun hatte. Politisch wollte er nicht argumentieren, also versuchte er, Angelas »wilde Passion« für George als Motiv für ihre angebliche Beteiligung an der Tat anzuführen. Doch der Versuch war mit der Zeit immer weniger überzeugend.

Der Prozess dauerte drei Monate. Als sich die Geschworenen zur Entscheidung zurückzogen, hielten Millionen den Atem an. Immer mehr sammelten sich vor dem Gerichtssaal. Der Freitag ging vorbei, dann der Sonnabend. Ganz unerwartet wurde eine Sonntagssitzung einberufen – am 4. Juni 1972. Die Vorsitzende der Geschworenen stand nun auf und antwortete auf die Fragen des Richters nach Schuld oder Unschuld:

»... wegen Entführung?« – »Unschuldig!«

»... wegen Mordes?« – »Unschuldig!«

Und zum kompliziertesten Punkt: »... wegen Verschwörung?« – »Unschuldig!«

Also gewonnen! Alle tobten, lachten, weinten – Angela schluchzte ununterbrochen mit ihrer Mutter. Durch manche Ghettos der USA zogen Menschen mit Lautsprechern; ein wichtiges Baseballspiel der ersten Liga wurde unterbrochen, und alle jubelten. Es gab mancherorts Verkehrschaos; überall wurde gefeiert – fast überall.

Nach einer Pause reiste Angela zu Siegesfeiern im ganzen Lande, dann nach Havanna, Santiago, Taschkent, Ost-Berlin, wo sie bei einem Weltjugendfestival als Star gefeiert wurde.

Ronald Reagan hatte geschworen, Angela würde »niemals mehr in Kalifornien lehren.« Doch irrte er sich; in den Jahren seit dem Freispruch hat sie an vielen Hochschulen in Kalifornien, besonders in Santa Cruz, Vorlesungen gehalten – sehr vielseitig, über afroamerikanische Studien, Theorie-Geschichte, Feminismus, auch Popmusik und Kultur. Und sie ist immer aktiv geblieben; sie war 1980 und 1984 Kandidatin der Kommunistischen Partei für die Vizepräsidentschaft der USA. Auch nachdem sie, ebenso wie Mitglieder des Che-Lumumba-Klubs und etliche andere auch, nach einer Spaltung die Kommunistische Partei 1991 verlassen und eine neue Organisation mit aufgebaut hatte – die Committees of Correspondence (benannt nach einem Begriff aus der frühen US-Geschichte) –, ging es weiter gegen Krieg sowie für Arbeiter- und Frauenrechte. Sie setzt sich besonders für eine totale Änderung des Gefängnissystems ein, in dem fast zwei Millionen Inhaftierte, vor allem Schwarze und Latinos, zu einer modernen, profitorientierten Form der Sklaverei verurteilt sind. Sie engagierte sich sehr stark für die Rettung und Freilassung von Mumia Abu-Jamal – einiges in dessen Fall erinnert ein wenig an George Jackson. Sie hat auch endlich ihren Doktorgrad erhalten – an der Humboldt-Universität in Berlin. Bis heute ist sie eine hochaktive Weltbürgerin.

28.
Von Hollywood nach Hanoi

Jane Fonda (*1937)

Als ich Jane Fonda kurz kennen lernen durfte, gab es um sie große Kontroversen. Wann aber gab es die nicht?

Wohl am Anfang ihrer Karriere nicht, als sie, die Tochter des großen Schauspielers Henry Fonda, sich gleich als überraschend gut erwies. Über ihren ersten ganz großen Erfolg, *Cat Ballou*, eine urkomische Wildwest-Parodie, konnte das Publikum lauthals lachen. Bei *Barbarella*, einer Science Fiction-Parodie von 1968, gierte wohl die Hälfte des erwachsenen Publikums lüstern, als sie fast die gesamte Jane Fonda zu sehen bekamen – unbestreitbar eine Schönheit. Der Film wurde vom Franzosen Roger Vadim gedreht, der, nach Brigitte Bardot, nun wieder ein Sex-Objekt aufbaute – und mit dem sie seit 1965 verheiratet war. Fonda wurde also in Paris zum Star. Jedoch ließ sie sich, wie sie in ihrem Blog schreibt, diese passive Rolle nicht lang gefallen:

»Als ich immer wieder hörte, wie Franzosen unser Land wegen des Vietnamkrieges kritisierten, habe ich das gehasst. Das schien mir die saure Reaktion auf ihre eigene Niederlage dort zehn Jahre zuvor. Ich lehnte es ab zu glauben, dass wir irgendetwas falsch machen könnten. Erst als ich begann, amerikanische Soldaten zu treffen, die in Vietnam gewesen und als Widerständler nach Paris gekommen waren, begriff ich, dass ich mehr lernen musste. Ich nahm jede Gelegenheit wahr, mich mit US-Soldaten zu treffen. Ich redete mit ihnen und las die Bücher, die sie mir über den Krieg gaben. Ich beschloss, in meine Heimat zurückzukehren und mit ihnen, besonders mit Soldaten, die noch im Dienst waren, sowie mit Vietnam-Veteranen, zu versuchen, den Krieg zu beenden.«

Ein damals in Paris aktiver Widerständler schilderte, wie Fonda Geldsummen, meist 500 Franc (ca. 100 Dollar), und Vadims abgelegte Kleidungsstücke jenen Flüchtigen schenkte, die keine Vietnamesen mehr töten wollten. Dann sah er sie nicht mehr: »Irrtümlich vermutete ich, dass die schwieriger gewordenen Zeiten dazu geführt hätten, dass sie mit dem Aktivismus aufhörte.« Oder meinte Ehemann Vadim nicht vielmehr, dass er sie nicht allzu politisch tätig sehen wollte? Der Journalist und Friedenskämpfer Max Watts notierte: »In Wirklichkeit war sie damit beschäftigt, erst ein Baby zu bekommen [nach der befreundeten, politisch weit links orientierten Schauspielerin Vanessa Redgrave benannt, V. G.], und dann in den USA den Film *Nur Pferden gibt man den Gnadenschuss* zu drehen und sich von Vadim weg zu bewegen… Und nun erfuhr ich, dass sie zur Aktivistin geworden war, weitaus engagierter, effektiver und mehr opferbereit, als ich es mir hätte träumen lassen, als ich ihr 1968 Soldaten wie Dick Perrin vorgestellt hatte. Von Armeestützpunkten ausgesperrt, kletterte sie nunmehr über Zäune, um mit den Soldaten zu reden.«

Fonda engagierte sich immer mehr. Gleichzeitig drehte sie zwei erfolgreiche Hollywood-Filme. War das ein Doppelleben? Wer die Filme kennt, weiß die Antwort. Sydney Pollacks *Nur Pferden gibt man den Gnadenschuss* schildert einen mörderischen »Tanz-Marathon« in den Hungerjahren der 1930er. Das Paar, das am längsten aushält, mit nur kurzen Rastzeiten, soll 1.500 Dollar bekommen. Die ganze Korruption, die nackte Gier, die Verzweiflung und Tragik der Krisenzeit wird erschreckend authentisch gezeigt; der Film, für neun Oscars nominiert, war beängstigend bedeutsam. *Klute*, zwei Jahre später, war ebenso kritisch und ebenso gut; Fonda, die eine bedrohte Prostituierte spielte, bekam dafür einen Oscar.

Der Vietnamkrieg dauerte schier endlos an, immer weitere Tausende von Amerikanern starben – sowie Hunderttausende von Vietnamesen – und Fonda blieb bei ihrem Widerstand: »Ich traf mich mit Armee-Psychiatern, die über die Armee-Ausbildung besorgt waren … und die meinten, sie hätte eine schädliche Wirkung auf die Psyche der jungen Männer, die sie vielleicht nie überwinden würden ... Ich redete stundenlang mit US-Piloten über ihre Ausbildung und darüber, was man ihnen über Vietnam erzählte. Ich traf die Frauen von Soldaten. Ich besuchte Krankenhäuser für Veteranen. ... Bei großen Antikriegskundgebungen sagte ich den Menschen, dass die Amerikaner in Uniform nicht unsere Feinde wären, dass nicht sie den Krieg begonnen hätten, und in zunehmender Zahl unsere Verbündete wären ... Ich wusste mehr als die meisten Zivilisten über die Wirklichkeit der Männer im Kampf. Das lebte und atmete ich zwei Jahre lang, ehe ich dann nach Nord-Vietnam flog. Ich machte mir große Sorgen um die Männer und die Jungen, die man gefährdete. Ich wollte das Töten beenden und unsere Soldaten nach Hause bringen. Ich war wütend, als ich erfuhr, wie sehr man unsere Soldaten über die Gründe für ihren Einsatz belog und litt jedes Mal, wenn ich einen jungen Mann traf, den das Erlebte traumatisiert hatte. Manche zitterten unaufhörlich und konnten nur noch flüstern.«

Nach Südvietnam, wo die US-Armee herrschte, durfte Fonda nicht. Im Juli 1972 reiste sie nach Hanoi, in Nordvietnam, wo sie sich für zwei Wochen mit Kindergärtnerinnen und Schauspielerinnen, mit Bauern und mit Soldatinnen traf – und feststellte, dass sie alle in ihr, der Amerikanerin, trotz der Bombardierung ihres Landes, keine Feindin sahen. Angesichts der Kriegsschäden und des Leidens sagte sie später: »In Vietnam habe ich jeden Tag geweint. Nicht nur wegen der Vietnamesen. Auch wegen der Amerikaner.« Sie erzählte von ihren Erkenntnissen, auch im Rundfunk aus Hanoi, gerichtet an ihre Landsleute, die Krieg führten, und bat sie, damit Schluss zu machen. Dann geschah etwas, was sie bitter bereuen sollte. Später schilderte sie den Besuch bei einer Flak-Batterie – nachdem sie Flugangriffe im Schutzbunker erlebt hatte:

»Es geschah an meinem letzten Tage in Hanoi. Ich war nach den zwei Wochen erschöpft und emotional kaputt ... Der Dolmetscher sagte, die Soldaten wollten gern ein Lied singen. Während sie sangen, übersetzte er. Es war ein Lied über den Tag, an dem ›Onkel Ho‹ [Präsident Ho Chi Minh, V. G.] auf dem Ba Dinh-Platz in Hanoi die Unabhängigkeit des Landes erklärt hatte. Ich hörte die Worte: ›Alle Men-

schen sind gleich geschaffen … sie sind mit unveräußerlichen Rechten
ausgestattet, zu denen das Leben, die Freiheit und das Streben nach
Glück gehören.‹ Das sind Worte aus unserer Unabhängigkeitserklärung, die Ho bei der Feierlichkeit aussprach. Ich begann zu weinen
und zu klatschen. Diese Männer dürften nicht unsere Feinde sein.
Sie feiern die gleichen Worte wie wir Amerikaner … Ich hatte auch
ein Antikriegslied von südvietnamesischen Studenten gelernt … Alle
lachten und klatschten, ich auch … Jemand (wer das war, daran kann
ich mich nicht mehr erinnern) führte mich zu einem Geschütz und ich
setzte mich darauf, noch lachend, noch applaudierend. Es hatte nichts
damit zu tun, wo ich saß. Darüber habe ich kaum nachgedacht. Die
Kameras blitzten … Vielleicht war das von den Vietnamesen geplant.
Das werde ich nie wissen. Doch auch wenn es so war, kann ich ihnen
keine Schuld geben … Wenn ich dazu gebraucht wurde, dann habe
ich es geschehen lassen – ein zweiminütiger Lapsus der Vernunft, der
mich lebenslang quälen sollte. Denn das Foto mit seiner Aussage existiert, egal was ich tat oder fühlte. Das trage ich schwer im Herzen. Ich
habe mich mehrmals für die Schmerzen entschuldigt, die ich Soldaten
oder ihren Familien durch das Foto verursacht habe. Ich hatte nie vor,
Schaden anzurichten.«

Das Foto wurde für eine große Hetzkampagne gebraucht, die Fonda als Verräterin abstempelte. Und nachdem sie in Hanoi US-Kriegs-
gefangene besucht hatte, ihnen Briefe aus der Heimat brachte und
welche für ihre Familien mitnahm, wurden Gerüchte verbreitet, sie
hätte die Männer bei den Vietnamesen denunziert und sie der Folter
ausgeliefert. Das waren reine Lügen, doch hatten sie eine wohl be-
absichtigte Wirkung.

Fonda, inzwischen auch als »Hanoi-Jane« bekannt, blieb trotzig
weiter aktiv, vor allem als Teil der »Coffee House«-Bewegung. Kriegs-
gegner eröffneten in der Nähe von Armee-Stützpunkten in den USA
Cafés und luden Soldaten ein, sich in ihrer Freizeit drogen- und al-
koholfrei zu erholen, ohne abgezockt zu werden. Es gab dort Anti-
kriegsliteratur zu lesen, auch bissige, kleine selbst gemachte Zeitungen, die über lokale Verhältnisse berichteten. Und es gab gegen den
Krieg gerichtete Konzerte und Veranstaltungen mit einigen der besten

Künstler des Landes. Jane Fonda, die oft mit spitzen kleinen Sketchen auftrat, gehörte zu den beliebtesten.

Sie setzte sich nicht nur für ein Ende des Krieges ein. Denn die »Helden«, die am lautesten für ein »Weiterschießen« bellten, stellten sich oft auch am eifrigsten gegen die Indianer, die in den USA verzweifelt um ihre Rechte kämpften: bei dem Versuch, aus der früheren Zuchthausinsel Alcatraz einen Treffpunkt für Indianerstämme zu machen, bei dem Streben, ihr uraltes Recht zu behaupten, im Nordwesten des Landes nach Lachs fischen zu können, oder bei der Besetzung von Wounded Knee in Süddakota, wo sie 71 Tage lang einer Belagerung von FBI und Nationalgarde standhielten. Fonda, oft mit dabei, setzte sich für die Freilassung der Verhafteten ein und wurde dabei selbst kurz verhaftet. Sie nahm auch am Kampf um die Freilassung der eingesperrten Black Panther teil und besuchte Angela Davis während ihres Kampfes um ihr Leben. Immer stärker wuchsen zudem ihre generellen Zweifel an der Gerechtigkeit des US-Wirtschaftssystems.

Trotz permanenter Friedensverhandlungen dauerte der Krieg noch an, und Fonda hörte Gerüchte über Pläne, die lebensnotwendigen Schutzdeichsysteme in Nordvietnam zu bombardieren. Sie reiste wieder hin, diesmal mit einem Filmregisseur und mit ihrem neuen Mann, Tom Hayden, sowie ihrem kleinen Sohn Troy. (Wer den Film *Blutige Erdbeeren* gesehen hat, wird sich an die Besetzung einer Universität – basierend auf wahren Geschehnissen – erinnern. In der Realität hat der damalige Studentenführer Tom Hayden die Besetzung mitorganisiert). Über ihre Reise drehten sie den Dokumentarfilm *Vorstellung des Feindes* – nicht voller Soldaten, sondern mit Bildern vom Leben der Vietnamesen – friedlich, aber hart vom Kriege betroffen.

Fonda brachte den Film 1974 zur Dokumentarfilmwoche nach Leipzig. Eine Kollegin drängte mich, bei der Pressekonferenz eine Frage auf gutem Amerikanisch zu stellen, um Fonda neugierig zu machen und sie nachher um ein Interview zu bitten. Es klappte: bald fanden wir uns in ihrem Hotelzimmer wieder. Sie sprach über Verschiedenes, auch über ihren Ärger darüber, dass in der Verfilmung von Ibsens Stück *Nora* (*Das Puppenhaus*) mit ihr in der Hauptrolle die Spitzen in Sachen Frauenrechte gekappt worden waren.

Am nächsten Tage dolmetschte ich ein Treffen zwischen Fonda
und der DDR-Dokumentaristin Gitta Nickel, die auch gerade einen
Film über Vietnam gedreht hatte, auch ohne die Darstellung von Waffen, dafür mit einer jungen Bürgermeisterin im Mittelpunkt. Die zwei
Filmfrauen verstanden sich sehr gut. Am Abend, als ich bei einem
Auftritt Fondas für das Publikum übersetzte, ging nicht alles glatt über
die Bühne: eine Dokumentaristin aus dem Nahen Osten wollte unbedingt eine Erklärung von Fonda zu Palästina. Das wollte diese damals
nicht; ihr Hauptinteresse galt dem Krieg in Vietnam. (Jahre später
sollte sie doch dazu Stellung nehmen. 2002 demonstrierte sie in Israel
gegen die Besatzung des Gazastreifens und des Westjordanlands und
besuchte ein palästinensisches Flüchtlingslager.)

Für einige Jahre war sie in Hollywood kaum mehr zu sehen. Sie
meinte, sie habe nicht auf der »schwarzen Liste« gestanden, sondern
auf einer »grauen Liste«; die Studios hatten doch Angst, jemanden zu
engagieren, die als »Verräterin« verschrien war. Das änderte sich langsam wieder, zum Teil durch ihre eigenen finanziellen Investitionen.
Julia (1977) war ein bewegender Film über die Nazi-Zeit; Fonda spielte
die Autorin Lillian Hellman (wie in Kapitel 23 geschildert).

Bis 1981 folgten neun weitere Jane Fonda-Filme. 1978 erschien
Coming Home – Sie kehren heim (*Coming Home*) über die Liebe zwischen
der Frau eines Haudegen-Hauptmanns und einem querschnittsge-
lähmten Veteranen des Vietnam-Krieges. Das war gewagt; auch vier
Jahre nach der Flucht der USA aus Saigon sahen viele Fonda als Verräterin. Doch am Ende des Krieges waren die meisten Amerikaner
doch gegen ihn, und Jane Fondas feinfühlige Rolle brachte ihr einen
zweiten Oscar ein. 1979 kam *Das China-Syndrom* mit Jack Lemmon
in die Kinos – eine Mahnung in Sachen Atomindustrie. Im gleichen
Jahr erschien *Der elektrische Reiter* mit Robert Redford – sowohl ein
»Zurück-zur-Natur«-Wildwestfilm wie auch ein bissiger Angriff auf
verlogene Werbung und Kommerzialisierung – und mit Redford
unter dem Himmel von Utah mehr als romantisch. 1980 kam *Nine to
Five* heraus (deutscher Titel: *Warum eigentlich … bringen wir den Chef
nicht um?*), eine lustige Komödie über Frauenrechte im Büro, und
1981 endlich ein Streifen mit ihrem Vater, der ruhige, doch zugleich

witzige Film *Am goldenen See*. Es war Henry Fondas letzte Rolle; er
starb kurz danach.

Die Filme wurden wieder spärlicher; hervorzuheben wäre *Stan-
ley und Iris* (1990) – in dem sie einem Arbeiter, gespielt von Robert
De Niro, das Lesen und Schreiben beibringt und dieser dabei seine
großen Talente entdeckt. 2005 folgte wieder eine lustige Komödie, in
der sie die eifersüchtige Schwiegermutter spielt: *Das Schwiegermonster*.
2011 spielte sie zusammen mit Geraldine Chaplin und Pierre Richard
in dem humorvollen, wenn auch melancholischen französischen Film
Und wenn wir alle zusammenziehen? Darin geht es ums Altern und seine
Probleme. Stets vital, sehr gekonnt und sehr liebenswürdig, wusste sie
ihre Rolle zu verkörpern!

Ab den 1980er Jahren hatte Fonda besonders viel mit Persön-
lichem zu tun – wie der sensationellen Heirat 1991 mit – und der
fast genauso sensationellen Scheidung 2001 von – ihrem dritten Ehemann, dem Medienzar und Milliardär Ted Turner, Gründer und Chef
von CNN. Er galt als liberal, sonst wäre die Ehe nie möglich gewesen.
Doch nach der Scheidung wurde sie mit den Worten zitiert, sie habe
sich auch »von der Welt des Patriarchats« getrennt; in der Folge trat
sie zunehmend als Feministin auf, was sie zuvor vermieden hatte, aus
Sorge sie würde sich damit gegen Männer im Allgemeinen richten.
Hinzu kam, dass sie in den achtziger und neunziger Jahren eine erstaunliche neue Beschäftigung gefunden hatte: Aerobics. Diese kör-
perlich-musikalische Ertüchtigung für Frauen, die fit und schlank wie
Jane Fonda bleiben wollten, fand durch Filme, Videos, Bücher und
Fitness-Studios Verbreitung und brachte Fonda 40 Millionen Dollar
ein – wohl mehr als genug, um von Turner unabhängig zu werden.
Einen Teil der Gewinne spendete sie an die 8.000 Mitglieder zählen-
de »Volkslobby der Linken« ihres zweiten Ehemannes Tom Hayden.
Weiter entdeckte Fonda etwa 2001 einen völlig neuen Aspekt ihres
vielseitigen Charakters: die Religion – keine kirchlich verbundene,
aber doch eine christliche.

All das, gerade Ted Turner, Aerobics und die Religion, macht
eine Einschätzung ihres bisherigen Lebens nicht einfacher. Dennoch
möchte ich festhalten, dass Aerobic-Sport sicherlich sehr gesund ist;

und was die Religion betrifft, so hat diese ja mehrere große Frauen motiviert, die in diesem Buch beschrieben wurden, vor allem die in den ersten beiden Kapiteln, deren Glaubensrichtung in mancherlei Hinsicht ein wenig an diejenige von Jane Fonda erinnert. Und weder das eine noch das andere hat Jane Fonda dazu verleitet, sich von den brennenden Sorgen der heutigen Welt abzuwenden. In den 2000er Jahren erhob sie wieder auf Antikriegskundgebungen ihre Stimme – anlässlich der Kriege gegen Irak und Afghanistan. Eine Stimme, die nicht mehr ganz so laut ist wie einst, sie selbst steht nicht mehr so sehr Rampenlicht. Aber engagiert ist sie immer noch.

Nachwort

Ich muss nun aufhören, wenn auch mit starkem Schuldgefühl! Wo bleibt Rosa Parks, die 1955 mit ihrer Ablehnung, den Sitzplatz im »weißen« Vorderteil des Busses aufzugeben, den historischen Mont-gomery-Bus-Boykott in Alabama auslöste? Es fehlen leider tapfere Indianerinnen, die meisten leider für uns namenlos, auch die mutigen Frauen, die für die Unabhängigkeit von England kämpften, manch-mal als Soldaten verkleidet. Und Lucy Parsons die sich, nachdem ihr Mann als »Haymarket-Märtyrer« in Chicago 1887 gehängt worden war, sich mit den Kindern an der Hand tapfer für alle Arbeitenden engagierte? Oder die Anarchistin Emma Goldman, jene »rebellische Frau« mit Stationen wie New York, Toronto oder Moskau, oder Jane Addams, die Gründerin der »Settlement Houses«, Zuflucht- und Bil-dungsorte für Einwandererfrauen und deren Kinder. Es fehlen aktive Sozialistinnen wie Louise Bryant, die Frau des »roten Reporters« John Reed, und Rose Pastor Stokes, die einen Millionär heiratete, diesen wieder verließ und 1909 beim großen Streik der Näherinnen von New York mitwirkte. Auch die Schauspielerin, Stunt-Frau, Kämpferin für Indianerrechte und Autorin Meridel Le Sueur hätte ein Kapitel ver-dient; auch Helen Keller, blind wie taub, die ihre klare Stimme als Sozialistin für alle Unterdrückten weithin hören ließ.

Und was große Stimmen betrifft, so gab es außer Florence Reese und Billie Holiday viele Sängerinnen, die Lieder für die Rechte der Schwarzen oder gegen Kriege sangen, wie Lena Horne, Aretha Frank-lin, Joan Baez, Barbara Dane.

Das Leben von Ethel Rosenberg und ihr tragischer Tod von 1953 auf dem elektrischen Stuhl fehlen ebenso. Und wo bleibt die »wo-men's lib«-Bewegung mit Betty Friedan, Gloria Steinem, Bella Abzug und vielen anderen? Und so viele schwarze Kämpferinnen?

Noch einige Lebende hätte ich gerne berücksichtigt: Dolores Huerta, die bitterarme WanderarbeiterInnen in Kaliforniens Weingärten und Gemüsefeldern organisierte; die schwarze Abgeordnete Barbara Lee, die als einzige im Kongress gegen den Krieg in Afghanistan stimmte; Medea Benjamin, die mit den Frauen der »CODE PINK«-Organisation immer dort auffallend aufkreuzt, wo Politiker versuchen, Kriege und Invasionen zu rechtfertigen. Oder Rose Ann DeMoro, die eine junge, kämpferische Gewerkschaft der Krankenschwestern leitet, die sich für OCCUPY und andere Bewegungen einsetzt. Ach, es sind so viele! Auch ein zweiter Band hätte nicht gereicht!

Es bleibt eine ganz persönliche Auswahl. Ich bewundere aber alle, die sich trotz Benachteiligung und Diskriminierung für die Rechte ihrer Mitmenschen, für eine bessere Welt einsetzten und einsetzen. Manche konzentrierten sich auf die Frauenrechte, vor allem für das Wahlrecht wurde siebzig Jahre lang gestritten. Das Hauptaugenmerk von anderen galt dem Kampf gegen Rassismus oder sozialen Interessen in der Welt der Arbeit. Opposition zum Krieg stand für etliche im Mittelpunkt. Gelegentlich schienen sich manche Interessen in die Quere zu kommen; darüber gab es auch stets heiße Kontroversen. Nach meiner Überzeugung ergänzen sich verschiedenen Richtungen und Schwerpunkte – nicht nur bei den Frauen. Die Welt bleibt wie immer vielschichtig. Doch mehr als je zuvor braucht diese dringend das Engagement, die Energie und Liebe zur Sache, die jene Frauen über die Jahrhunderte hinweg demonstriert haben.

Bibliographie

1. Anne Hutchinson

Aptheker, Herbert, The Colonial Era, International Publishers, New York, 1959, S. 20, 98, 102.

Burnham, Michelle, Anne Hutchinson and the Economics of Antinomian Selfhood in Colonial New England, S. 266.

Adams, Dudley C.F., Red., Antinomianism in the Colony of Massachusetts Bay, 1636–1638, Prince Society Publications, XXI Boston, 1894, S. 158.

2. Mary Barrett Dyer

Daniel J. Boorstin, The Americans, The Colonial Experience, Vintage Books, New York, 1958, S. 37-40.

Richard M. Dorson, Red., America Begins, Early American Writings, Fawcett Publicationsd, Greenwich, CT, 1950, S. 131-32.

Lynn Sherr/Jurate Kazickas, Susan B. Anthony Slept Here, A Guide to American Women's Landmarks, Times Books, New York, 1976, S. 195.

3. Fanny Wright

Flexner, Eleanor/Fitzpatrick, Ellen, Century of Struggle: The Woman's Rights Movement in the United States; Belknap Press, Harvard University Press, Cambridge, MA, London, 1959, 1975, S. 25-26.

Lafayette in Two Worlds, University of North Carolina Press, 1996, S. 158.

Parrington, Vernon L., The Romantic Revolution, Vol. II, Harcourt, Brace & World, NY, 1927, S. 236.

Rose, Ernestine, Gedenkrede, National Woman's Rights Convention, 1858.

Sherr Lynn/Kazickas, Jurate, Susan B. Anthony Slept Here, Times Books, Random House; 1976, 1994 NY, S. 356, 422-423.

Thomas Jefferson Encyclopedia, Artikel über Frances Wright mit Zitat von ihr

Wallechinski, David/Wallace, Irving, The People's Almanac, Doubleday & Co., NY, 1975, S. 1426.

Wright, Frances, Course of Popular Lectures, New York, 1829, S. 44, 72.

Zinn, Howard, A People's History of the United States, Longman, London, NY, 1980, S. 120, 216.

4. Margaret Fuller

Blanchard, Paula, Margaret Fuller: From Transcendentalism to Revolution, Addison-Wesley Publishing Company, Reading, MA, 1987, S. 41, 317.

Deiss, Joseph Jay, The Roman Years of Margaret Fuller, Thomas Y. Crowell Co., New York, 1969, S. 277.

Douglas, Ann, The Feminization of American Culture, Alfred A. Knopf, 1977, New York, S. 264.

Flexner, Eleanor / Fitzpatrick, Ellen, Century of Struggle: The Woman's Rights Movement in the United States, Belknap Press, Harvard University Press, Cambridge, MA, London, 1959, 1975, S. 60-63.

Fuller, Margaret, Summer on the Lakes, Wisconsin, 1843, Kapitel V.

Fuller, Margaret, Woman in the Nineteenth Century, Greeley & McElrath, New York, 1845 (passim)

Von Mehren, Joan, Minerva and the Muse, A Life of Margaret Fuller, University of Massachusetts Press, Amherst, 1994, S. 13.

5. Harriet Tubman

Aptheker, Herbert, Red., And Why Not Every Man, Seven Seas Books, Berlin, 1961, S. 190.

Lerner, Gerda, Red., Black Women in White America, Vintage Books, NY, 1973, S. 63-65.

McMullan, Kate, The Story of Harriet Tubman, Dell Publishing, NY, 1991, S. 99.

Sherr, Lynn / Kazickas, Jurate, Susan B. Anthony Slept Here, Times Books, Random House; 1976, 1994 New York, S. 188.

6. Sarah Bagley

Colman, Penny, Strike! The Bitter Struggle of American Workers from Colonial Times to the Present, The Millbrook Press, Brookfield, CT, 1995, S. 20-22.

Dickens, Charles, Notizen aus Amerika, Rütten & Loening 1980, S. 105-108.

Flexner, Eleanor / Fitzpatrick, Ellen, Century of Struggle: The Woman's Rights Movement in the United States; Belknap Press, Harvard University Press, Cambridge, MA, London, 1959, 1975, S. 52-56.

Bagley-Brief an Mrs. A. L. P. Martin, 13.3.1848, Aus der Martin Lilly Martin Spencer Collection, Smithsonian Institute.

7. Sarah Grimké, Angelina Grimké

Aptheker, And Why Not Every Man, Seven Seas Books, Berlin, 1961, S. 130-134.

Flexner, Eleanor / Fitzpatrick, Ellen, Century of Struggle, The Woman's Rights Movement in the United States; Belknap Press, Harvard University Press, Cambridge, MA, London, 1959, 1975, S. 41-46, 347-48 (Note 15).

Hymowitz, Carol / Weissman, Michaele, A History of Women in America, Bantam Book, 1978 c. 1978 Anti-Defamation League of B'nai B'rith, S. 80-87.

Lerner, Gerda, The Grimké Sisters from South Carolina, Schocken, New York, 1971, S. 46, 93, 123-24.

Sherr, Lynn / Kazickas, Jurate, Susan B. Anthony Slept Here, Times Books, Random House, New York, 1976, 1994, S. 413.

Wolcutt, Robert F., zit. *Henry, Katherine,* Angelina Grimkés Rhetoric of Exposure, American Quarterly, Vol. 49, Nr. 2, S. 328-355.

Zinn, Howard, A People's History of the United States, Longman, London, NY, 1980, S. 119-120.

8. Lucretia Mott, Elizabeth Cady Stanton

Aptheker, Herbert, And Why Not Every Man, Seven Seas Books, Berlin, 1961, S. 145.

Flexner, Eleanor / Fitzpatrick, Ellen, Century of Struggle: The Woman's Rights Movement in the United States; Belknap Press, Harvard University Press, Cambridge, MA, London, 1959, 1975, S. 66-72.

Hymowitz, Carol / Weissman, Michaele, A History of Women in America, Bantam Book, 1978 c. 1978 Anti-Defamation League of B'nai B'rith, S. 86-87, 89, 93-96.

Zinn, Howard, A People's History of the United States, Longman, London, NY, 1980, S. 121-22.

9. Sojourner Truth

Die Bibel, Der Psalter. Psalm 39, 13-14

Flexner, Eleanor / Fitzpatrick, Ellen, Century of Struggle, The Woman's Rights Movement in the United States; Belknap Press, Harvard University Press, Cambridge, MA, London, 1959, 1975, S. 84-86.

Sherr, Lynn / Kazickas, Jurate, Susan B. Anthony Slept Here, Times Books, Random House, New York, 1976, 1994, S. 222.

Truth, Sojourner, Narrative of Sojourner Truth, a Northern Slave, Boston, 1850.

10. Prudence Crandall

Flexner, Eleanor / Fitzpatrick, Ellen, Century of Struggle: The Woman's Rights Movement in the United States; Belknap Press, Harvard University Press, Cambridge, MA, London, 1959, 1975, S. 36-37, 32-33.

Hymowitz, Carol / Weissman, Michaele, A History of Women in America, Bantam Book, Anti-Defamation League of B'nai B'rith, 1978, S. 99.

11. Lucy Stone

Flexner, Eleanor/Fitzpatrick, Ellen, Century of Struggle: The Woman's Rights Movement in the United States; Belknap Press, Harvard University Press, Cambridge, MA, London, 1959, 1975, S. 36-37, 32-33.

Stone, Lucy, Rede, National Women's Rights Convention, Worcester, 24.10.1850

12. Susan B. Anthony, Amelia Bloomer

Flexner, Eleanor/Fitzpatrick, Ellen, Century of Struggle: The Woman's Rights Movement in the United States; Belknap Press, Harvard University Press, Cambridge, MA, London, 1959, 1975, S. 81-84.

Hymowitz, Carol/Weissman, Michaele, A History of Women in America, Bantam Book, 1978 c. 1978 Anti-Defamation League of B'nai B'rith, S. 96-100, 102-104, 106-107.

Sherr, Lynn/Kazickas, Jurate, Susan B. Anthony Slept Here, Times Books, Random House, New York, 1976, 1994, S. 332.

Zinn, Howard, A People's History of the United States, Longman, London, NY, 1980, S. 118.

13. Ernestine Rose

Kolmerten, Carol, The American Life of Ernestine L. Rose, Syracuse University Press, Syracuse, 1999, S. 185-186.

Rose, Ernestine, Brief an Boston Investigator, 10.2.1864, Ernestine Rose Society

Stanton, Elizabeth Cady/Anthony, Susan B./Gage, Matilda Joslyn/Harper, Ida Husted, History of Woman Suffrage, New York, Fowler & Wells, 1881, Vol. 1, S. 661-63.

14. Pauline Cushman

Aptheker, Herbert, And Why Not Every Man, Seven Seas Books, Berlin, 1961, S. 216.

McMullan, Kate, The story of Harriet Tubman, Conductor of the Underground Railroad, Dell Publishing, NY 1991, S. 90-96.

Sherr, Lynn/Kazickas, Jurate, Susan B. Anthony Slept Here, Times Books, Random House, New York, 1976, 1994, S. 222.

15. Victoria Woodhull, Tennessee Claflin

Sherr, Lynn/Kazickas, Jurate, Susan B. Anthony Slept Here, Times Books, Random House, New York, 1976, 1994, S. 171.

Lutz, Alma, Created Equal, A biography of Elizabeth Cady Stanton, John Day, 1940, S. 228.

Marx, Karl, Resolutions of General Council, International Workingmen's Association, 28.5.1872, Marx-Engels Werke, herausgegeben in der UdSSR 1965.

Von Corvin, Otto in Die Gartenlaube, Illustriertes Familienblatt, Leipzig, 1872, Nr. 14.

Wallechinsky, David/ Wallace, Irving, The People's Almanac, Doubleday & Company, Garden City, NY, 1975, S. 92.

16. Mary »Mother« Jones

Jones, Mary Harris, The Autobiography of Mother Jones, Charles H. Kerr, Chicago, 1925.

17. Margaret Sanger

Sanger, Margaret, An Autobiography, NY, Dover 1971, S. 91.

Sanger, Margaret, Happiness in Marriage, Brentano's, New York, 1927.

Steinem, Gloria, The 100 Most Important People of the Century, in: TIME Magazine, 13.4.1998.

18. Elizabeth Gurley Flynn

Boyer, Richard/ Morais, Herbert M., Labor's Untold Story, United Electrical Workers, 1955, S. 175-176.

Flynn, Elizabeth Gurley, Communists and the people: (Rede an die Geschworenen, beim Prozess in Second Foley Square June 1951), New Century Publishers, 1953.

Flynn; Elizabeth Gurley, Das Rebellenmädchen, Dietz Verlag, Berlin, 1958, S. 70, 73, 180, 188.

Schneiderman, Rose/ Goldthwaite, Lucy, All for One, Paul S. Eriksson 1967, Middlebury, VT, S. 24.

Sicherman, Barbara/ Green, Carol Hurd, Red., Notable American Women, Belknap Press of Harvard University Press, Cambridge, MA, 1980, S. 242-45.

19. Alice Paul, Lucy Burns, Carrie Chapman Catt

Catt, Carrie Chapman/ Rogers, Nettie, Woman Suffrage and Politics, Charles Scribner's Sons, New York 1923, S. 442.

Douglass, Frederick, Life and Writings of Frederick Douglass, International Publishers, New York, 1987, IV, S. 43.

Flexner, Eleanor/ Fitzpatrick, Ellen, Century of Struggle: The Woman's Rights Movement in the United States, Belknap Press, Harvard University Press, Cambridge, MA, London, 1959, 1975, S. 136-46, S. 255-57, S. 315-16.

Sherr, Lynn/ Kazickas, Jurate, Susan B. Anthony Slept Here, Times Books, Random House, New York, 1976, 1994, S. 288-9.

Roosevelt, Theodore, Rede, National Conference of Mothers, 1905.

US-Verfassung, 13., 14. und 15. Änderungsartikel (XIII, XIV, XV. Amendments).

Zinn, Howard, A People's History of the United States, Longman, London, NY, 1980, S. 197-98.

»The Revolution«, New York, Vol. III, 11.2.1869, S. 88.

20. Florence Reece

Reece, Florence, »Which Side Are You On?« Stormking Music, Inc. 1946.

Stanford, Ron, »Which Side Are You On?«, Interview mit Florence Reese, in: sing out! Vol. 20, Nr. 6, July-Aug. S. 13-15.

Wenner, Hilda E. / Freilicher, Elizabeth, Here's to the Women, Syracuse University Press 1987, S. 106-107.

21. Billie Holiday

Holiday, Billie / Dufty, William, Lady Sings the Blues New York, Doubleday, 1956.

Margolick, David, Strange Fruit, Running Press, Philadelphia, London, 2000, S. 21, 58, darin: *Allan, Lewis*, Strange Fruit, copyright ASCAP, S. 15.

Millstein, Gilbert / Hentoff, Nat, Album-Notes, The Essential Billie Holiday, Carnegie Hall Concert Recorded Live, Verve Records, 1956.

22. Evelyn Hutchins

Bailey, Bill, The Kid from Hoboken, Circus Lithographic Prepress, San Francisco, 1993, S. 330-31.

Hutchins, Evelyn, Interview mit John Dollard, in Ms. Collection ALBA collection #122 Tamiment Library, NYU zit. in: *Carroll, Peter N.*, The Odyssey of the Abraham Lincoln Brigade, Stanford University Press, Stanford, CA, 1994, S. 70, S 117.

Hutchins, Evelyn, Film Interview, The Good Fight, von *Dore, Mary, Bruckner, Neil* and *Sills, Samuel*, zit. in *Bessie, Alvah / Prago, Albert*, Red. Our Fight, Monthly Review Press, NY, 1987, S. 175, S. 177.

23. Lillian Hellman

Hellman, Lillian, Brief an den Ausschuss zur Untersuchung unamerikanischer Betätigung des Abgeordnetenhauses, zit. in: *Schrecker, Ellen*, The Age of McCarthyism: A Brief History with Documents, Bedford/St. Martin's, New York, 2002.

Hellman, Lillian, Scoundrel Time, Little, Brown & Co, New York, 1976.

24. Jessica Mitford

Fraser, Lindsay, Interview mit J. K. Rowling. »Harry Potter – Harry and me,« The Scotsman, November 2002.

Mitford, Jessica, Daughters and Rebels (Töchter und Rebellen), (früherer Titel: Hons and Rebels, Houghton Mifflin, New York, 1960.

Mitford, Jessica, The American Way of Death, Simon & Schuster, New York, 1978.

Mitford, Jessica A Fine Old Conflict, Alfred A. Knopf, New York, 1977.

25. Fannie Lou Hamer

Hampton, Henry/ Fayer, Steve, Red., Voices of Freedom, Vintage, London, 1995, S. 178, S. 205.

Hamer, Fannie Lou, Rede vor dem Akkreditierungskomitee des Demokratischen Parteikonvents, Atlantic City, August 1964.

Katz, William Loren, Eyewitness, Simon & Schuster, NY, 1967, S. 498 (aus: The Movement, October 1967, S. 10.

26. Lisa Kalvelage

Kalvelage, Lisa/ Seeger, Pete, Liedtext von der Gerichtssaalrede, und wenig adaptiert: Sanga Music Inc., 1966.

The Humanist, Washington, 1.7.2008.

27. Angela Davis

Davis, Angela, With My Mind on Freedom; An Autobiography, Random House, New York, 1974.

28. Jane Fonda

Fonda, Jane, Jane's Blog Archive, The Truth about my Trip to Hanoi, 22.7.2011.

Jacobs, Peter, Weil ich Jane Fonda bin; Absage an eine Traumfabrik, Verlag Neues Leben, Berlin, 1976.

Watts, Max, Biographical notes, privat.

Gisela Notz

Feminismus
Basiswissen
Politik / Geschichte / Ökonomie

Pocketformat | 131 Seiten | € 9,90 [D]
ISBN 978-3-89438-453-1

Feminismus ist ein vieldeutiger Begriff. Es gab und gibt ganz verschiedene Feminismen und ganz verschiedene feministische Theorien. Einige davon werden in dem vorliegenden Buch dargestellt. Im Zentrum steht ein Feminismus, der die kapitalistisch-patriarchalisch geprägte Wirtschaft, Kultur und Gesellschaft in den Mittelpunkt der Kritik stellt und Vorstellungen sowie Handlungsstrategien, Aktionen und Kampagnen entwickelt zur gesellschaftspolitischen Veränderung hin zu einem gleichwertigen Miteinander verschiedener Geschlechter und zu einem anderen, besseren Leben – weltweit. Feminismus bezeichnet somit für Gisela Notz sowohl eine politische Theorie als auch eine soziale Bewegung und seit den letzten Jahrzehnten außerdem auch eine wissenschaftliche Disziplin. Die heterogenen Theorien und die zahlreichen, zum Teil auch gegenläufigen Strömungen, die die Interessen und Rechte der Frauen widerspiegeln, macht das Buch mit einem Gang durch die Geschichte deutlicher, farbiger und interessanter.

PapyRossa Verlag
Luxemburger Str. 202, 50937 Köln, Tel. (0221) 44 85 45, Fax 44 43 05
mail@papyrossa.de | www.papyrossa. de